U0895053

谨以此书献给

我的恩师共和国演讲家彭清一教授！

彭清一

1982年中央歌舞团演出的舞蹈《花鼓灯》（男领舞为彭清一，女领舞为黄玉淑）

彭清一在《小刀会》弓舞中的英姿

彭清一与舞伴姚雅男在跳二人成名作《双人弓舞》

彭清一在藏族舞蹈《游春》中饰演男主角

1964年5月彭清一随中国青年艺术代表团访问柬埔寨受到西哈努克亲王接见，被授予以亲王母亲命名的国家一级勋章（前排中间为西哈努克亲王、左二为歌唱家史秀云，二排右一为舞蹈家张锦新、右二为崔美善，西哈努克亲王左上角为彭清一）

彭清一和西部歌王王洛宾合影

彭清一与姜昆同志一起到监狱慰问座谈时合影

2003年彭清一为航天英雄杨利伟、费俊龙、聂海胜等12人升空前做动员演讲

2004年彭清一携爱人浦春昭与中国乒坛一代球王庄则栋及其爱人佐佐木敦子合影

2016年9月彭清一（左一）与韩国前总理李寿成（右一）、爱人浦春昭（右三）、挚友李燕杰（右二）及夫人（中间）和刘吉（左二）及夫人（左三）在参加全球社会企业家生态论坛时合影

彭清一83岁寿辰时与众弟子合影

彭清一84岁寿辰时与众弟子合影

彭清一86岁寿辰时与众弟子合影

彭清一87岁金婚时拜师仪式结束后与众弟子合影

彭清一与夫人浦春昭一起参加活动后合影

彭清一与夫人浦春昭及女儿彭屹、彭巍合影

作者郭树良把做好的样书拿给恩师彭清一教授审阅

彭清一

共和国演讲家

郭树良◎著

中国财富出版社

图书在版编目(CIP)数据

共和国演讲家彭清一 / 郭树良著. —北京：中国财富出版社，2017.3
ISBN 978-7-5047-6403-4

Ⅰ. ①共… Ⅱ. ①郭… Ⅲ. ①彭清一（1931-）-生平事迹 Ⅳ. ①K825.76

中国版本图书馆CIP数据核字（2017）第028956号

策划编辑 刘 晗　责任编辑 宋宪玲
责任印制 方朋远　责任校对 孙会香 孙丽丽 张营营　责任发行 张红燕

出版发行 中国财富出版社
社　　址 北京市丰台区南四环西路188号5区20楼　邮政编码 100070
电　　话 010-52227588转2048/2028（发行部）　010-52227588转307（总编室）
010-68589540（读者服务部）　010-52227588转305（质检部）
网　　址 http://www.cfpress.com.cn
经　　销 新华书店
印　　刷 三河市龙大印装有限公司
书　　号 ISBN 978-7-5047-6403-4 / K·0219
开　　本 710mm×1000mm 1/16　版　　次 2017年3月第1版
印　　张 16　彩　　插 8　印　　次 2017年3月第1次印刷
字　　数 277千字　定　　价 39.80元

推荐序

大树参天众鸟栖

一位年近古稀的老人，能够如此精神矍铄；疾病缠身的老人，能够这样振臂呐喊。我深深地折服了！我想：这才是我心中的榜样，这才是我追求的方向。

——第一位入室弟子　江　南

用心在讲，用生命在分享，那一刻我真正体会到师父彭清一所说的“用生命演讲”。只有拥有了爱，这种感情才会接连到台下听众的生命里。深切感恩！

——第二位入室弟子　金　雪

“如果我死了，请将我埋在路边，在我的坟上种一棵树。当树长大的时候，来往的行人可以在路边歇歇脚、乘乘凉。这是我死后能够为他们做的最后一件事情。”多么真实的情感！多么朴实的语言！多么伟大的精神！这就是彭清一——共和国演讲家。这是时代的符号！中华民族的骄傲！

——第三位入室弟子　赵　勇

人们经常用“蜡烛”“春泥”“园丁”等词语来赞美老师，作为彭老的弟子，他更是我的一位良师和益友，是我人生历程中的指路明灯，是时刻关注我成长的一位长辈，是我生命中难得一遇的贵人。感谢您，我敬爱的恩师——彭清一老师！

——第四位入室弟子　易发久

从苦难童年、流浪少年，到出色的民族舞蹈艺术家、著名的演讲教育家，彭清一教授的传奇人生写满了悲欢，历经沧桑。彭老以他自身自强不息、拼搏进取的事业心，强烈的爱国情怀和高度的社会责任感诠释了一个共产党人的责任和义务。无疑，他是一位用激情和生命呐喊的人！

——第五位入室弟子　李明智

一位年逾古稀、满身伤病的老人，本该在家颐养天年，尽享天伦之乐，可他不仅马不停蹄地为国家四处奔波，为人民八方呼唤，而且还这样关心我们后辈的成长与发展，并且如此用心，真心让我感激涕零。

——第六位入室弟子　翟　杰

成为彭老的弟子，是我的一种福气。我的老师彭清一，一个八十多岁还坚定不移地站在讲台上的老人，一个以激情和热情不断激励千万人的共和国演讲家，一个胸怀天下、身残志坚、矢志不移的英雄、巨人。成为彭老的弟子，也是我的一种运气。老师一直是坚定的爱国主义者，他的思想高度是与时代同行并引领时代的！彭老在原则和大是大非面前他心如明镜，一身浩然之气、英雄之气让人肃然起敬。

——第七位入室弟子　孟昭春

人无完人，恩师也有对人产生误解的时候，可一旦发现自己错了，彭老就会当面赔礼道歉，并请求对方原谅。所以我在恩师身上不仅感受到了“疾恶如仇、刚直不阿”的品格，也看到了“知错必改、闻过则喜”的优良传统。做彭清一的弟子，一生无悔；做彭清一的弟子，三生有幸！

——第八位入室弟子　程杜明

演讲家不但要有严谨、科学的思想体系，还要精通教育，运用演讲的艺术以正确的思想理论教育人、启发人、鼓舞人、激励人，给人指引正确的方向，传道授业解惑。这是恩师彭清一教授给我上的第一课时的教导，至今依然记忆犹新。

——第九位入室弟子　邹　越

有一位老人，一生都在为时代立心。他用强有力的声音演绎和传递着大时代的五颗心：坚定如梅的孝心，谦卑如竹的恭敬之心，沉默如叶的感恩之心，执着如松的激进之心，芬芳如兰的育人之心。他用五颗心铸就不屈灵魂已经彰显了整个时代，也照亮了整个时代。“语逊行恭品若竹，甘为草叶化泥枯。兰节松气梅心骨，明照千秋菊淡如。”这位老人就是我的恩师——彭清一教授。

——第十位入室弟子　安　子

师父很幽默，说话很有力量，直指人心。只是坐在他的身边，随便听他说点什么就有收获。我知道这一切来自师父丰富的人生中的智慧。

——第十一位入室弟子　戴　洁

在拜彭老为帅时，我曾经说过生命是神奇而美丽的，带着梦想和憧憬打拼未来，奇迹终将被相信奇迹的人创造。因为恩师，我要礼赞生命！

——第十二位入室弟子　于文博

恩师爱与真相结合，刚强与善良相结合，深邃的思想与纯真的童心相结合，这是衡量一个伟丈夫的重要标志，假如只有一种“结合”已不失为真正的男子汉，这三者结合在彭清一恩师身上体现得淋漓尽致！彭清一恩师，您真有两下子——有伟人的高大，值得崇敬；有常人的亲切、真实，可以触摸！您是真善美的化身！

——第十三位入室弟子　魏春红

听彭清一教授的演讲是一种美的享受。他的演讲具有舞蹈家的激情、诗人的浪漫情怀、相声大师的幽默，更有着国学大师的深刻内容。

——第十四位入室弟子　于泓江

回顾以往的人生历程，让我感触颇深的是：我今天所取得的成就，完全得益于彭清一老师对我孜孜不倦的言传与身教。一直以来，彭老博大精深的智慧启迪着我，彭老高尚的人格品德感染着我，彭老崇高的敬业和追求精神鼓舞着我，彭老锲而不舍、坚韧不拔的意志激励着我……正是在恩师的精心栽培下，我才一步步走上了今天的阳光之路！

——第十五位入室弟子　张益东

每次的跟随，我都能和您学到做人的精髓、演讲的真谛，我深深地敬重您豁达乐天的个性、虚怀若谷的涵养、坦坦荡荡的胸怀，叹服您的慷慨激昂、机智幽默的演讲家风采。我更感动于您对待普通服务员的谦和有礼，对年轻人循循善诱的教育家风范，对甘受清贫、坚守高品位文化阵地的晚辈牵肠挂肚、倾力相助的善良。

——第十六位入室弟子　凤　凰

几十年来彭老挥洒自如的演讲风范和爱憎分明的高尚品格让千千万万人为之动容。他对祖国、对人民、对亲人、对事业的爱深深影响了一代又一代人。我要让更多的人了解彭老，学习彭老，将彭老的精神发扬光大。

——第十七位入室弟子　郭树良

命运就像一只手，在一个地方推倒你的时候，却在另一个地方等着要拉你起来，这是命运给予我们的慷慨。如果有那么一个人，活着的路上为了给千千万万个生命带去更瞩目的价值，那么，这个人一定是我的恩师彭清一。

——第十八位入室弟子　赵　清

您是一面弘扬真善美的光辉旗帜，一面引领时代主旋律的鲜艳旗帜。每一次聆听您的演讲都是一次激励和鞭策，一次净化和升华，让人心灵震颤。

——第十九位入室弟子　徐友富

老师爱他的每一位弟子，老师教会我们很多——演讲、学习、做人……常有人向我问起对老师的看法，一句话概括就是：师之大者——精神至上，光耀他人！

——第二十位入室弟子　司马剑明

每次听老师讲一些为人做事的道理，讲一些对培训行业的看法和指导思路，我都受益匪浅，我的很多思想深受老师的影响。老师教导我们：为人做事一定要正，做事一定要和国家的政策相符合，要坚定拥护我们的党。

——第二十一位入室弟子　张志诚

彭清一教授就是“忠”的伟大实践者，他的一生是忠于党、忠于人民、忠于祖国的一生。彭清一一生奉行“低调做人，高调做事”。他的一生在艺术界、书法界、演讲界、教育界、思想界取得了可谓“前无古人，后无来者”许许多多里程碑式的成绩，但对他来说，人生道路上的每一个里程碑，都刻着两个字——起点。

——第二十二位入室弟子　徐用才

爱国是师父至高无上的信仰，奉献是师父执着无悔的选择。师父的每一场演讲、每一次呼唤、每一次振臂，无不是在用热情的生命激发和唤醒爱国情怀，是在用强烈的责任感传播和根植崇高的爱国精神。

——第二十三位入室弟子　陈玉成

老师的一字一句重重地敲打着我，完全被他精彩的演讲深深打动。只是短短的一个小时，对我而言却是一次心灵的洗涤，一次生命的升华。他用自己的人格魅力唤醒了我对生命意义的重新思考，他用自己的身体力行让我看清了自己对家庭、对民族、对国家的那一份责任和使命。

——第二十四位入室弟子　李　尧

恩师的至真演讲让我追寻到了演讲之魂，感受到了演讲之美。我愿有朝一日可以得恩师真传，以恩师名义建立一个中国的演讲组织——彭清一演讲堂，把恩师的演讲艺术在华人世界发扬光大，薪火相传，生生不息！

——第二十五位入室弟子　吴思通

让我心生崇敬的不仅是彭老的头衔，更重要的是他的经历、他的爱国情怀、他的人格魅力、他的思想境界！盲目崇拜歌星、影星的人很容易迷失自己，而崇拜像彭清一这样的老前辈只会让我们青年人更懂得珍惜与努力。

——第二十六位入室弟子　洪战辉

众弟子同台朗诵感恩师父的诗歌

（注：摘自《师者彭清一》中二十六位弟子所写文章，因恩师后来的其他弟子并未收录，且无法取得联系，所以未能在本书中体现，望各位师弟师妹见谅。在此谨代表所有师兄弟姐妹献上对师父深深的敬意、感恩和祝福！）

自序

我心中的那座山

在漫漫的人生旅途中，我们如登山一样，都会经历各种各样的挫折和磨难，但无论如何，总有一个力量在激励我们不断前行。而我的恩师彭清一教授就是我“心中的那座山”，多年来他一直支持我、鼓励我、教导我、帮助我，使我总能往高处爬，总有奋斗的方向，甚至任何一刻抬起头，都能看到自己的希望。

遇到彭老，正是我事业发展遭遇瓶颈之时。一次偶然的机会，我有幸聆听彭老的演讲，被他的激情所感染，被他的信念所鼓舞，得知他的经历后，我更是被深深地感动、震撼：从一个流浪儿到人民艺术家，从人民艺术家到共和国的四大演讲家之一，他的人生就是一部自我挑战的励志大书，其精神和信念通过他的故事让我知道了人生的意义和生命的尊严——即使在承受着无法承受的人生重创时，一个人如果有足够的信念和毅力，就能彻底征服一切艰难险阻。听完他的演讲，他在我眼中成了一个笑傲江湖的英雄，一个时刻准备冲锋的战士，更成了一个时代的精神坐标，他像一座山峰巍然屹立在所有人面前。

那段时间他到哪里演讲我就跟到哪里去听。每一次的聆听，都是心灵的震撼与洗礼，多少次他让我泪流满面，多少次他让我如沐春风，多少次他让我自省深思。能在迷茫的时候遇到彭老是我的荣幸，是他告诉我该如何突破自己，是他的精神感动了我，让我又一次勇敢地前行，更是他那“人生无处不演讲”“是人才不一定有口才，有口才一定是人才”“学会演讲对你的学习、生活和事业都会带来极大的帮助”的谆谆教诲启发了我，为我打开了另一扇门，助力我的事业和生活。

彭老是一座山，看到他我就看到了人生的目标和方向。他是国家级有特殊贡

与恩师共和国演讲家彭清一教授合影

献的专家、国家一级演员，著名舞蹈艺术家和表演艺术家，著名演讲家，183 所大学的兼职教授，几十家大中型企业的高级顾问……从用生命舞蹈的艺术家到用心呐喊的演讲家，他始终用顽强的生命与饱满的激情践行着他的理想和使命，没有一丝懈怠，没有一刻动摇，他坚定、勇敢、拼命地努力，无私地奉献……所以，他登上了艺术的巅峰，成为无数人的楷模，他是中国人的骄傲！

然而，就是这样一位功成名就的老人，如今八十六岁的高龄，还在孜孜不倦地学习，还在全国各地为“中国梦”奔走呼号……我为他感到骄傲，他是我的榜样，更是我人生的坐标！作为彭老的弟子，我应该像他一样，绝不追求安逸和享乐，要尽己所能地为我们的国家和社会多做点有意义的事，不枉费生命的美意，要像彭老那样“生命不息，奋斗不止”！

彭老是一座山，他身上百折不挠的毅力一直是我前进的动力。和他凄苦的童年、流浪的少年、多舛的命运相比，我们不知道要幸福多少倍。然而，所有的不幸也没有摧毁他对学习的渴望和对梦想的追求。倘若能像他那样，用求生一般的欲望去追求梦想，不因厄运而一蹶不振，也不因幸运而故步自封，始终如一地充满激情地奋斗，我想，成功也只是早晚的事情吧。而和他的成就相比，我们这些幸福的人，又有多少人能及他成就的十分之一？他无论何时始终不曾放弃努力，在他的不断鞭策和鼓励下，我怎能止步不前？

彭老是一座山，高大，雄伟。他是一个顽强的共产党人，他见证了中华民族的崛起、发展和繁荣的历史，他为中华民族的复兴贡献了自己的力量，他更代表着中华民族百折不挠的精神和气概。他的舞蹈在国际上获奖，赢得了世界的掌声，他的演讲更有一种摄人心魄的力量，这让我们每一个聆听过他教诲的人都终生难忘，让每一个迷茫的生命都能从逆境中找到光亮。在他的身上，写满了希望、梦想、激情和力量，他那百转千回终不悔的意志始终激励着我们去克服困难、跨越障碍、实现梦想，同时也激励着更多的人为实现“中国梦”而努力。

彭老是一座山，深邃，富饶。他是中华民族一颗璀璨的珍珠，一块不可多得的艺术文化瑰宝，然而，时间沉淀下来的不仅是历史见证下的辉煌，还有他伤痕累累的病残之躯。如今，为了下一代的成长，为了祖国的繁荣富强，他更是不顾自己八十多岁的高龄，不顾自己身体的病痛，毅然决然地选择继续在讲台上奋斗，而他的自信、大气、艺术张力和演讲的美感却伴随着他年龄的增长，更具思想力和艺术力！

人老心不老，怀揣着青春的情怀，他讲激情与梦想；怀揣着对祖国、对人民、对党的真挚情感和热爱，他讲信仰和大爱……他不仅是用自己最美的思想和英雄气概无声地滋润着听众，更是用自己一生的传奇和佳话激励、启发着一代又一代的人，其铸魂的使命也注定他的人生将无限灿烂和精彩！而我更相信，一个青春而永恒的演讲大师符号一定会形成精神丰碑而流传世间！

我见过无数的成功人士，而彭老却是其中最特别的一位。他的成功是属于精神的，而非物质的。至今，他也没有什么洋房别墅，甚至代步的工具也只是一辆电动自行车。但并不富有的他，却常常想着去帮助别人。他说：“爱心不是口号，而是实际的行动。我是从贫困的生活中走过来的，当自己有能力帮助别人的时候，就应该回馈社会，对贫困的人，尤其是贫困的学生给予关爱，让他们将来也有能力去帮助更多的人。我希望中国的企业家们更要如此。”彭老是这样说的，也是这样做的。他不富有，但他却热心公益，将拍卖作品所得的数百万元全部捐献出去；他不富有，却常常带些钱物在身，随时准备去帮助或回馈他人。

郁达夫在纪念鲁迅时曾经说过：“一个没有英雄的民族是可悲的民族，而一个拥有英雄而不知道爱戴他、拥护他的民族则更为可悲。”作为弟子，我从师父那里汲取了太多的能量：他的激情、热情是瀑布之水，有着敢于牺牲的壮美；他的胸怀、爱心是浩浩江水，豪情万丈，承载世界；他的智慧、修养更是刚柔相融合的苍茫海水，惊世骇俗，激荡人心。我深深地知道这种能量的强大，我也希望更多的人，能珍惜这份宝贵的财富，像彭老一样，人生能够收获瀑布一样的慷慨、江河一样的澎湃、大海一样的深沉。于是，我写下了这本书。

我希望通过这本书，让更多的人知道彭老，让更多迷茫的人鼓起生活的勇气、点亮人生的信念和梦想，让更多的人被他的精神感染，去激励和涤荡一代又一代人的心灵。予人玫瑰，手有余香，这对我来说亦是一件功德。

感恩彭老的教诲，感恩他对我一直以来的栽培和信任、宽容和理解，让我有机会用粗笨的双手写下这些单薄的文字，即便不能承载他人生的厚重与深邃，也聊表弟子深深的敬仰之情。感恩师父！感恩师母！

郭树良

2017 年 2 月 1 日

目录 CONTENTS

第一章 | 苦难岁月：流浪少年盼阳光 / 001

生命的序曲 / 002
摔跤赢得一只羊 / 005
母亲是最好的老师 / 009
流浪的日子 / 014
初到北平 / 018
救命的黑豆 / 022
结语：感恩是生命中最大的力量 / 025

第二章 | 锋芒初露：报国赤子在成长 / 027

为梦想“偷梁换柱” / 028
华北大学里的激情岁月 / 033
中国人民站起来了 / 037
跟随访问团奔赴大西南 / 042
结缘“中国舞蹈之母”戴爱莲 / 049
“舞蹈敢死队”的硬骨头 / 053
结语：把梦想当作求生的欲望 / 057

第三章｜ 破茧成蝶：世界舞台摘金桂 / 059

走进维也纳金色大厅 / 060

带伤演出感动波兰 / 066

难忘的慕尼黑空难 / 070

中国艺术行世界 / 075

谦卑的孔雀公主杨丽萍 / 083

国务院特殊津贴获得者 / 087

结语：能豁得出去，才能赢得回来 / 093

第四章｜ 凤凰涅槃：折翅舞神再飞扬 / 095

生命的呐喊 / 096

蛇口风波 / 107

中南海事件 / 118

为航天英雄饯行 / 123

问鼎“终身成就奖” / 128

走进中央电视台 / 142

结语：无畏于低谷，必有道于高峰 / 149

第五章 | 王者风范：大师行不言之教 / 151

激情成就梦想 / 152

爱就要爱得深，干就要干得好 / 159

把每场演讲都当作第一场 / 165

春蚕到死丝方尽 / 172

人生最大的弱点就是原谅自己的懒惰 / 179

活到老，学到老，改造到老！ / 186

结语：不做纯粹的演讲家，要成为行动的巨人 / 193

第六章 | 为人师表：恩师桃李满天下 / 195

公益是做力所能及的事 / 196

彭清一助学基金 / 201

伟大的友谊 / 206

华桂山论坛 / 214

植树育人师生林 / 219

爱是一种艺术 / 228

结语：每个人都可以做命运的赢家 / 238

第一章

苦难岁月：流浪少年盼阳光

他生不逢时，20 世纪 30 年代，家国内忧外患，山西一个小村庄，带给他的不过是无尽的贫穷和磨难。但是对彭家祥来说，故乡，它哺育自己的不仅仅是高粱面糊糊，更是那片土地的精气神，是母亲的谆谆教诲，是私塾先生的“恨铁不成钢”，是自己最早的精神与性格所在。

他的一切从这里开始，不论是咿咿呀呀地学话，还是痛失亲人的无助；不论是少之又少的童年欢乐，还是动荡岁月的碾压。故乡给他的挫折、穷困与磨难，至今在其心底留下了难以平复的伤痕。

然而就是在这样的困境中，他感受到了人生的第一次悸动，看到了人生的第一缕晨曦，死里逃生的际遇更是让他明白，生活把无边的严寒铺盖在自己身上时，一定还有阳光和希望，只要你想活下去，没有谁可以提前宣判你死亡。虽然，对于当时的他而言，死比生容易，生比死更苦。

生命的序曲

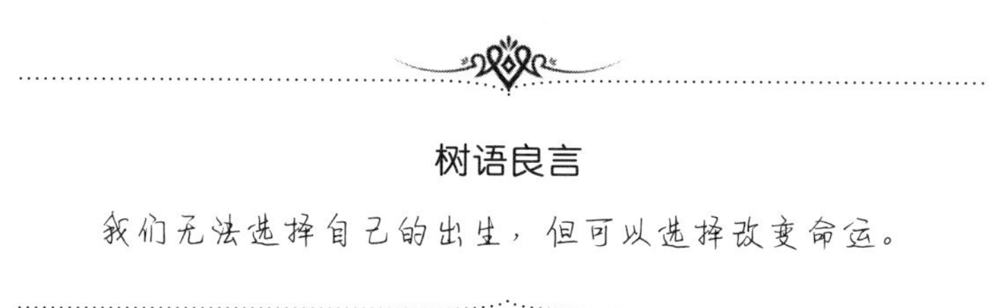

树语良言

我们无法选择自己的出生，但可以选择改变命运。

1931 年北方的二月，乍暖还寒。河面上的冰还未完全融化，岸边的垂柳在轻风中摇曳着枯瘦的枝条。一切还是冬天的样子，只有在轻轻的晨风中，偶尔飘来的那一丝暖意，才能让你感到早春的到来。在雾霭袅袅的清晨里，在路旁冰雪融化的枯草地上，一小片嫩嫩的小草，正顶着鹅黄般的尖角，向着早春的朝阳，努力地向上伸展着。人们天亮劳作，天黑睡觉，依旧继续着单调凄苦的生活。

看上去这个春天再平常不过，可是贫穷落后的中国却已历经磨难，饱受摧残，军阀割据、日本野心勃勃的觊觎……历史运动的轨迹充满着不确定性，各种帝国势力，各种思潮，各种社会力量交织在诡异的变局中，这是中国灾难的开始。

就是在这样一个平常又跌宕的春天里，我们的主人公彭清一在山西的樊家野场（今忻州市樊野村）拉开了自己的人生序幕。

3 月 23 日（农历二月初五），樊家野场夜色已深，整个村子像往常一样静悄悄的。人们吃完简单的晚饭，很快就进入深深的睡梦中。似乎只有这样，才能躲避这浓浓的寒意。而其中一间普通的农舍里，一家人正围在土炕边焦急地等待着……随着婴儿清脆而洪亮的第一声啼哭，“是个男孩！母子平安！”彭家人的脸上绽放了久违的笑容。父亲给他取了一个好听的名字——彭家祥，取“家庭祥和”之意，还有一个好听的乳名——金河。这就是彭清一最初的名字，也是在他长大之后逐渐不被提及的名字。

彭家虽祖祖辈辈都是农民，但在村里也算是名门。刚出生的这个孩子的祖父是当时忻县十里八乡出了名的乡村秀才——一位穷苦的教书先生，不仅字写得漂亮，为人也很热情，经常帮乡亲写信、写对联，或写状子，或出主意等；其父亲是山西省当时最高学府——山西大学堂（今山西大学）采矿第一班的一名高材生，同样练就了一手漂亮的毛笔字。据说，当时忻县附近的大小庙宇里，很多牌匾、石刻上都有他的墨迹。

虽有文化，但穷苦的生活并不能让他的三个孩子都健康地活下来。老二、老三最终没有摆脱八九岁就夭折的命运。而老大自出生就体弱，这也让彭家上下担心不已。老四的出生，无疑给这个屡遭劫难的家庭带来了少有的快乐和希望，虽然他们心里都清楚，接下来的生活可能会更艰难。

待这个大嗓门、大脑袋的孩子进入了梦乡，在这间简陋的屋舍里，母亲默默地注视着这个一出生似乎就带着福相和美好希望的孩子，内心既喜悦又担忧。

果然，美好总是那么短暂。一个完整的秋天还没过完，生性好动的彭家祥还没学会稳稳地坐在台阶上享受阳光的时候，一个霹雳下来，震惊全国的“九一八”事变发生了，日本帝国主义的铁蹄践踏着祖国山河，亡国惨祸迫在眉睫。这让彭家日子变得更加痛苦。母亲虽然没有什么文化，但她深深地明白“没文化不行，落后就要挨打”的道理。眼看孩子已经 6 岁，到了上学的年纪，母亲决定无论如何都要让孩子上学。于是本来就很瘦弱的她，更加勤俭，靠着点滴积累和东拼西凑，让彭家祥进了私塾。

然而一个穷乡下的私塾，并不是我们电视上看到的那般有着宽敞明亮的书房当教室，有整整齐齐的课桌和书椅，上课的地方起初不过是村里的一个大碾子，私塾先生说念书了，孩子们就围坐在碾子边念书；私塾先生说写字了，孩子们便在碾子上铺上纸，开始写字。更是没有现代学校的正规的作息表和教学体系，私塾先生说几点上学就几点上学，先生规定念什么书就念什么书，先生说写什么字就写什么字，所学习的内容不过《三字经》《百家姓》《论语》《弟子规》等。即便如此，彭家祥还是在三年的私塾学习中，完成了启蒙教育，更是打下了扎实的书法功底。

那时孩子上学的标配——一个小墨盒，一支毛笔，外加几张大黄纸。私塾先生对学生要求很严格，每天一到私塾，先生就让孩子背诵前一天教的文章，若是背不出来就要被先生毫不客气地打板子。在写字上，先生一笔一画都要详细地讲解分析，一个字往往需要孩子们临摹上几遍几十遍，直到满意为止。淘气好动的彭家祥因为贪玩常常是第二天见到私塾先生才想起背诵的事，而且最初练字缺乏定力，常常没写几个字就跑开了，写的字也是七歪八扭，为此没少挨先生的板子，他的双手常常是又红又肿。

那时的彭家祥和所有挣扎在贫困中的普普通通的农村孩子一样，最现实的“梦想”不过是一个非常朴实的念头——将来能够挣钱，能够养活自己，让家人过上好日子。

众所周知，山西是我国最大的产煤省，素有“煤乡”之称，20 世纪 30 年代，山西已有六十几个产煤县，忻县就是其中一个。随着时代的发展，当时有了卡车这样的运煤工具。

那天彭家祥正和小伙伴们在路边玩耍，这时一辆运煤卡车突然间出现在他们的视野，面对着从未见过的会跑的“铁家伙”，小伙伴们沸腾了，纷纷撵着卡车喷出的浓烟追赶着。彭家祥夹杂在这群孩童中，贪婪地嗅着车烟的味道，生平第一次发现有那么好闻的味道，他跑得最快，追出去最远，直到汽车没了踪影，他停下来，气喘吁吁地说道:“将来我要是能开上汽车该有多好！”从此，“能开上汽车”就成了他最初的梦想。

在那个贫困落后的农村，卡车这个“外来生物”震撼了彭家祥的童年，从卡车中他完成了人生中的第一次觉醒，更让不甘平庸的他有了一个切实可行的出人头地的方式——开个卡车，拉个煤，在村里转上几圈。这就是本事，这就是荣耀！

我们无法选择自己的出生，但可以选择改变命运。在樊家野场那片贫瘠的土地上，年幼的彭家祥早早体会到了生活的艰辛，但是也给了他最初最朴素的生活愿景和动力，让他不断努力，不断奋斗。

摔跤赢得一只羊

树语良言

没有经历过穷苦日子的人，恐怕很难体会凝聚在一碗羊汤里的感情。回首过往的岁月，他说，小时候的那点苦根本不算什么，因为那个年代，又有几个人享受过甜蜜的日子？

曾经稚嫩的心灵已变得成熟，曾经娇小的幼苗已长成小树。成长的过程中，日子一天又一天如流水过去了，日历一张接一张向后翻，但是在彭家祥心灵的一角始终有着不变的故乡梦，童年的苦，童年的乐，童年的骄傲，还有那不为人知的童年的秘密，都在定格、咀嚼、发酵，成败荣辱的人生历程中，童年是永驻他心田的一道风景。

尽管那时的农村是贫穷的，但是孩子的快乐永远是真实朴素的，生性好动的彭家祥在樊家野场那段灰色的岁月里，也有过最初的快乐和感动。

那时的农村小孩间流行一种“丢三帽”的游戏，也就是丢铜钱：找一个靠墙角的地方，三个小伙伴每人拿出一个铜钱，轮到谁丢时，把三个铜钱摞在一起放在食指上，然后用大拇指朝墙角弹出去，等快落下来的时候，用手一扣，三个字都朝上时算全赢，就能赚得一个铜钱。要想赢，得会使巧劲儿，掌握好铜钱弹出去和扣下时的力度、角度等，彭家祥在这方面玩得很好，总能赢点小钱。

如同打弹子游戏一样，丢铜钱的游戏都掺进了一些赌博的元素，因此这种游戏一般都不敢在学校玩，孩子们大多只是放学后在村子里玩。只要玩耍的小朋友不互相吵架，村里的大人们也都顺其自然，并不十分反对小孩子们玩这种游戏。

除了“丢三帽”，彭家祥和许多孩子一样喜欢“偷偷摸摸”：去别人家地里，假装方便，顺手摘根黄瓜；从邻旁地里拔个萝卜，插在自家地里，等没人注意的时候再偷偷地拔出来吃掉；跨着自家的墙头，打一把邻居家的枣……自己去偷别家的，别家的小孩也来偷自己的。这在农村是很常见的，更是许多小孩一种共同的心理——他们在进行人生大冒险，自己不是什么偷盗者，而更像是冒险家。大人们常常也不会去计较这些。即便在现在的农村，孩子们依然热衷于这种“冒险”。

和所有淘气的男孩子一样，年幼的彭家祥好玩好动，他喜欢打乒乓球，经常拿着自制的木板拍在“空练”；还喜欢在小河里戏水，于是玩着玩着，自己学会了狗刨；喜欢武术，不去私塾的日子，便常常跑去和村里的老道学习武术招式；喜欢在高处“舞蹈”，一回到家，不是蹿上自家的房顶，就是跳上邻居家的房顶……自然，因为贪玩，他也没少挨先生的板子和父亲的教训。

有一天，彭家祥放学后，又和小伙伴们在外面疯玩，全然忘了练字的事。等他回到家里，只见父亲手持着木板站在门口一动不动。彭家祥一看这架势，心里“咯噔”了一下，连忙冲进屋里，跳上土炕，拉过小桌子准备开始练字。

这时，父亲跟了过来，左手抓过彭家祥的胳膊，右手抡起木板一下一下朝彭家祥的屁股打去，一边打一边恨铁不成钢地说：“看你还贪玩，看你还记不记得练字，看你将来会有什么出息……”之后，他突然扔下木板仰天长叹：“天子重英豪，文章教尔曹。万般皆下品，唯有读书高。”

彭家祥完全被父亲的举动吓住了，虽然他不是很明白这些话的含义，但是隐隐约约地感到父亲这些话的分量，自此对待读书练字认真了许多。

忻县是著名的摔跤之乡。那时的彭家祥力气较大，能一口气和十几个孩子一一摔跤，凡是输了的孩子就要背着他转一圈。他觉得，趴在小伙伴的背上就如同被八抬大轿抬着一样，这让他别提多自豪了。往往以胜利者的姿态自居，彭家祥的性格也更加倔强，从不认输。

在他八岁那年，乡公所举办摔跤比赛，彩头是一只羊。凭借着自己多次在摔跤场上的摸爬滚打练就的一身摔跤本领，决赛中，彭家祥一口气把六个孩子连续摔倒，赢得了这只羊。

比赛结束，彭家祥迫不及待地把羊扛到了母亲面前，自豪地说："妈妈，我给您赢回来一只羊。"

此时的彭家祥是骄傲的，这一只羊对当时的农村家庭来说是多么大的一笔"财富"。要知道那时候家家户户通常只有一个大铁锅，做饭的时候，往往风箱一拉，大铁锅里的水一开，高粱面一倒，拿铲子一搅，一锅"糨糊"就做好了，然后就着萝卜，抹一点醋，便是一顿饭菜了。能吃上一块肉便是那时孩子最大的期盼，更别说能拥有一整只羊。

但是母亲面对着这个天大的"惊喜"，并没有彭家祥期待的喜悦，她只是忧虑地摇摇头说："咱没有羊，别偷人家的，送回去，咱不要。"

在母亲朴实的人生观里，人穷志不穷，不能偷，不能抢，她也是一直这样教导彭家祥的。

彭家祥立马委屈地说道："您说什么呢？乡公所摔跤比赛，我摔倒了六个孩子，这只羊是我赢回来的！"

母亲笑了，过来轻轻地抱了抱彭家祥，温柔地说道："金河真能干！"

这只羊舍不得吃，一直等到了年三十，家里人才把羊宰了。宰完羊，母亲把羊肉往大铁锅里一扔，添了点水，加了点花椒、大料和盐粒，然后就等着香喷喷的羊肉出锅了。这是彭家祥记忆里母亲第一次给他煮肉，没想到，也是唯一的一次。待得香喷喷的肉味从大铁锅里冒出来，彭家祥的小馋虫早就在肚子里蠢蠢欲动了。

但是当母亲从锅里舀出第一碗带着一块羊肉的羊汤递给彭家祥时，彭家祥懂事地把羊汤推到妈妈面前说："妈妈先吃。"

母亲笑着说："金河，这是你挣来的，你先吃。"

于是，彭家祥跪着从母亲骨瘦如柴的双手中接过了羊汤，真是太久没有尝到过肉味了！吃着吃着，他的眼圈湿润了，眼泪顺着脸颊流下来。生活的艰辛让母亲的脸上没有一丝红润，为了能让孩子上学，她省吃俭用，有一点"好吃的"全都留给孩子，还常常饿着肚子说，自己已经吃过了。

吃完羊汤，彭家祥依旧跪着把碗递给母亲说："妈妈，您也快吃吧。"

看着眼前这个懂事的孩子，母亲含着泪给自己舀了一碗羊汤。

也许在有些人看来可笑，不过是一碗羊汤，谁先吃都是一样，但是在那样艰

经历了曾经的苦难，更懂得收获的快乐

苦的条件下，他们就是这样含着眼泪度日的。母亲递给儿子的第一碗羊汤是她对儿子的肯定，是她对儿子深沉的爱；儿子递给母亲的碗是他对母亲爱的感知和报答。这就是最简单也是最感人的爱的传递和交流。多年之后，每当彭家祥在讲台上含着泪和别人说起这段心酸且甜蜜的往事时，很多人都是含泪听完。

没有经历过穷苦日子的人，恐怕很难体会凝聚在一碗羊汤里的感情。第一次喝羊汤都会流泪的那个男孩子，如今已是耄耋之年，不愁吃喝的他，出去吃饭，常常提醒我们不要浪费。记得他小外孙过生日那天，在北京某高档酒店自助餐厅，中午全家聚餐，我正好在场，他吃完餐点之后，女儿给他点了一份冰激凌，一杯咖啡，他一边品味着一边说："这里的环境、服务都好，就是太贵了！"就这句话，他说了至少五遍。

回首过往的岁月，他说，小时候的那点苦根本不算什么，因为那个年代，又有几个人享受过甜蜜的日子？要说具体受过什么苦，已经完全不记得了。但他摔跤赢得的那只羊和母亲慈爱的眼神，以及那久违的肉香，却深深地烙在他的脑海里。

年幼的彭家祥，敢玩、敢说、敢干，甚至淘气至极，他有着属于自己的快乐，他也从淘气中体会了亲情的温暖和鞭策，形成了自己的个性，更从淘气中捕获了自己一生的性格基调——自信、勇敢、拼搏、感恩。

母亲是最好的老师

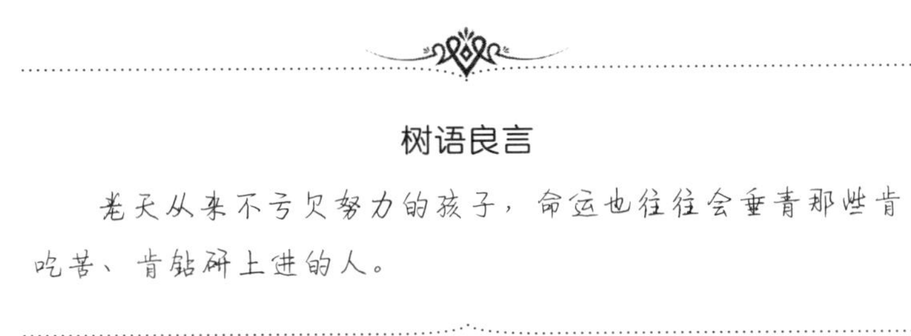

树语良言

老天从来不亏欠努力的孩子，命运也往往会垂青那些肯吃苦、肯钻研上进的人。

屋外细风缠绵，匆匆流年，在时光的冲刷下，不经意间他已两鬓苍苍。曾经路过多少人，经历过多少事，又有多少难忘的瞬间，或消散得悄无声息，或定格成永恒的记忆。

是的，岁月流逝的是旧痕，脑海铭记的却是深情。虽说几十年过去了，但那熟悉的面容，和储存在他记忆深处清晰不忘的话语，却一直浮现，并长久地响彻在他的耳旁，“好好念书，好好念书……”他知道，这是母亲对他的嘱托，也是她一生最大的夙愿。也正是这句话，在多少孤苦无依、黑暗无助的日子里，时刻提醒着他、鞭策着他。读书，生活就有希望；努力，日子总有好过的一天。

回首往事，经历了多少酸甜苦辣只有他自己才能真正体会，流过了多少汗水和鲜为人知的泪水也只有他自己知道，付出了多少努力才冲刷掉昨日的哀愁，浇灌并演绎出今日的精彩和美丽……坐在窗前，过往的一幕一幕又浮上心头，眼前的情景让他再一次泪如决堤。

在那个全国都在闹饥荒的年代，穷人家的孩子连吃饭都成问题，又有几个能饱读诗书？他的母亲虽然没什么文化，可她却渴望自己的孩子能多受点教育，哪怕识几个大字也好。三年多的私塾生活，让他学会了不少知识，成了家里的“文化人”，偶尔不好好练字，母亲则在一旁苦口婆心地劝说：“赶快学吧，练吧，不学习怎么能有出息？”

然而那时的彭家祥毕竟还只是个孩子，对于好玩的他来说，最盼望的两件东西不过是过年的年糕和一顶镶着红顶的瓜皮帽。而读书、练字，却实在是枯燥无聊，完全勾不起他半点兴趣，在外界的催促下，他难免有心猿意马的时候，而写的字往往得到的“○”少，“×”多。

这天放学，彭家祥回到家中。坐在门槛上端着簸箕正在捡豆子的母亲，把他叫到了自己身边，像以往那样对他说：“金河，字写得怎么样？拿给我看看。”他慢吞吞地把字递到母亲跟前。

母亲打开一看，18 个字里有 16 个都是黑叉，只有两个红圈。母亲的手颤抖了，缓缓地说道：“金河呀，你写的字先生怎么画了那么多的‘×’，打‘○’的那么少？你今后能不能多打几个‘○’，给妈妈看看呢？孩子，你还小，要好好读书写字，像你爷爷和爸爸一样，这样才有大出息。”说着说着，母亲的泪水顺着脸颊滚落下来，一滴一滴地滴在“×”上，“×”化开了花。

母亲宽厚仁慈，从来没有打骂过彭家祥，见到母亲居然为自己没有写好字哭了，彭家祥这才意识到自己做了一件很大的错事，内心开始不安起来。他上前擦去母亲的泪水，然后说道：“妈妈，儿子今后一定好好读书练字，不让您失望。”

从此，彭家祥下定决心，再也不能让妈妈为自己写不好字哭了，他知道，已患重病的妈妈不能再经受任何痛苦和伤心了。等他再上课的时候，那天，又是写字课，他没有像其他同学那样坐到凳子上，而是拿着一根高粱秆蹲在地上，不停地画着。私塾先生看到了，走过来，说：“金河，为什么不坐在凳子上，你在地上画什么呢？”那时私塾里 34 个学生中，属他的个子最高，在最后边，但还是被老师一下子发现了。

听到老师问话，彭家祥赶忙站起来，低声说道：“老师您看，您怎么写，我就怎么写。”

“那也得坐在凳子上。”先生严厉地说道。

“您就让我这么写吧，我坐在凳子上就写不了了。”说到这里，彭家祥的声音哽咽了。

“为什么？”老师赶忙走过来，指着他的屁股说，“是不是因为调皮被家里人打了，屁股坐不了凳子了？”

“不是。我母亲重病，她为我写不好字都哭了。可我们现在没有一分钱可以用来买笔、买墨、买纸……老师，我只能拿高粱秆在地上写，让我写下去吧。”这时，只见豆大的泪珠从彭家祥的脸上滑落下来。

私塾先生听了他的话，突然间蹲下来，双手扶着他坐在凳子上，然后转过身去，看了看其他 33 个孩子，又看了看彭家祥，说：“老师也有爱你们的师母，老师也有孩子，老师就每个礼拜天教两堂课挣点钱。但从今天开始，金河，只要我在课堂上，你的笔、你的墨、你的纸，老师全部承担了。”

他是一个穷苦的老师，但他能在这个时候去无偿地帮助家境更为贫困的他的学生，孩子们听到老师这样一番话都哭了。后来，彭老在演讲中多次说到他的老师，他说：“我的老师影响我的一生。如今，很多人拜我为师。我认为，老师的使命就是传播人类文明，开发人类智慧，塑造人类灵魂，必将是老师影响人类未来。”

在母亲和私塾先生爱的感召下，彭家祥开始刻苦练字，当看到他写的 18 个字有 16 个圈时，母亲笑了，接着又哭了，年幼的彭家祥不解地说道：“妈妈笑着怎么也会哭？”这是他第二次看到妈妈流泪，那时他虽不懂得什么叫“喜极而泣”，但是练字更认真了。

可惜，这样的日子不长，父亲的去世，让生活的重担落在了母亲一个人的肩上。从此，他所能从他的家庭感受的一个字就是“穷”。饥饿和挣扎每天都在发生，为了将这种痛苦减少到最小，九岁那年，彭家祥终于选择了辍学，帮助家里做一些力所能及的活。他那个时候的工作有很多种，锄草、拾柴、烧火……你所能想到的一个九岁小男孩根本无力承担的劳动，他都必须竭尽所能地去做。他那时一直在想，只要他多做一点，他和妈妈就能吃到一顿饱饭吧！吃饱就是一个信念，因为它的存在，哪怕拾柴的篓子有两个自己那么重，哪怕尖锐的刺儿将他的手戳得血肉模糊，他也要一篓篓背回过一整个冬季的柴火。

母亲不分昼夜地拼命劳碌，即便如此，也未能让他们窘迫的生活得到丝毫改善，却因此患上重病，医生说母亲患的是肝病，到了晚期了，腹部出水，甚至已经发生癌变……彭家祥拉着医生的胳膊拼命地摇晃：“我妈妈会死吗？她会死吗？

求求您，救救我妈妈！”医生看了看眼前这个稚气未退的小男孩，又望了望这个家徒四壁的房子，他不忍心拒绝这对相依为命、满含泪水的母子，但他也回力无天，“如果能筹集到钱，去大城市的医院，还能多些时日……”最后，只留下这“一线希望”离开了。

母亲的病倒对于这个贫寒的家庭来说，无疑是雪上加霜。当时为了凑足母亲的医药费，彭家祥几乎变卖了家里所有能变卖的东西，求遍了所有亲朋好友到处借钱，却依然无力让母亲在医院接受治疗，看着母亲的肚子肿得越来越大，呼吸也越来越困难，躺不能躺、站不得站，只能靠在墙上，在家中忍受病痛的折磨，他第一次开始思考：“为什么我们种下去的粮食永远无法让我们吃到一顿饱饭？为什么我们这么努力却依然这么穷？到底哪里出了问题？”可是想破了脑袋，他也未能找到答案。

还记得母亲临终前，自己是多么的害怕，前来探望的邻居中有一位大妈，看到恐惧无助的他说：“你去对着烟囱给妈妈叫叫魂吧，或许能把你妈叫回来。”于是，他赶忙跑到房顶上，对着烟囱声嘶力竭地喊：“妈妈，你回来！妈妈，你回来！”他用尽了自己所有的力气，生怕声音不够大妈妈听不到。或许是真的听到了儿子的喊声，母亲的眼睛动了一下。邻居们看到后，马上叫他下来。他来到母亲跟前，跪在铺着席子的土炕上，拉着母亲冰冷的手哭喊着：“妈妈，我用功了，我能写好字，以后还能做好一切！”这时，母亲的眼睛突然睁开了，喊着他的乳名说：“金河呀，咱们太苦了，妈妈不行了，就要走了，你要好好地活下去，长大了要好好念书，好好念书……”似乎话还没有说完，头一歪，就离开了人世。

母亲一直盼望着苦尽甘来，但吃尽了苦头，却没能等到甘来。他看到母亲黄色的眼珠里有泪水渗出，她该有多么不舍和无奈啊！这是他第三次看到母亲流泪了，也是最后一次，更是令他难忘并给予他终生不竭动力的一次，正是这两行泪在他多次近乎绝望的生活里给予他活下去的信念，激励他后来创造一个又一个生命奇迹。

他清楚地记得，自己当时穿着裤衩，腰里系着一根麻绳，跪在炕上不停地哭喊：“妈妈，你不能走啊！你走了，我怎么办？我不能没有你呀，妈妈……”但是，世界上最爱他的那个人还是走了，永远地走了。他不知道哭了多久，膝盖和腿已经被席子硌出很重的棱印，之后，他擦干眼泪，找来两根麻绳，用席子把妈妈的遗体包上，送到东山下埋了。他还在母亲的坟堆上种了柳树，他想，妈妈希望他好好地活下去，将来好好念书，他要听妈妈的话，等柳树长大成荫的时候，他一定成为“好样的”，再回到家乡来看她。

那一年，母亲 37 岁，他 10 岁。

“好好念书，好好念书……”在接下来无数个流浪的日子里，他始终没有忘记母亲临终前对自己的嘱咐，他也更加坚定了学知识、走出去，改变自己命运的决心。他发誓，一定要好好念书，将来赚很多很多的钱，在亲人生病的时候能够去最好的医院，在别人需要他的时候能够伸以援手，他要用自己的实际行动让母亲的在天之灵得到安息。

他永远记得母亲的教诲。念书之前妈妈告诉他，“先生领进门，修行在个人”；两年后又告诉他，“要想人前显贵，必须背后受罪”；再后来就是，“吃人难吃苦，受人难受罪”。这三句话，从小就影响着他。每次需要咬牙的时候，它们都能帮助他挺过去。他说，母亲虽然没有什么文化，但她是世界上最好的老师。

正是凭借着早年的刻苦学习和严格训练，彭家祥书法基本功非常扎实，加上后来的不断努力练习，才成为了不起的书法家，一幅字价值不菲。而他更是“吃水不忘挖井人”，把字画拍卖所得，全都捐献给了贫困大学生，支持教育事业，获得世人的尊敬。后来，他还常常和别人说起：“书法是行家一出手，就知有没有。你一下笔写一个字就知道你有没有功底。我从六岁练到九岁，孩提时候的基本功就打得很扎实了。这是非常非常重要的！”

老天从来不亏欠努力的孩子，命运也往往会垂青那些肯吃苦、肯钻研上进的人，十几年后，他遵循着自己的梦想，不但狠狠甩去了贴在父辈们身上那挥之不去的贫穷标签，也让家乡所有的人意识到，努力真的能改变一个人的命运。

然而，这十几年间，他又有着怎样的经历？是什么样的生活让这个 10 岁的孩子身上布满了岁月的痕迹？

从失去母亲的那一天起，他知道，他的世界塌了，他的家没了。在回头张望村子的那一刻，一种命运迅速朝他走来，对未知生活的恐惧也正向他扑面而来。

流浪的日子

树语良言

一个人，能抓住希望的只有自己，能放弃希望的也只有自己。无论面临的社会情景多么糟糕，我们都有自己可以掌控的部分。我们的生命仅有一次，所以要在有限的时间，尽可能做我们能够掌控的事。

母亲的去世，让彭家祥一下子失去了依靠。他也从此变成了孤儿。

农民的家庭，虽然穷苦，但彭家祥从未气馁过，正是这个穷苦的家庭，和他苦命的母亲给了他深刻的教养，让他懂得生活的艰辛，学会面对生活的不幸。也在之后无数个忍饥挨饿的日子里，成为他聊以慰藉的动力，活下去，顽强地活下去！

没有了母亲，他的家也不复存在了。摆在他面前的只有一条出路：走出去讨生活。他还清楚地记得，离开家的那一天，天气很冷，他上身穿着一件旧棉絮的黑棉袄，下身穿的是一条旧棉裤，脚底的一双旧布鞋也已经破了洞，肩上扛着一卷褥子，这就是他的全部家当。虽然成了孤儿，但他似乎并不孤单，因为在那个年代，像他一样的流浪儿比比皆是。他就是和几个贫苦的孩子一起开始流浪生涯的。

起初，他们以打工乞讨生活，漫无目的地四处游荡，走到哪里讨到哪里，也经常是吃了上顿没下顿，饿肚子、露宿街头几乎是每天都有的事。忍饥挨饿的日子，再加上恶劣的天气，让彭家祥和他的小伙伴们感受到了彻入骨髓的寒冷。

为了不致被冻死，彭家祥不得不去寻找可以栖身的避难所，最终，他去了忻州的庙里。那个庙很破，就像他身上的衣服一样，千疮百孔。在那里受过多少的苦难，他已经数不清了。只记得，下雨的时候一身是雨，下雪的时候满身是雪。多少次夜里睁开眼睛，看到月亮当空，照着周围，这时哼哈二将、四大金刚抱着琵琶、踩着小鬼，他就害怕地喊："妈妈，我害怕，妈妈您在哪儿啊？"然而回应他的只是远处的狗叫狼嚎，以及近处被呼呼北风肆虐的庙门发出的嘎嘎的声响……摸摸眼角的泪水，他只能面对母亲离开人世的残酷现实，同时也明白了无论自己怎么流泪，那双布满老茧却十分温暖的手都不能为他擦了，可是，流再多的泪又有什么用呢！

一个10岁的孩子在一个旧社会的庙里度生活，这是怎样的一种磨难？对于幼小的他来说，他不知道如何赶走它，但他希望远离它，那时的他还不懂得什么高深的道理，明白了自己没有任何依靠后，他只有一个信念：如果我强大了，苦难也许就会变小了。

那么，如何才能强大？没有御寒的衣服会被冻死，没有食物填入肚子就会被饿死，彭家祥想：我不能坐着等死啊。妈妈说了要我好好活下去，好好念书，我如果还没有念书就死了，我对得起妈妈吗？我要活下去，我不能死！于是，他四处流浪、沿街乞讨，开始了那段不堪回首的生活。

彭家祥打过零工、捡过垃圾、要过饭，人走到哪里，生活就"讨"到哪里。他瘦小的身子给人家扛过麻袋，帮人家修过自行车。为了混口饭吃，他什么活儿都干，但还是经常吃了上顿没有下顿。在最困难的时候，他给人家去刷尿桶，几乎半人高的尿桶，一个个摆在那里，他要刷完十个才能吃上两个窝头，喝上两碗菜汤，而这对于他来说，也已经很满足了，因为他又有力气继续为了生存而战斗了。

他不怕脏，不怕苦，为了活下去他什么都能忍受。但就是这种刷马桶的活儿也不是什么时候都能碰上。有时候一天下来，没找到一个活儿干，他就只能站在卖饭的地方眼巴巴地望着，伺机寻找哪怕一丁点的残羹冷炙，突然看人家吃了半碗饭就走了，他就一个箭步跑进去端起剩饭，囫囵一口吞下去……那时候，他也没少“下馆子”，但都因为他的蓬头垢面、衣衫褴褛，要么被店主气哄哄地赶出来，要么遭到一些食客的躲闪和嘲笑，情况好的时候，还能混到一个窝头、半碗汤，但有时候也难免遭遇皮肉之苦，然而无论如何，他都不会停下脚步，他知道，世界再大，似乎都与他无关，什么脸面，什么自尊，都不重要，此时活着就是天大的事。

他还清楚地记得自己当时流浪到榆次的情景。

在榆次，与以往一样，以破庙为“家”，白天出门讨生计，夜晚回庙里栖身。破庙的环境极其恶劣，东倒西歪的佛像，破烂腐朽的门窗，结串的蜘蛛网，阴森恐怖，满目疮痍，不过是现实版的一座“鬼屋”，还时刻散发出一股难闻的气味。每次彭家祥用破碗盛来的半碗水，不到一会就落进苍蝇及其他一些不知名的小虫子，在碗里荡漾出一道“黑色圆圈”。但是，没有办法，渴了，彭家祥就要喝这被“黑色圆圈”包围的水。由于卫生条件差，他还得了疥疮，浑身刺痒难忍，掀开身上的破衣服，里面全是虱子、跳蚤。晚上，他便经常坐在地上，借着一点微弱的灯光，翻开衣服，抓虱子、跳蚤，或放入灯火中烧死，或用两个大拇指的指甲挤死，挤着挤着，他的指甲常常变成红色的。早上醒来，他的眼睛常常被浓浓的眼屎（上火、发炎引起）粘住，他只能用口水去软化，再一点一点地抠下来，然后再用手指把眼睛撑开。

也许很多人觉得疥疮啊，虱子啊，跳蚤啊，讲点卫生就能避免了，然而，在那样的时代，那样的环境中，你如何去和一个连饭都吃不上的流浪儿谈卫生？

当他在自己的演讲课堂上再次回忆这段往事的时候，我实在无法想象，一个苦孩子，从小父母双亡，一路流浪，吃了各种苦头，这样的经历却能够成就以后的一名舞蹈家和演说家。这也不禁让我和在场的所有人思考一个问题，苦难对一个人的人生到底有多大的意义？

看看如今的青年人，特别是生活在幸福温暖环境中的青年人，在父母过度的保护和关爱之下成长，从未吃过一点苦，不知道每一粒米来之不易，也不知道如何打理自己的生活，经历不起一点波折和苦难，长大以后又如何自立于社会？

苦难，有人说它是财富，有人说它是屈辱。而他，就是把苦难从“屈辱”活成了“财富”的人。因为苦难让他更加珍爱生活，珍惜生命，因为苦难让他懂得生命的价值，让他对生活的认知更多。

彭家祥说，苦难变成财富是有条件的，这个条件就是，你战胜了苦难并远离苦难不再受苦。否则在别人看来，无异于就是请求廉价的怜悯甚至乞讨，这时苦难就变成了屈辱。

一个人，能抓住希望的只有自己，能放弃希望的也只有自己。无论面临的社会情景多么糟糕，我们都有自己可以掌控的部分。生活给予彭家祥的残酷，他没有抱怨，他知道，怨恨只会让自己失去更多。他无数次在心里告诉自己，跌倒了，失去了，不要紧，爬起来继续风雨兼程，只要心中有岸，就能找到渡口，就会有船只，就不会被淹死，就有机会看到明天。

我们的生命仅有一次，所以要在有限的时间，尽可能做我们能够掌控的事。活着，经历着，坚持着，便是可喜的事情。

“自古英雄多磨难，从来纨绔少伟男。”人生是一个不断奋斗的过程，更是一场艰难的跋涉，只有经历各种各样的苦痛折磨，勇于面对并克服它，继续迎接下一个挑战，你才能成为最后的赢家。

初到北平

树语良言

有人说，人的生存方式无非两种，要么是活在完全不会发生奇迹的每一天，要么是所有的事都如同奇迹一般。

痛失双亲，孤苦走上流浪之路；当过亡国奴，卑微而屈辱地活着；目睹残酷的屠杀，被革命烈士的铮铮铁骨深深地震撼；走遍大街小巷，尝尽人情冷暖……最终彭家祥还是坚强地活了下来，迎来了自己的青春岁月。

1945 年，中国抗日战争胜利，中国人终于摘掉了亡国奴的帽子，劫难结束了，然而在这片饱受摧残的土地上动荡依旧，战争消耗了太多太多，哀鸿遍野，加上解放战争的爆发，人们依旧食不果腹，彭家祥也依旧过着衣不蔽体的流浪生活。然而，在风餐露宿的日子里，在这个皮包骨掩盖着的内心深处，他始终没有忘记母亲临终前让自己“好好念书”的嘱咐，以及父亲因他不练字而发出的失望的长叹。让人可敬的是，他要读书的愿望并没有随着流浪的日子而流逝，相反，这种渴望越发地强烈，他在寻找着每一个读书的机会。

苍天不负有心人。一次偶然的机会，流浪到太原的彭家祥从别人口中得知，在北平（简称平，是北京曾经使用的名称）有个山西临时中学是可以上学的，而且一天还管三顿饭。这个消息对于他来说，简直是喜从天降。但是，北平在哪里？要怎么去？转念间，这已不算什么问题了。对于他这个流浪者来说，走自然不成问题，不认路就一路走一路打听吧。

不知道走了多少天，彭家祥终于从自己的家乡走到了这个带给他梦想与希望的所在——北平。

初到一个陌生的城市，面对着眼前全然不同的街景，彭家祥以为可以抛弃一切苦痛，重新来过，可以拥有更好的生活。但是当他真正踏上北平这片土地时，他才发现一切并不是自己想象的那样，这个陌生的城市并没有带给他多少安慰，给了他的依旧是苦难。

经过多番打听，彭家祥来到了天坛大殿山西临时中学所在地报到。果然，那里接纳了他，也让他过上了几天“幸福”的生活。刚到天坛的头几天，他一日三餐都能领到两个窝头和一碗白菜汤，还能和很多流浪儿一起围坐在天坛地上，听老师上课，虽然这个老师只是偶尔来这里，一念完书就走了。但是相比以前的流浪生活，彭家祥觉得已经好太多太多了。可在那样的年代，想要读书终究是太过奢望的事情，很多情况下，老师不会来，大家不过吃完饭便没事可做，只能逛天桥、逛大街，挨到下一个饭点回来。大殿门口的一小块空地便是彭家祥的“地盘”，稍微不留意，便会被进出的人踩踏，每晚他只能坐在大门口，到了半夜所有流浪的人都回来了，他才能安心地躺下睡觉。

当时，大殿里的流浪儿众多，整个天坛大殿容纳了一两千人，中间用一堵砖头墙隔开，分为男女两区，分发窝窝头的时候，不得不分成十拨，每拨派出一个人去领。彭家祥所在的这一拨有 37 人，每天大家轮流把窝窝头领回来，再发给每一个人。

有一天，轮到彭家祥去领窝窝头。但是分窝窝头的两个流浪儿见彭家祥是个后来的“乡巴佬”便故意克扣了他一个窝窝头。争强好胜的彭家祥哪里忍受得了这样的“窝囊气”，马上与他们打了起来，夺回了本该属于自己的这一份。但是没想到晚上，当彭家祥出去上厕所的时候，那两个流浪儿早就纠集着另外四个流浪儿，等在外面，要好好“教训”他一顿。其中一个流浪儿手拿一把匕首，见彭家祥走来，冲着他就刺上去。幸好彭家祥机灵，一闪，躲了过去，但衣服已经被戳了一个大洞。在这危难时刻，山西太原的流浪儿头目孙辛未带着一帮小兄弟来了，打走了那几个人。彭家祥对孙辛未感激不尽，两人也因此成为好朋友。后来，孙辛未参加了革命，还和彭家祥一起共事过。

那时，领完窝窝头，吃完饭，彭家祥会和大家一样出去闲逛，在闲逛中，他看到了许许多多挣扎在痛苦边缘的老百姓，再次领会到了这个社会的黑暗和残酷。他路过天安门，那里时常跪着头插稻草的孩子和跪在一旁不住地向行人磕头的无奈父母；他路过天桥，看到一位练把式的中年人为了一点活命钱，把两个铁球吞进肚子，然后再用两把弯刀插进自己的口腔，鲜血顺着嘴角，顺着刀把一滴一滴地滴落；他路过前门大街的门洞，见到了像雪一样冰冷的被冻僵的流浪者尸体；他在陶然亭附近的坟场，目睹了几只野狗撕扯尸体的惨不忍睹的一幕……

可即便如此，这样"幸福"的日子也并没有持续多久，突然有一天有人宣布他们必须搬离天坛。天坛的大殿不再是他们的"庇护所"，他们只能卷起自己唯一的行李——一床破被子，寻找新的容身之所。

1947 年，共产党进入战略反攻阶段，已经打到北平城外，北平人心惶惶，岌岌可危，国民党高官跑了，有头有脸的大人物们跑了，留下一座座空宅院。彭家祥他们便出去找地儿，哪个院子空了，便去哪个院子将就几天。就这样居无定所，住过桥洞，住过孔庙，住过国子监，最后，他流落到了朝阳门外的东岳庙，再一次以庙为家。为了生存，彭家祥也不得不再一次做起刷尿桶的工作。

那时，有一种非常廉价的小旅馆，通常设有十个房间，一个房间能住十个人，十个房间便是十个尿桶。小旅馆的老板便经常雇流浪儿刷尿桶，报酬是两个窝头加一碗白菜汤。即便是如此廉价的报酬，为了活下去，彭家祥必须和其他流浪儿抢着干这份差事。好在比起其他流浪儿他长得粗壮些，老板便把机会给了他。每天彭家祥天不亮便来到小旅馆，趁着老板到来前，把尿桶一一刷干净摆放好。一个星期下来，他做得非常出色，老板很满意。但是其他的流浪儿按捺不住了，纷纷哀求老板说："老板，他都干了一个星期了，该到我们干了吧。"老板则回答："你看他个子高，做得最好，就让他接着干吧。"就这样，他刷了两个月的尿桶，直到新的生机出现。

抗日战争时期，铁道资产备受破坏，战争结束后，国民政府开始修复一些铁道，那时没有碎石机，需要雇用工人到指定采矿点人工把大石头敲碎作为道砟。一般一个工人一天能打一吨的石头，一吨石头所得的微薄收入能换取每天生存的两顿饭。这可比刷马桶一天挣一顿饭强多了。于是，已然成长为小伙子的彭家祥也加入了“打石头”的行列。

采矿点远离北平，想要干这个活必须得会扒火车。彭家祥每天天不亮就随着其他人一起守护在转弯的铁道边，当火车经过减速时，眼明手快的他就迅速地跳上去，挂在车厢外，就是这样，每天唯一的一趟火车外常常挂满了人，看起来就像一串移动的葡萄。火车行进的过程，人们稍有不慎就会摔死；然而，手脚不利索的人根本连火车都爬不上去。但是在那样的年代，比起活下去，那又算什么！

待火车开上几十里后，听到有人喊：“就是这里了。”他们便纷纷跳下火车，然后再步行几十里来到采矿点。

到达采矿点，他们排队领取一块牌子后便开始一天的繁重劳作。那段时间，彭家祥已经记不清自己的手被石头割破过几次，被锤子砸伤过几次，往往旧的伤口还没长好新的伤口又如期而至，但是不能休息，休息就意味着饿肚子。半年来他的这一双手伤痕累累，就为了那两顿饭——四个窝头和两碗白菜汤。

有人说，人的生存方式无非两种，要么是活在完全不会发生奇迹的每一天，要么就是所有的事都如同奇迹一般。那时的彭家祥很不幸，动荡的岁月无法带给他奇迹，但是他的一生却是奇迹的一生，是他顽强生命的见证，是他人生最为精彩的历练。多少年过去，还是能深深地震撼、鞭策我们每一个人。

救命的黑豆

树语良言

只有经历贫穷才知道现在的幸福。永远不要忘记曾经的风餐露宿，那才是你最宝贵的财富。

1948 年年底，人民解放军已经到达西山，从那里俯瞰着北平全城。这时生活在北平城里的人们有的胆战心惊，有的心潮澎湃，有的矛盾踌躇，从东城到西城，到处是撤退下来的队伍，到处是搬家逃难的民众。几十年来，一直熙熙攘攘的北平车站里，一纸布告驱散了准备搭车的万余旅客后，便再也没有行驶过一列旅客列车——北平围城了！

彭家祥此时作为一个流浪者，生计更为困难，无工可打、无活可做，更为悲惨的是他没有像其他人一样有选择去留的机会。

住进东岳庙不久，他仅有的家当——一位好心人送的旧铺盖，却在他外出“谋生”时不翼而飞，他想，也许有人比我更需要这个铺盖吧。但冬天晚上夜里的寒冷还是让他无法入睡，以木板为床，用砖头当枕头，裹着仅有的破棉袄，刚闭上眼睛又被袭来的寒气惊醒……想着那时的情景，停留在他脑中依然只有两个字——凄惨。后来跟别人提起那次经历，彭家祥说，如果不是当时年轻，身体还算强壮，恐怕早就冻死了。

那段时间，彭家祥每天都在盼望着：时刻与死神擦肩的日子，赶快结束吧！但是，上天并没有垂怜这个苦人儿，随着寒冬的临近，他病倒了，两天没喝过一口水，没吃过一口东西。待他从昏睡中醒来时，同住庙里的流浪儿都走了。一个不好的念头在他头脑里闪过："我是要死了吗？"

"金河呀，你要好好地活下去……要好好念书，好好念书……"绝望之余，他仿佛再一次听到母亲的呼唤，这呼唤让他强打着精神挣扎着爬起来。可是因病体弱，再加上多日未进食，他只觉头晕目眩，腿一软，身体又重重地栽倒在地上。

彭家祥知道，这是长时间的饥饿所致，但如果不爬出去，他可能就永远也见不到这个世界了。喘了几口粗气之后，他对自己说："不！我不能死！我还没有学习，还没有好好念书，我不能死！我要活着，我一定要爬出去！"一种求生的本能和渴望，激励着他奋力挣脱死神的魔掌。紧接着，他用胳膊撑着地面，拼着全力，一点一点往前挪，终于挪到了庙门口，眼看一道耀眼的光芒朝他照射过来，他用手死死地抓着门框，借着门框让身体艰难地站起来，但往外没走几步，就又一头栽倒在马路边的粪堆上。

不知道过了多长时间，彭家祥终于醒了过来，发现离东岳庙侧门不远的一个台阶上放着一个笸箩，也许里面有能救他性命的东西！求生的欲望在身体里爆发了，他顾不上清除脸上的污垢，四五米远他居然一口气爬过去，然后伸手抓起笸箩里的东西就往嘴里放——又黑又苦又涩，是黑豆！嚼了几分钟，他知道自己得救了。

当彭家祥正拼命地嚼着黑豆的时候，临街院子的门打开了，走出来一位满头银发的老妈妈。他知道，没有得到主人的允许，是不能随便拿、随便用别人的东西的，否则就是偷。偷吃了人家的东西，又被逮个正着，就等着挨训或是挨揍吧。

然而出乎他意料的是，没有训斥，也没有打骂，只听到一个和蔼的近乎趴在地上的声音："孩子，你怎么了？"

他睁开眼睛，发现一位老妈妈正关切地看着他。他被这关切的眼神感动了，多么久违的温暖，眼圈一红，忍不住哽咽道："老妈妈，我是个流浪儿，我没有父母了，我就住在东岳庙，我病了三天了，没有吃一点点东西，我偷吃了您的黑豆，您惩罚我吧！"

听了彭家祥的话，老妈妈没有责怪，而是拉着他的手，慈祥地说："孩子，围城了，没有粮食了，就这点黑豆了，咱娘俩儿一块吃吧。”说完，她抓起一把黑豆，慢慢地放进彭家祥的嘴里。

彭家祥一边咀嚼着黑豆，一边流着眼泪，嘴里不断地重复着：“老妈妈，您是我的救命恩人，谢谢您。”

就这样，一个素不相识的老妈妈，救了一个十七岁孩子的生命。

她是谁？彭家祥不知道，但他知道她只是个普通的妇女，是他的第二个母亲。

此后，他心底里就一直藏着一个热切的愿望：等他能挣钱的时候，一定要回报这位曾经用黑豆救过他性命的老妈妈。

彭家祥的头脑里曾经不止一处地演绎过与老妈妈再次见面时的喜悦情景。两年后他学有所成，有了体面的工作，拿到了第一个月的工资，兴冲冲地赶到原来老妈妈居住的地方，打算好好报答这位救命恩人时，可残酷的现实再一次击中了他。

彭家祥敲开了老妈妈的门，却没有见到老妈妈，从开门的陌生的青年口中得知，老妈妈已经离世。这一噩耗犹如晴天霹雳，顿时把他的心击得粉碎。

“老妈妈，我来晚了！”他后悔为什么没能早一点有能力，他是个知恩图报的人，却连报恩的机会都没有，他跪在老妈妈曾经喂他吃黑豆的台阶前，泪如泉涌，泣不成声。

一把黑豆，一世恩情。是老妈妈的善良让他在苦难中看到了世间的美好，是老妈妈的慷慨让他在艰难中看到了生活的希望，是老妈妈给了他第二次生命，让他能够活下去，为了梦想不懈追求。

只有经历贫穷才知道现在的幸福。“我永远也不会忘记曾经的风餐露宿，要一辈子记得老妈妈那一把救命的黑豆。那才是我最宝贵的财富。”彭家祥在心里告诉自己。

结语

感恩是生命中最大的力量

人人都渴望成功，那么，走向成功的秘密是什么？

人人都害怕苦难，那么，战胜苦难的力量来自哪里？

彭家祥，颠沛流离18载，经历过国破家亡，他一生却始终恪守着正义与良知，永不懈怠地实践着他的理想和使命……为什么一个9岁丧父、10岁丧母的孤苦无依的流浪儿，能有这么强大的生存信念？是什么力量让他一次次迈过死亡的门槛而得以继续与命运抗争？

提起那段苦不堪言的岁月，他告诉我，其实一切的苦难跟今天的收获来比都算不得什么，在别人看来，也许没有什么比选择死更容易的了，但他告诉自己："我不能死，如果我死了如何对得起妈妈为我受的苦？又怎么报答妈妈的养育之恩？岂不是白白辜负了妈妈对我的期望？"在他看来，母亲不仅给了他生命，更给了他活下去的信心、勇气、希望和力量。历经磨难的他，最要感谢的人就是他的妈妈。所以，我们在他的每次演讲中，都能真心地感受到他对自己穷苦而伟大母亲的拳拳思念之情。

记得在一次演讲中，在讲到母亲曾三次为他流泪时，台上的彭老声泪俱下，而台下的我亦是热泪横流。他爱自己的母亲，每一次提及，每一次想起，都是满满的感恩和愧疚，他说，他的母亲是天底下最伟大的母亲，他受到的是世界上最好的教育，如果他能更早地懂事，或许母亲当时就会少一点痛苦，多一点欣慰。母亲虽然只跟他一起度过了十个春秋，却陪他战胜了无数艰难困苦。

除了母亲，他要感谢教他读书写字的私塾先生，那个虽然囊中羞涩却慷慨有爱的老师，是他的善良资助让他在幼小的年纪里打下了坚实的基础，并指引他在

为人师的日子里一样以大爱之心传播真善美，为教育事业贡献自己的一份力量。

他还要感谢流浪的日子里，遇到的那些善良的陌生人，尤其是在他奄奄一息之际给他黑豆吃的老妈妈，还有为他提供用劳动换饭吃机会的老板……在彭老的记忆里，每次乞讨，别人都会给一点，哪怕是半碗剩汤，似乎那时候的人们，根本不会拒绝比自己更穷的人。伴随着他一路乞讨，善良的种子也在他的心里深深地扎下根来。所以，在他有能力对别人伸出援手的时候，他都会俯下身，尽自己最大的力量。

当别人问他："彭教授，是什么力量让您一路坎坷、一路磨难下来，依然充满激情呢？"

他说："当你的心中有爱，当你感恩你所拥有的一切时，你的生命就会充满力量，而感恩是生命中最大的力量。"

因为心中充满感恩，他能在每一个寒冷的夜晚依偎着墙角独自取暖，他能够把每一个苦难的日子当作财富的累积，他能够在每一次生死关头拼尽全力却依然斗志昂扬。

而当下的社会，感恩缺失的现象已不足为奇。谈到孩子的教育问题，彭老感触很深，他说："从当下来看，有两点需要提醒家长：一是从小培养孩子的感恩情怀，那么，做家长的首先要懂得感恩；二是父母要言传身教，不能只盯着成绩，要注意各种美好品格的培养。"

所以，做父母的，可以没文化，但品格不能坏。父母的一切，包括性格、做人原则、思想……都会不知不觉地影响孩子。所以，要想教育出好孩子，先要做个好父母，更要不断成长，努力提升自己，潜移默化地去影响孩子。

第二章

锋芒初露：报国赤子在成长

不知道跌倒了多少次、摔伤了多少次，也数不清走过了多少村庄、吃了多少苦头，虽然仍旧衣衫褴褛、饥肠辘辘，但他不断地告诉自己：站起来，别停下，只要不怕苦，总有苦尽甘来的时候。

七十年前的那个流浪儿，正是怀揣着一颗追梦赤子心，靠着这种“一不怕苦，二不怕苦，三不怕苦”的精神，在他热爱的土地上，谱写了最动人的成长之歌。

1949 年的春天，他第一次改写了自己的命运，开启了他人生的希望之路；1949 年的秋天，他迎来了人生第一个最为璀璨的篇章，开始结缘舞蹈；1950 年，他开始了步入革命工作的第一课，真真切切地感受到了党的伟大和无私；1951 年，他遇到了人生中最为重要的一位“贵人”，人生开始机遇和挑战并存……

沉沉浮浮，经受过各种考验的他成长起来，用自己的行动、顽强的意志和坚定的信仰，证实了自己是一名合格的共产党员，是一名优秀的人民艺术家。

为梦想“偷梁换柱”

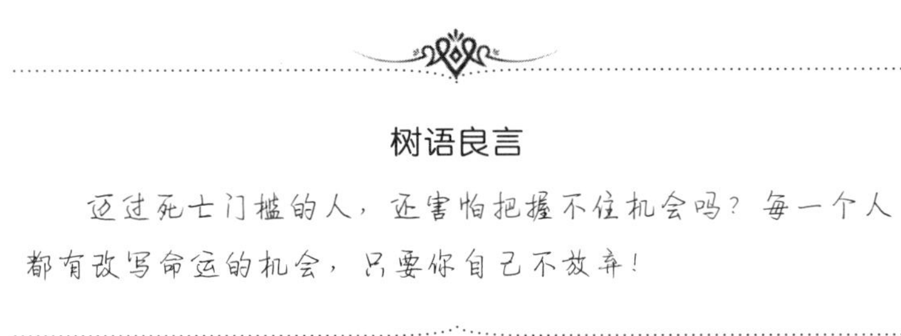

树语良言

迈过死亡门槛的人，还害怕把握不住机会吗？每一个人都有改写命运的机会，只要你自己不放弃！

1949 年 1 月，寒意虽未褪去，然而北京街边的杨柳已经轻轻地抖动着淡绿色的新装，曾经被雪覆盖着的草根也逐渐苏醒，倔强有力地推去头上陈旧的草渣烂叶，奋力地生长起来，昏睡的土地开始觉醒，处处是生机，是希望。

在这样的一个早春，彭家祥也和身边的万物一样迎来了新的希望——北平解放。

1949 年 1 月 31 日，北平和平解放。在欢迎解放军入城的队伍中，这个饿得打晃儿的叫花子彭家祥也和四五个流浪儿挤在人堆里高喊：“欢迎解放军！解放军好！”面对各界群众的热烈欢迎，人民解放军战士也激动地高喊着：“老乡们好！老乡们好！”一位解放军从彭家祥这几个流浪儿面前经过，看到他们个个面黄肌瘦，便解下身上的干粮袋送给他们。饱受无数流浪饥苦的彭家祥第一次体会到了中国人民解放军对老百姓的关心爱护之情。

其实，读过三年书的彭家祥早已从报纸和街谈巷议中对共产党和中国人民解放军有所了解，他幼年所见到的八路军战士面对日本侵略者视死如归的凛然大义一直在脑海中浮现，加上今天确确实实发生在自己身上的一件小事，促使他不由得倾向共产党，倾向八路军，真真切切地感受到了共产党与以往那些军阀、国民党的不同，他相信共产党就是中国的希望，就是自己的希望。

中国共产党的最高宗旨是全心全意为人民服务，共产党人是这么说的，也是这么做的。人民军队和人民政府进入北平后，严格按照这一宗旨办事。正是这一崇高原则，共产党给北平注入新的生机，社会各界以极大的热情和精力积极投入到建设新社会新生活的实践活动中。这使彭家祥感到兴奋，受到鼓舞。当时，有伙伴劝他说："全国就要解放了，我们一起回山西去吧。"但是彭家祥说："流浪了这么多年没有任何名堂，再回去有何脸面？我要留在这里，我相信这里可以改变自己的命运。"

可惜，现实还是很残酷，他不过是一个贫穷家庭出生的孩子，一个孤苦无依的流浪儿，如何逆转自己的命运？正当他苦恼彷徨时，共产党又给他递过来了一枝"橄榄枝"。

一天，他在宣武门附近（现新华通讯社附近）看到一则消息：共产党和人民政府掌管的华北大学艺术系招生，欢迎报名参加考试。那时候，随着解放战争的节节胜利，党中央为了迎接全国的胜利，急需培养大批干部，所以将华北联合大学与北方大学合并成立华北大学。这个机会让彭家祥赶上了。

看到这则消息，彭家祥笑了，自己多年来的读书梦终于可以实现了。他按捺不住内心的喜悦，急匆匆地跑到街上打听有关考试的消息和注意事项。得知应试者需要高中文凭时，他被当头浇了一盆凉水，他这样一个断断续续只读了三年书的流浪儿哪有什么高中文凭？

"我虽然没有高中文凭，但是我是真心实意地想要参加革命队伍，如果我好好地求求人家，或许考官会被我的赤子之心感动。"彭家祥转念这样想。然后他又接着四处打听，他希望热爱人民的党能够体察到他的疾苦和他对读书的热切期盼，对他这个一心想要参加革命的流浪儿"网开一面"。结果让他很失望，毕竟是大学招生，需要一定的学习基础，没有高中文凭，连报名的资格都没有，更不用说进考场了。

灰心之余，彭家祥依旧没有放弃。回到住处，他大声地对着身边曾一起流浪的人们说道："山西解放了，你们都要回山西，你们有家，我没有。我彭家祥要报考华北大学，可是人家要高中文凭，我没有，你们谁有高中文凭借给我用一下吧。"他话音刚落，来自山西的一个女孩走到他的跟前说："我这有高中文凭，你拿去吧。咱们一个村的，我也姓彭，按辈分你还是我叔叔呐。”彭家祥很激动，接过女孩的文凭一看，这个女孩姓彭名本一，他皱起了眉头说：“这不行吧，你叫彭本一，我叫彭家祥，明显对不上。”女孩灵机一动说：“这个好办，你可以用毛笔把草书‘本’字多添几笔，把这个一点加一个圈，再加一个三点水就变成了‘彭清一’。”彭家祥立马说道：“为了上学，我可以把自己的名字改成彭清一。”

凭着这张添添改改的高中文凭，彭家祥获得了报名资格。他万万没想到，也就是这么一“改”一“涂”一“混”，给他的人生带来了重大的转折。

考试那天，春寒料峭，彭清一虽身穿单衣，却精神抖擞地站在应试者的队伍里。随着前面考生人数的慢慢减少，他越来越紧张，因为心里实在没底：报考的是艺术系，可什么是艺术，要考哪些内容，以前从未接触过，该怎么回答？正忐忑不安地胡乱猜想时，考官喊道：“下一个，彭清一！”

“到，我是彭清一。”他应答着进入考场。在他面前的考官是一位和蔼可亲的年轻女同志。那时，他根本不知道眼前的这位女同志就是年仅十二岁就勇敢地投奔抗日队伍，曾在延安鲁迅艺术系学习过，并成功扮演了白毛女，后来担任东方歌舞团团长的大艺术家王昆。文坛泰斗夏衍曾评价她说：“她演歌剧满怀激情，她唱民歌朴实纯真，可以说是一片天籁。六十年风风雨雨，她虚怀坦荡，古稀之年仍保持艺术青春，弥足可贵也。”

面对眼前这位腰系草绳、蓬头垢面的流浪儿，王昆没有丝毫的嫌弃，她按照考试程序朝彭清一要文凭。他便把借来并改过的高中文凭折了四折，生怕打开后被一眼就看出破绽。

就在王昆正要仔细审视这张文凭时，心虚的彭清一赶紧说道：“同志，我特别想参加革命。我是个流浪儿，吃过很多的苦。共产党、八路军来解放了我们，我现在唯一的愿望就是想参加革命。今天天很冷，考试的人又多，希望能够立刻应考。”

王昆见他讲得热情、诚恳、实在，被打动了，起身向窗外看了一下排得很长的等待考试的人群，说：“好，那我现在开始考你。”

彭清一看文凭关已经“混”过去了，心安了不少，现在他只想着尽力考好试，除了背水一战，他别无选择。

“你会唱歌吗？”王昆问。

这对于生在西北，从小听惯了、唱惯了信天游、爬山调的彭清一来说简直就是“小菜一碟”，“解放区的天是明朗的天，解放区的人民好喜欢……”彭清一挺起胸膛，双手背后，深情地放声歌唱，而且调门儿还挺高。

王昆一听就乐了。听他唱完，王昆点了点头说：“可以啊！你这是特殊男高音嘛！嗓子还不错。怎么刚解放北平你就会唱革命歌曲了？”

彭清一立马回答：“想参加革命，不会革命歌曲怎么行？”

王昆满意地点点头，接着出了第二道题：“你到窗户跟前一看，你的仇人家着火了，你怎么演这一段戏？怎么来表现？”

彭清一从未演过戏，也不知道王昆出这道试题的目的，但他想既然是仇人家失火，应该感到高兴。于是，他走到窗前，推开窗户，一脸幸灾乐祸地喊着：“哎哟，着火了，太好了！我的仇人家着火了，好，好，好！烧它个精光，那才好呢！”

王昆对他的表现没有给予任何评价，接着又来一题：“这次，你看到的是你最好的朋友家着火了，你怎么办？”

最好的朋友家里着火了，自己肯定是很着急的，心情定然不一样。彭清一想。于是，他在窗前来回走动了几次，随后一愣，突然停住，大声喊道：“哎呀，不好了！好朋友家着火了，你们怎么不管呢？”他边喊边走到王昆跟前，拉着她的胳膊，“革命同志，你帮我救火去呀，不能让火烧了我朋友的家！”

考艺术还得演戏？当时彭清一心里很纳闷，不理解为什么要出这样的题目。后来参加革命后他才知道第一道题是考他的嗓子，也就是考他的专业条件，第二、第三道题是考他的思想觉悟，也就是检验他的阶级立场对不对，阶级感情深不深。

看完彭清一的表演，王昆说：“好了，你先回去，三天后看榜。”

怀着一颗惴惴不安的心，彭清一紧张地问道：“那我考上了没有？”

王昆笑着说：“三天以后到校门口看榜。”在她说出这句话的瞬间，彭清一看到王昆的左眼闪动了几下，他立刻意识到自己上学有戏了。

接下来等通知的短短三天，对彭清一来讲比过去最艰难的日子还要漫长，他如坐针毡，虽然王昆已经给了他暗示，但只要看不到榜上有名，他悬着的心始终放不下。

终于熬到了揭榜那天。彭清一一大早就来到华北大学校门口。在那个挂着

“华北大学艺术系”牌匾的四合院门前，早已挤满了黑压压的人群。他奋力地挤进人群，睁大双眼在榜上寻找自己的名字，生怕哪里看漏了。

当“彭清一”三个字最终落入他眼帘时，他一阵狂喜，忍不住跳了起来，大喊道：“考上了，我考上了！我要上大学了！”顿时，泪水模糊了他的视线，母亲在弥留之际对他说的那些话语再次回响在他的耳边：“金河呀，你要好好地活下去，长大了要好好念书，好好念书……”

“念书，念书！”10岁前的那一点书本知识当然没忘，或许由于不肯荒废时日，自己平日里只要有机会就会刻苦阅读，但流浪的日子又到哪里去念书呢？又有多少读书的日子在对抗饥饿中荒废了呢？如今，他的命运就要改写了！他不禁在心里轻轻地呼唤：“妈妈，您的儿子有书念了，您老人家就放心吧！”

人群中，他擦干眼角的泪水，再次抬头看了看红榜，心中又不禁想起了王昆，自己人生中的第一个“贵人”，是她给自己打开了艺术之门，让他有机会献身艺术，献身革命，成为中国第一代舞蹈艺术家；想起了自己的本家侄女——彭本一，没有她，没有她的那张高中文凭，他也许还要继续流浪的生活，但现在一切都不一样了，自己成了一名准大学生了，就等着到学校报到了！他心中充满了感激。而这个“偷梁换柱”得来的名字——彭清一，终结的不仅是他过去的名字，更是他过去不堪的生活，他暗下决心要珍惜这个名字，为这个名字增光添彩。

只是，这种幸福感来得太快了，彭清一还是有点不敢相信：自己只是一个读过三年书的流浪儿，真的可以进入大学深造吗？华北大学可是当时解放区的最高学府，进入大学，就成为革命队伍中的一分子，自己瘦弱的肩膀能担负得起革命的重担吗？不会很快就被赶出来吧……一番思想斗争之后，他长叹了一口气，迈过死亡门槛的人，还害怕把握不住机会吗？他告诉自己，每一个人都有改写命运的机会，只要自己不放弃！

华北大学里的激情岁月

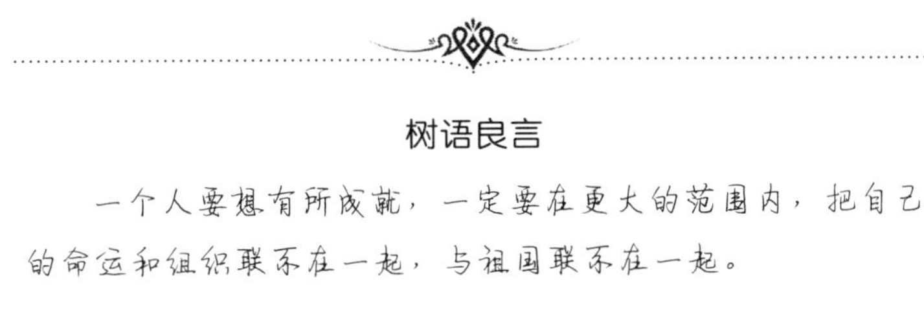

1949 年 3 月 8 日——北平解放后的第一个妇女节，彭清一这个腰系草绳走入考场的流浪儿，正式步入大学，开始了他的艺术生涯。对于他来说，这是个不平凡的日子，是个具有转折意义的一天。这一天，标志着他结束了长达八年的流浪生涯，标志着他参加革命的开始，也是他这个穷苦的孩子新生活的开始。

从跨进华北大学校门的那一天起，他便和其他的同学一起学习，一起从事社会活动，所有的一切，对于他来说，都是那么新鲜，那么富有朝气。他在心里告诉自己："进了校门，我就是华北大学学生中的一员，就是革命队伍中的一员，绝不能给学校丢脸，也不能给组织丢脸，更不能给国家丢脸。我的起点可能比别人低，但在终点我绝不能输给任何人！"

进入华北大学，彭清一首先进入政治部学习，之后进入艺术系，开始学习唱歌、戏剧、跳舞等表演艺术。

华北大学是新中国成立前夕最著名的培养干部的学校，为解放全中国培养、输送干部，是华北大学当时的主要任务。华北大学的前身是 1937 年 8 月创办于延安的陕北公学，1939 年 7 月陕北公学和鲁迅艺术学校等院校组成华北联合大学开赴晋察冀边区。1948 年 8 月 24 日，华北联合大学和北方大学合并成立华北大学，毛泽东亲自题写校名。校址设在河北省正定县城建于 1858 年的天主教堂。由一位在党内外享有崇高威望的革命元老、教育家吴玉章任校长，由著名的学者、教育家范文澜、成仿吾任副校长，钱俊瑞任教务长。从主要领导配备上看，华北大学在当时全国解放区学校中无疑是最高规格的。

华北大学当时下设四部两院：一部为政治学院性质，办短期政治班，对知识青年进行短期政治思想训练；二部为教育学院性质，培养中等学校师资和教育干部，有国文、史地、教育、社会科学、外语及数理化六个系；三部为文艺学院性质，培养文艺干部，下设工学团、文工团、美术工厂及乐器工厂；四部为研究部，从事学术研究和培养大学师资；两院是工学院和农学院。可见，华北大学在院系设置上更是相当完备。

更让彭清一震撼的是，华北大学还是当时新民主义文化的中心。大批文化思想界的著名学者教授，如艾思奇、何干之、李何林、尹达、陈唯实、丁易、何思敬、张如心、胡华、刘大年、赵俪生等云集在此。其在文学艺术的创作演出方面更是群星璀璨，成就卓著：沙可夫、艾青、光未然担任文艺学院领导，丁玲的长篇名著《太阳照在桑干河上》——第一部为新中国文学赢得了世界性声誉的里程碑式作品在华北大学校园诞生……

可以说，从战火硝烟中走出，身处新中国成立前百废待兴的时代，彭清一的大学时光，没有青涩，只有激情和自豪。

当时，大学学习很紧张，条件也很艰苦。白天上课，晚上整理笔记；没有教室，就到广场上课，一人讲，几百人、上千人听，从没有扩音器，到有了笨重且音质不好的扩音器，学生们坐着小马扎记笔记；学校的一切都自制，包括宿舍里的灯和灯草，墙上挖个洞，放个碗，里面有点儿油，插上灯草，这就是比较好的照明灯具了；笔记本都是自制的黄色粗纸，自己拿线缝的；学校有个土工厂，钢笔水都是煮槐树豆做的……

彭清一和十九个男生住在一起，睡的是大通铺，一个挨着一个，每个人占据着一个枕头宽的铺位。在这二十个人中，只有他一个人没有被褥，挨着他睡的王世琦同学，便主动把褥子横过来，两人各睡一半，并合盖一床被子。后来，有一次王世琦生病了，他就天天背着王世琦去厕所，等他大小便完后，再背回宿舍。患难见真情，这种同学间的情谊、革命战士间的新型关系，使彭清一感受到了革命大家庭的温暖。

虽然条件艰苦，华北大学每周会给同学们改善一次生活，从日常的高粱和小米，变成馒头和包子，或者吃猪肉炖白菜、猪肉炖粉条；每隔三个月会给每位学生发一双鞋。对比以前衣食无着的流浪生活，大学生活对彭清一来说简直就是天堂。那时，他一顿能吃四个馒头，甚至十二个包子。他觉得学校的饭菜是他十八年来吃过的最好、最香的。当他得知党在极其困难的情况下，想方设法尽最大努力保证大学生基本需求时，他又一次落泪了。对于他来说，党和国家就是他的恩人，就是他的母亲，他爱自己的母亲，也爱母亲所关爱的所有人！

党所创办的华北大学是人民的大学，除了政治学习、专业学习，自然也有社会实践社会劳动来锻炼同学们的意志，密切同学们与人民群众的关系，为同学们树立劳动最光荣的思想。那时，学校经常组织学生去石景山参加劳动。在劳动中，彭清一看到了工人阶级的伟大，看到了工农联盟的重要性，更是感受到了劳动改造世界的意义。

劳动期间还发生了一件让彭清一终生难忘的事。在休息时，一个学生游泳时不慎腿抽筋，在这危难之际，只见一位名叫车轩的同学奋不顾身地跃入水中，把溺水的同学救上来。这种为了同志的生命，把个人的生死置之度外的大无畏革命精神，给了彭清一极大的震撼和鞭策。而这位名叫车轩的同学就是后来十分知名的长春电影制片厂翻译片演员车轩同志。

1949 年 6 月 24 日，彭清一与郭兰英等一批同学光荣地加入了中国共产党的助手和后备军——中国新民主主义青年团，成为一名令人艳羡的青年团员。

曾经的学生时代

多年流浪的日子让彭清一感触最深的一点就是，一个人要想有所成就，一定要在更大的范围内，把自己的命运和组织联系在一起，与祖国联系在一起。华北大学是他走上革命道路的始发站，同时也是他开始从事艺术事业的里程碑。在华北大学，彭清一受到了各方面严格的革命教育，他的思想在世界观、人生观、价值观上都发生了重大变化。在他看来，没有共产党就没有彭清一的一切，共产党拯救了他，他就要好好地为党工作，永远跟着党走，报答党恩。

如今，回忆起当时的大学生活，彭清一说："在这个大集体里处处洋溢着激情，我过得十分愉快。"在那个激情燃烧的岁月里，他感受到了青春的美好。同时，在这所整个华北解放区乃至全中国最大的革命学校，在广大进步青年向往接受革命洗礼的红色圣地，他的人生觉醒日渐发酵。

中国人民站起来了

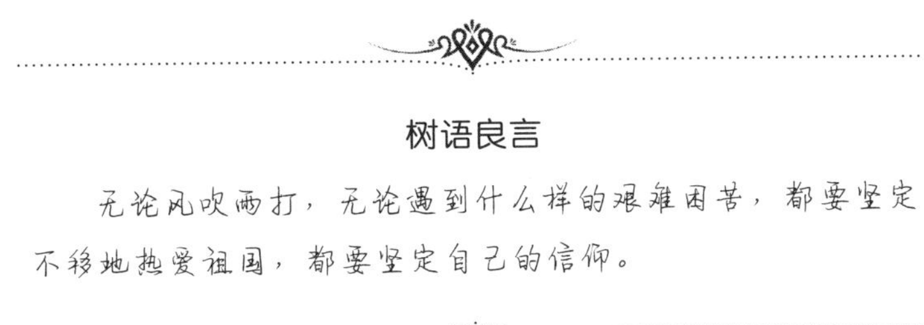

1949 年，对彭清一来说注定是不平凡的一年，他从一名流浪儿成了一名大学生，旧中国一去不复返，新中国成立，饱受磨难摧残的他和祖国，一起翻开了新的璀璨篇章。

从 1949 年 6 月 15 日新政协筹备会开始，经过三个月筹备工作，定于 1949 年 9 月 21 日在北平召开中国人民政治协商会议第一届全体会议。华北大学艺术系受命创作了新中国第一部大型音乐舞蹈史诗《人民胜利万岁》。这部作品由 10 个段落组成，整部作品热烈、欢快，其中“鼓舞”占了很大比重，除依据“战鼓舞”编创的《开场锣鼓》外，还有《花鼓舞》和《腰鼓舞》等；导演组阵容十分强大，胡沙和戴爱莲老师任总导演，王犁、化群、柯平、奇虹、杨凡、狄耕、赵郓哥、葛敏、叶宁为分场导演；演员以老解放区华北大学文工团演员为骨干，有王昆、郭兰英、李波等一批艺术界的名流。

当这一喜讯传来，华北大学艺术系的同学们欣喜若狂，奔走相告，这是彭清一和同学们第一次参加这么大型而且对于每个国人来说都如此重要的活动。三个月时间里，艺术系的同学们废寝忘食地排演节目，为这次的文艺演出做最好的准备。

1949 年 9 月 21 日中国人民政治协商会第一届全体会议如期召开，9 月 26 日，这部音乐舞蹈史诗《人民胜利万岁》在中南海怀仁堂进行了首场演出。

这台晚会演出要求十分严格，同学们出发前，校领导亲临“训话”：“大家要集中眼神和注意力，发挥出最高演出水平，不要‘偷看’坐在台下观看演出的毛主席以及其他中央领导同志，以保证演出效果。”听说毛主席、刘少奇、周恩来等国家领导人都来观看演出，彭清一和同学们既高兴，又紧张。

开幕式文艺晚会在大家倾情的表演中顺利进行，当时，彭清一除了参加《人民胜利万岁》序曲的群舞外，还和其他同学一起表演《骑兵舞》《战鼓舞》《在毛泽东的旗帜下胜利前进》等节目。整个表演过程，同学们都谨遵校领导的“训话”，虽然事先已经知道毛主席坐在哪一排哪一个位置，为了保证最好的演出效果，都极力忍住内心的冲动，不去偷看毛主席，把注意力放在舞蹈上。

演出结束后，中央领导朱德、刘少奇、周恩来等人，伴随着毛主席出现在天井的北沿台阶上。在天井场上的演员同学们当看到近在咫尺的伟大领袖毛主席，顿时群情沸腾起来，忘记了临行前校领导讲的纪律，“哗”的一下全都涌向了毛主席，争相和毛主席握手，“毛主席万岁”的喊声连连响起。夹在人群中的彭清一拼尽全力只握到了毛主席的一个小指头，但这已经是莫大的荣幸，他激动得一句话都说不出来，只能热泪盈眶地望着这位在他心中甚至在全中国人民心中都万分崇敬的领袖。

毛主席被同学们包夹中央，和蔼地望着眼前这群可爱的青年，抿嘴微笑着说：“同志们，大家辛苦了！”这时演出队队长胡沙有点为难，他向既是演员又兼演出队生活干事的李坚使了个眼色，李坚会意了，于是和他一起赶忙冲进去，分站在两边，摊开双臂阻拦演员同学们的围堵。胡沙用亲切而嘹亮的声音劝导着：“同学们，同学们，请给毛主席闪开道，闪开道……”演员同学们遵守纪律，听从指挥，向两边退让，闪出道来，停步不追，却仍然欢呼鼓掌。

回到了学校，大家兴奋地谈着、回味着，意想不到的幸福感，使全部演员兴奋到极点。同住一屋的以及外班的同学听说彭清一与毛主席握手了，纷纷将其围住，要他分享见到伟大领袖毛主席后的欢乐。好多同学都让彭清一千万别洗手，他们要和这只握过一代伟人的手再握一次。

这一晚，彭清一失眠了，幸福的泪水打湿了枕巾，辗转反侧始终难以入睡，他起身，写下了《我见到了毛主席》这篇日记，他要永远铭记这一刻的幸福。

1949年9月30日，中国人民政治协商会议第一次全体会议胜利闭幕。这次会议代行全国人民代表大会的职权，代表全国人民的意志，宣告中华人民共和国的成立，发挥了重要的历史作用。会议决定中华人民共和国国旗为五星红旗；国歌为《义勇军进行曲》；中华人民共和国定都北平，北平改名为北京；纪年采用世界公元；10月1日为国庆节。

1949年10月1日，包括大学生在内的30万人民群众云集在天安门广场，隆重举行开国大典。彭清一也站在队伍中，共享举国同庆的喜悦。

当雄伟的长城披上曙光，当庄严的天安门引来新一轮的太阳，当无数先烈用鲜血染红的五星红旗冉冉升起，“中华人民共和国成立了！中国人民从此站起来了！”伟大领袖毛主席以响亮的声音传到了长城内外，传到了大江南北，传遍了全世界。时间在这一刻凝固了，这一时刻，对于全国人民来说该是多么宝贵，我们的祖国从此昂首于世界的东方。而这一时刻，对于从旧社会的流浪儿变成新社会主人的彭清一来说，又是多么的难忘，有幸见证这一具有划时代历史意义的庄严时刻，是多么荣耀的一件事情！他心潮起伏，泪流满面。

欢乐的时刻，喜悦的心情

当晚，彭清一作为华北大学的一名学生，在天安门广场参加了盛大的联欢活动。当在城楼上的毛主席看到由近千人组成的大型秧歌队，手持火把、排列整齐而又载歌载舞地经过天安门城楼的时候，他问彭真和叶剑英："广场上打火炬的队伍是哪一部分？"彭真和叶剑英告诉主席："这是华北大学的同学们。""请他们过金水桥来。"听到毛主席热情的召唤，同学们群情激昂，纷纷拥上金水桥，边走边冲着毛主席大喊："毛主席万岁！中国共产党万岁！"毛主席也在城楼上回应："华北大学的同志们万岁！"从喇叭里传出来的声音，回荡在天安门上空，回荡在彭清一的心里。当晚的游行直到深夜 11 点左右才结束，当同学们徒步走回住地时已是凌晨时分。

华北大学的游行队伍是唯一一支被允许通过金水桥主桥经过天安门的高校游行队伍。而这次是彭清一在中南海演出之后，时隔 9 天第二次见到毛主席。共产党改变了他的命运，改变了中国的命运，他确信"没有共产党就没有新中国"，这是一条颠扑不破的伟大真理，是中国革命斗争的科学总结。彭清一再一次证实了自己的选择是正确的，无论风吹雨打，无论遇到什么样的艰难困苦，都要坚定不移地热爱祖国，都要坚定自己的信仰，随时准备为党奉献自己的一切。每当他回忆起这两次的幸福时刻，都激动不已，热泪盈眶，他把它当作一种光荣，一种自豪，但更是一种责任，一种力量。

现在的人们也许无法理解，那个时代的人们见到毛主席为什么会如此激动，只有经历过那段岁月的人才能深切体会，那种心情是多么喜悦，那种感情是多么浓烈，那种机会是多么荣耀。

10 月 2 日，《人民胜利万岁》在怀仁堂演出两场，从 1949 年 10 月至 12 月，又先后在当时的北平艺专礼堂、位于灯市口的建国东堂、天津南开大学等处演出数十场。政协筹委会特向华北大学艺术系赠送了一枚政协会徽（副本）以示褒奖。这件珍品于 1949 年 11 月，由在华北大学艺术系基础上成立的中央戏剧学院承接下来，作为革命文物珍藏。

《人民胜利万岁》，这是一部具有史诗性的歌舞艺术作品，是一部体现"人民需要"从而创建"人民文艺"的优秀大歌舞作品，是新中国第一部大歌舞。特别值得一提的是，大歌舞中对蒙古族、回族、藏族、苗族、彝族、高山族等少数民族民间舞蹈采用了串联式展现方式，成为大型音乐舞蹈史诗《东方红》中庆祝新中国诞生一场（《中国人民站起来了》）的主要表现方式。

如今，60 多年过去了，当年参加大歌舞的艺术家们都已成了耄耋老人。说起那段往事，彭清一的脸上满是自豪之情，他说这在当时的中国文化艺术界是一件永载历史的事情，自己很幸运，能够进入华北大学从事舞蹈艺术才有了这样的机缘。他感谢他所从事的舞蹈艺术给他带来了这份荣耀，也因此，他更加热爱自己所从事的职业，并将舞蹈表演视为生命。

跟随访问团奔赴大西南

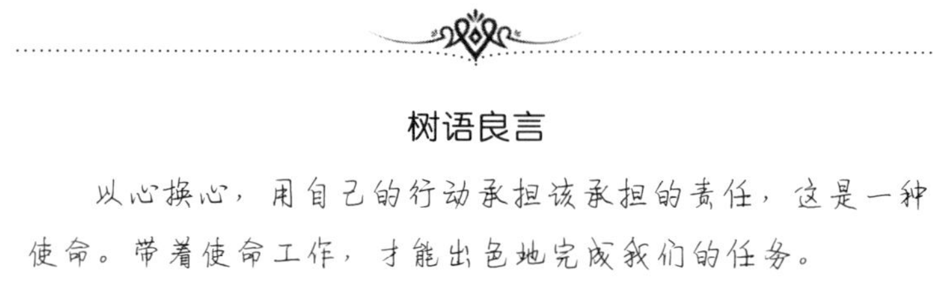
树语良言

以心换心，用自己的行动承担该承担的责任，这是一种使命。带着使命工作，才能出色地完成我们的任务。

在华北大学学习、生活了一年多后，1950 年，彭清一被分配到中央戏剧学院歌剧团工作。

6 月的一天，华北大学的校长吴玉章、教务主任张光远突然找彭清一谈话，他们说："新中国成立了，党中央、毛主席考虑到西南少数民族地区刚刚解放，为了消除国民党反动派民族歧视的影响，团结少数民族人民群众共同进行社会主义建设，中央决定组成一个西南民族访问团，奔赴少数民族较集中的云、贵、川地区开展工作。考虑到访问团中年轻人较多，准备成立一个临时团委，经过组织慎重研究，决定团委书记由你担任。"彭清一听完后特别激动，当即向两位校领导表示："一定不辜负组织的信任，坚决完成任务！"那时他还不到 20 岁。

多少年来，西南少数民族人民为创造光辉灿烂的中华民族历史和捍卫祖国的独立与统一做出了重大贡献。但由于历史等原因，边疆民族地区各种矛盾错综复杂。新中国成立初期，民族问题也就直接影响到西南边疆地区的稳定和国防的巩固，关系到新中国的革命和建设大局。如何通过解决民族矛盾，实现不同民族在社会主义条件下的共同发展，成为新中国面临的一个严峻课题。为此，中央向各民族地区派出中央访问团，代表中央人民政府和毛主席、朱总司令，对各少数民族的代表人物和广大群众，进行访问和慰问，这是解放初期民族工作方面的一项重要措施，具有重大的政治意义和历史意义。

几天后，访问团组建完毕。工作团成员来自各个单位，共有一百多人，工作团的团长是刘格平，他是当时的中央委员、政府民族事务委员会主任，副团长是费孝通，团党委书记是杨静仁。彭清一分属第一分团，要去重庆、康定、甘孜、玉龙等地宣传民族政策。

临行前，刘格平团长向全体成员传达了党中央、毛主席对访问团的厚望，并展示了毛主席的最新题词——“中华人民共和国各民族团结起来”。看着主席这苍劲有力的 14 个大字，彭清一认识到党中央对民族工作的重视，深感肩负的责任重大。

7 月 2 日，满怀一腔热血，意气风发的彭清一和访问团一行百余人，浩浩荡荡由北京出发，踏上了奔赴西南边疆的征途。

工作团的到来，受到了西南军政委员会的热烈欢迎。时任中共中央西南局第一书记、西南军政委员会副主席的邓小平第一时间赶到访问团驻地——重庆上清寺中学看望大家。

见邓小平来了，彭清一和其他工作人员都兴奋地围过来鼓掌欢迎。邓小平则微笑着挥舞双手，一边示意大家坐下，一边用浓重的四川口音对大家说：“同志们辛苦了，快请坐，请坐。”大家坐下后，小平同志又嘘寒问暖，仔细向刘格平询问了访问团一路的情况。接着小平同志给大家简单分析了少数民族的现状，强调汉族和其他少数民族是一个大家庭，是兄弟般的关系，都是炎黄子孙，在工作时一定要与兄弟民族以心换心，才能与少数民族打成一片，更好地宣传党的民族政策，才能与少数民族建立起巩固的友谊。就这样，小平同志站着讲了将近三个小时，其和蔼的笑容、干练的作风、深刻的话语，深深地印在了访问团每一个人的心里，给彭清一带来了很多启发和鼓舞。

第二天，邓小平又和刘伯承、贺龙一起设宴款待访问团一行。

在欢迎会上，彭清一作为青年团员、青年演员代表坐在主桌上，与领导同志一起进餐。酒过三巡，刘格平、费孝通分别起身，代表大家向三位首长敬了酒。彭清一也端着酒杯站了起来。他先走到刘伯承身边，双脚一并，敬了个礼说：“我代表北京来的所有青年同志向首长敬酒！”说完自己先干为敬。

刘伯承见状爽朗地笑了起来，站起来端着酒杯对彭清一举杯示意了一下，然后对大家说：“青年人敬的酒，我是一定要喝的。”说完一仰脖，干了，横着空酒杯，微笑地说：“你们看，我干了啊！”

接着，彭清一又敬邓小平，邓小平同志也痛快地一饮而尽。最后，他斟满酒杯来到贺龙同志身边。贺龙同志端着酒杯刚要站起来，邓小平同志立即伸出手把他按回座位。邓小平同志麻利地拿过贺龙手中的酒杯，起身对大家说：“同志们，贺龙同志血压高，不能多喝酒，但是你们年轻人敬的酒他又确实应该喝。这样，我替他干了这杯酒，大家不会有意见吧！”说完，邓小平同志干了杯中酒。

或许是酒的缘故，席间，邓小平、刘伯承兴致颇高，幽默的话语也多了起来。当谈到如何做少数民族群众工作时，邓小平同志风趣地对大家说：“要说做少数民族人民群众的工作，伯承同志可是有历史经验的哟，彝海结盟的故事大家一定都知道，所以你们有什么事情尽管向他请教，伯承同志一定会帮助大家的！”说完，他转头用纯正的四川话问刘伯承：“伯承同志，没得问题吧？”刘伯承同志也带着浓重的川音爽快地答道：“没得问题！没得问题！”然后和蔼地对大家说：“以我之见，只要真正地以心换心，以诚相待，少数民族同胞是最好交朋友的。”听了刘伯承发自肺腑的话，大家纷纷点头称是。

宴会的最后，邓小平同志起身举起酒杯，朗声说道：“我提议，大家举杯，为圆满完成党中央、毛主席交给你们的光荣任务干杯！为民族大团结干杯！”访问团的同志一起起身举杯相应，气氛更加高涨。

这些领导人们的豁达开朗以及他们之间兄弟般的感情，使简朴、隆重的欢迎宴会充满欢声笑语，彭清一再次感受到他们的亲切，感受到革命集体的融洽与和谐。

此后不久，邓小平在正式欢迎访问团的大会上发表了《关于西南少数民族问题》的讲话，对西南少数民族问题作了更加详尽的阐述。大会上，邓小平同志指出“要把少数民族工作摆在很高的位置”“马列主义是能够解决民族问题的”“现在我们民族工作的中心任务是搞好团结，消除隔阂”“当前在少数民族地区工作，一个重要原则就是不准出乱子，不能把事情搞坏”……

邓小平同志关于西南民族工作的观点，是基于马克思主义民族理论与中国民族问题具体问题相结合的思考。这些观点虽然话语平实简朴，但却渗透着多民族国家统一性和民族多元性的深刻认识，充分体现了老一代党和国家领导人的远见卓识，同时也是对中国特色民族理论在西南民族地区的具体贯彻和有针对性的政治思考，访问团在他的具体指示和鼓励下全面展开了工作。

那时候，西南少数民族居住分散，进出交通非常不便，条件十分艰苦。访问工作基本都是靠双脚翻山越岭、涉水渡河去开展。作为青年团的负责人，彭清一把做好民族工作当成一个锻炼和提高自己各方面觉悟和水平的极好机会。他和另外两名同志打前站，要选择路线和宿营地，非常辛苦，有时还会因残匪袭扰面临生命危险。

一般工作团出发时，都要带上盐巴、食油等慰问品，分送给少数民族。在访问团的工作人员看来，这些慰问品承载的是党对少数民族群众疾苦的体察和深切挂念，他们十分重视和爱护。

一天半夜突然下起大雨。彭清一被外面的风雨声惊醒，忙翻身起床，跑到礼品车旁抢搬慰问品。当他来到停车场时，团里的所有共产党员已经在紧张地把车上的慰问品往屋里搬，汗水和雨水已经把他们浑身上下都浇透了。

还有一次，工作团途经一条河流时，礼品车不慎掉入水中。当时河水在上涨，情况非常危急。当地群众说，如果傍晚以前礼品车拉不上来，就会被无情的河水卷走。面对这种情况，团党委决定抽调几十名共产党员跳入齐胸深的河水，把拉钩挂在车子固定位置上，然后连推再拉，赶六点钟前把陷进去的车子拉出来。彭清一看到团里的共产党员都站出来了，马上喊道：“共青团员站出来！”于是团员们也纷纷请战。党组织挑选了包括彭清一在内的几名共青团员一同入水抢险。冰冷的河水冻得大家浑身发抖，手脚麻木，但是没有一个人叫苦、退缩。经过两小时的奋战，他们终于将礼品车拖上了安全地带。山区的天，像孩子的脸，说变就变，顷刻洪水暴发，河水猛涨，如果他们再晚一会儿，礼品车就会被山洪吞没。

这两件事情，让彭清一深刻地感受到了共产党员冲锋在前、吃苦在前、享受在后的高贵品质和无私情怀，共产党员的高风亮节彻底征服了他那颗年轻的心，他看到了党的信仰、党的理想、党的追求。1950 年下半年，他口头上向工作团党组织提出加入中国共产党的请求。那时，他对加入党组织的程序和具体要求还不是很清楚，但是他明白自己热爱党，热爱祖国，热爱人民，自己要进步，要学习。

在访问团的各项工作中，帮助少数民族群众解决困难、平息各种纠纷是访问工作的一项重要使命。

彭清一清楚地记得在凉山访问期间，一次，一组人员外出工作时，遇到两个部落正闹纠纷，已经到了兵戎相见的地步。面对这种情况，单凭访问团十几个人的力量肯定难以阻止他们拼杀，必须派人通知附近的解放军来解决。可去解放军驻地必须经过这两个敌对部落的地盘，事态危险，弄不好会遭杀身之祸。然而情况紧急，大家根本顾不了那么多，纷纷争着要去送信，最后两个有着基层工作和战斗经验的同志承担了任务。

这两个同志绕道出发，尽管一路万分小心，但还是在通过一个部落地盘时被抓住了，部落的头领怀疑他们是敌对部落的奸细。两个同志随机应变悉心辩解，部落首领的疑虑才稍微减轻，但他还是不放心，便派人和他们一起下山，直奔解放军驻地。解放军某部接到消息后立即派骑兵前往，及时制止了这场冲突。

冲突平息后，彭清一和访问团其他成员马上趁热打铁，分头做和解工作。通过努力，终于将敌对双方的头面人物约到了一起，共同协商解决办法。精诚所至，金石为开，经过一番苦口婆心的工作，调解成功，双方化干戈为玉帛，握手言和。这件事在当地传为美谈。

访问团在凉山的 3 个多月时间里，类似这样的工作他们做了许多，最终取得了令人满意的效果——3 个月后，当刘格平团长带领全团到达西昌时，40 多位不同家支（即家族支系）的头人纷纷表示，愿意接受军政委员会和访问团的规劝和建议，把历史隔阂与仇恨暂放一旁，共同走出山来举行协商会议。在这次协商会上，经党和政府及访问团的全力协调，各方达成了建立新中国第一个彝族自治区政府的协议。

访问团的工作除了要调节各部落之间的矛盾和纠纷，更是要积极宣传党的民族政策，帮助少数民族人民群众建立民族区域自治政府，还给他们传授先进的生产方式。每到一个地方彭清一都要和同志们一道深入农户，走街串巷，认真调查研究各民族情况，积极宣传党的民族政策，并把带来的慰问品一一发放到他们手中。少数民族群众很快接受了他们，他们被称为“新汉人”。

当然，作为一名艺术人员，彭清一始终铭记毛主席“文化先行”的重要指示，和访问团的工作人员积极地为少数民族群众演出文艺节目，丰富他们的文化生活，还诚心诚意地拜他们为师，跟他们学习丰富多彩的民族歌舞，这样不仅有效地拉近了与他们的距离，而且丰富了中华民族大家庭的文化。

《远方的客人请你留下来》这首脍炙人口的歌曲就是那时候唱出来的，它也是当时少数民族同胞心境的真实写照。也正是基于这次的机缘，彭清一在民族舞蹈上大放异彩，为他今后结缘戴爱莲老师埋下了“伏笔”。

随着工作的深入开展，访问团越来越受到少数民族的欢迎，与当地的少数民族关系也越来越密切。

彭清一清楚地记得，有一天，一个叫土登的猎手（藏族土司夏克刀登的警卫

工作之外的快乐

员），邀请访问团成员去家里做客，完全按照当地藏族的习俗接待他们。在宴席上，土登用腰刀从挂在横梁上的牛肉中切下一小片递给彭清一。从没吃过带着鲜血的生牛肉的他显得有些尴尬，但想到临行前中央领导以心换心的嘱咐，想到工作团的使命，便毫不犹豫地拿起生牛肉吃了下去。土登对他投来赞许的目光。不料，他当天晚上就开始闹肚子，去了七八趟厕所，折腾了一夜，对此，他毫无怨言。从此，他跟土登兄弟结下了深厚的情谊。临走时，土登以自己特有的方式，将盘在头上的辫子散开，含着泪，匍匐在地，跟他道别，还送他一张照片。这一刻，彭清一是自豪的，以心换心，他做到了，他用自己的行动承担了他该承担的责任，很好地完成了访问团的使命。回到北京后，土登还亲自准备了麝香，不远千里请中央民族事务委员会的人送到他手里。在彭清一看来，这不仅是一份礼物，更是他们之间兄弟情谊的象征。

访问团全体成员不畏艰难，历时一年半，足迹遍布了云、贵、川的山山水水，工作做到了每一个能够到达的村落山寨，取得了一系列成就，如协助当地党政机关加强政权建设，摸清了西南少数民族基本自然状况，培养出了一批少数民族干部，发展交通改善了闭塞状况，初步解决了西南民族地区经济问题，改善了少数民族人民群众生活等。而在这些成就中，由访问团副团长费孝通带领有关人员根据中央部署对西南少数民族族别、名称、数量等情况开展的调查研究，意义重大，其报告可以说是我国目前确定有 55 个少数民族的开山之作。

彭清一带着精心学来的漂亮的西藏舞，带着全新的思想认识，胜利地回到了北京。对他来说，西南之行是他步入革命工作的第一课。在那里他用自己的学识和本领尽心尽力地为党工作，为少数民族服务。这一课他上得投入、忘我，更是受益匪浅，既锻炼了自己的意志，又深刻地认识到了共产党的伟大和高瞻远瞩，既促进了民族团结，又学习了民族舞蹈，爱上了民族民间舞蹈艺术。

结缘“中国舞蹈之母”戴爱莲

树语良言

只有机遇，没有超人的勤奋拼搏精神，没有超人的吃苦耐劳的意志，成绩不会有，机遇等于零。

彭清一好像就是为舞蹈而生的。他在华北大学艺术系学的是戏剧，为政协开幕式演出编排大歌舞《人民胜利万岁》时，系里所有戏剧班的同学全部都参加演出，借着这个机会他接触并学习了舞蹈，也因此喜爱上了舞蹈。特别是参加了中央西南民族工作团之后，西南之行使他在民族民间舞方面有了很大进步，特别是西藏舞，他跳起来更是韵味十足。可以说，他是第一个把西藏边疆舞蹈带到北京的人。

1951 年汇报采风成果，当时著名的舞蹈家戴爱莲前来观看，当彭清一身穿藏袍，弓着腰，将藏族舞跳得出神入化时，得到了戴爱莲的赏识。

事后，戴爱莲找到彭清一所在的工作团，想让他加入中央戏剧学院的舞蹈团。当时中央戏剧学院歌剧团领导找他谈话说：“彭清一同志，戴爱莲老师说你西藏舞跳得好，要把你调到舞蹈团学习芭蕾，你觉得怎么样？”

作为晚辈，能在有着“中国舞蹈之母”戴爱莲老师面前表演节目，并受到赞扬，彭清一已经感到莫大的荣幸。他知道，戴爱莲老师是 20 世纪中国现代舞蹈的先驱者和奠基人，是舞蹈艺术圈里响当当的人物。据说她 1916 年出生于北美洲的西印度群岛的特立尼达岛，曾先后师从著名舞蹈家安东・道林、鲁道夫・拉

为恩师、著名舞蹈家戴爱莲祝寿

班等，后来又投奔现代舞大师玛丽·魏格曼，在芭蕾和现代舞中博采众长。抗日战争爆发后，她毅然回国在中国香港和内地义演，主要舞目有《思乡曲》《拾穗女》《游击队员的故事》等，表现出舞者对于苦难人民的同情和祖国命运的关注。新中国成立后，戴爱莲的艺术生涯进入辉煌期，她是第一任国家舞蹈团团长、第一任北京舞蹈学校校长、第一任中央芭蕾舞团团长。另外，戴爱莲老师不仅把西方的舞蹈艺术带入中国，还提出了一个全新的理念——人人都可以快乐舞蹈。这是一个多么伟大的想法！这个想法也深深地影响了彭清一这个并未从小习舞，甚至身体条件比一般人都差的年轻人。

但是彭清一也知道按照传统，专业的芭蕾舞演员大都从小练起，他显然错过了这一黄金时期。摆在他面前的是一个艰难的抉择：学还是不学？学，意味着要吃常人难吃的苦，受常人难受的罪。但是经历过西南边陲的锻炼，彭清一已深深感受到了“文艺战士”这一称号的分量，既然领导有此意愿，一定是舞蹈团更需要他，党和组织更需要他去从事舞蹈工作，这是党对他的信任，他不能辜负，为了报答党恩，他也必须服从。于是他坚定地回答：“我服从组织分配！”就这样，他被选入了中央戏剧学院舞蹈团，开始了他真正的舞蹈生涯。

如今，每当提起戴爱莲老师的相千里马之事，彭清一都会满怀感激地说：“人生前途莫测，是著名的舞蹈大师戴爱莲老师的发现与指点，我才一下子被吸收到中央戏剧学院舞蹈团，一个中央最高级的舞蹈圣地，当上了一名舞蹈演员。这是一个机遇。没有这个机遇，就不会有我的今天。”从他真挚的话语中，从他满意而幸福的表情上，我们能看出他对戴爱莲老师的感激之情。

记得一次谈话中，他还提到戴爱莲老师因为长期生活在国外，普通话说得不太好的事情：有一次戴爱莲老师到街上去，不小心被狗咬了，但她不知道怎么表达，回来就对大家说：“你们这里的狗在我腿上开饭！”本来大家很担心的，听到这话都一下子笑开了。还有一次，她教课教累了，准备洗个澡放松一下，便脱口而出："我要去洗个大脸！"大家听得云里雾里，当明白是洗澡的时候又是笑个不止。

戴爱莲老师虽然普通话说得不好，但是她的思想很敏锐，眼光也很准，正是因为她的赏识，彭清一才走上了辉煌的舞蹈之路。他一直把戴爱莲当作自己的恩师，对于这份知遇之恩，他备感珍惜。而接下来的学舞过程，却让他明白"只有机遇，没有超人的勤奋拼搏精神，没有超人的吃苦耐劳的意志，成绩不会有，机遇等于零"。

进入舞蹈团的那一年，彭清一刚满 20 岁，20 岁的他，并不懂得这个年龄身体已经成型，可塑性很差，而想在舞蹈方面有所成就，没有十年的艰苦磨炼是难成气候的。他更不知道搞艺术需要什么条件，从未量过自己的上下身比例，也没有经过"力度""软度"等的测试。收拾好行李，在前往位于后海南沿大翔凤胡同的舞蹈训练基地时，他怎么也想象不出练芭蕾会是怎样的一种场面。

当时中国舞蹈刚刚起步，没有现成的舞蹈教材和专业的舞蹈老师，从京剧团请来的老师也只是搬戏曲演员练功的那一套——踢腿、下腰、起霸、蹚马，甚至一招一式地学起了折子戏。那时，彭清一谨记母亲生前的教诲，"要想人前显贵，必须背后受罪"。他每次训练的时候都特别刻苦用心。当时他和其他演员为了《荷花舞》的"水上漂"，在腿上绑上沙袋，穿着棉衣沿着大马路一个劲儿地向前跑；为了《红绸舞》的"魔术性"，一天光"甩大腿"就是数百下；为了探求民族舞的精髓和神韵，不惜跋山涉水，步行百里去体验。这些训练对于他这个饱尝过无数苦难的人来说，根本不算什么，因此，刚开始的日子他并不觉得难过，加上有张云溪、张春华、张世桐这样的京剧界的大腕手把手的教导，他练得更加刻苦，也更加幸福。

有一次，他在练下腰拿大顶①，张世桐、张春华老师把他的腰放下之后，就接到开会的通知，老师告诉他："你先练着，开完会我们回来看。"彭清一在老师们离开后，就一直在屋内的地毯上耗着，汗如雨下，脸上、腿上、身上都湿透了，

① 拿大顶：技巧运动的一种。双手撑在地上或物体上，头朝下，两足向上竖起。

一个小时过去了，他还那么挺着，没动一下。当老师回到练功房时，见彭清一依然保持原先的动作，满脸已经涨得通红，汗水早已把身下的地面打湿，连忙说道："小子，我们开会你怎么不下来，胳膊能受得了吗？赶紧下来。"彭清一这才下来。

对彭清一来说，老师的话就是"圣旨"，只要老师没有发话，不管多辛苦都得坚持，正是凭着这种对老师的尊重和遵循，凭着这种"认死理"的坚韧精神和毅力，他很快就脱颖而出，还特别受到了京剧界李少春、袁世海两位大师的称赞和指点。李少春就曾对彭清一说过："彭清一不错，功夫蛮好，努力，只要努力就可以攀登高峰。"

除了李少春、袁世海两位大师，欧阳予倩也很欣赏彭清一。

欧阳予倩是中央戏曲学院的院长、中国著名戏剧艺术家，与梅兰芳大师齐名，并称为"南欧北梅"。一次无意间他撞见彭清一在练习《花鼓灯》，便在一旁从头至尾地观看起来。等彭清一跳完，他评价说："彭清一你跳得很好，很有安徽民间舞的风格和味道，功夫也不错，很年轻，继续努力，做一个好的演员！"

能得到这样大师级人物的认可和鼓励，这对一个刚学舞蹈不久的彭清一来说多么激动，更是让他从中获得了莫大的勇气和信心。也正是这样的一段经历，让彭清一感受到了"大师"的力量，在今后的道路上，只要有机会，他也会像曾经鼓励过他的大师们一样鼓励年轻人。

然而彭清一明白，虽然自己已经"小有名气"，但是和那些真正的大师比起来，还相差甚远，他必须更加努力才行，同时作为一名共产党员，他更是明白"共产党员是块砖，哪里需要哪里搬，活着干死了算"，必须发扬一不怕苦、二不怕死的精神，即便伤痕累累，也要上台出色地完成任务。抱着这样的觉悟，在今后的训练他更加刻苦，也正是有着这一身过硬的基本功，他在55岁"高龄"时还可以在舞台上绽放光彩。

当时，一切看起来似乎那么的美好，那么的充满希望。但是命运总是喜欢和彭清一开玩笑，当苏联著名芭蕾舞蹈家斯考尔斯基和芭兰诺娃来到舞蹈团开始正式授课之后，他的第一节芭蕾舞课，竟是如此难堪、难过！他被专家的"巨大发现"惊住了，美好的理想和满腔的热情也顿时黯然失色。

“舞蹈敢死队”的硬骨头

树语良言

命运总是喜欢和有志气的人交手，软弱的人被命运牵着走，勇敢的人往往成为命运的主人。当然，决心不能改变现状，唯有行动才能带来想要的一切。

和京剧团的老师学习了一段时间后，团里终于从苏联请来了芭蕾舞蹈专家斯考尔斯基和芭兰诺娃。得知苏联专家要来，舞蹈团所有的学员热切地盼望着，彭清一也不例外。正当他激情澎湃地准备大练“舞功”时，一个晴天霹雳却差点将他拍倒在地。

第一堂专业课马上就要开始了，彭清一提前半小时就赶到课堂等候了。然而专家带来的不仅是娴熟而高超的芭蕾舞技巧，还有一个近20年来他未曾洞察到的惊天大秘密。

当时，所有的学员按老师的要求做第一个动作“一位”，芭兰诺娃逐个巡视。当走到彭清一面前时，她瞪大了眼睛，有些吃惊地摇了摇头，指着彭清一说：“你看看，你这个不行。”接着，她朝大家打了个招呼：“你们来！”十五六个学员便把他围在中间，大家像看耍猴似的看着他，指指点点，议论纷纷，彭清一有些不明就里，不知所措。

看到彭清一一副茫然的样子，芭兰诺娃让另外一个学员按要求再做一遍刚才的动作，彭清一这才明白老师吃惊的原因所在——自己居然是“O”型腿，也就是人们常说的罗圈腿，而罗圈腿是不能跳芭蕾舞的。原来，跳芭蕾舞的人在做“一位”动作时，要求双腿并拢站直，两腿间严丝合缝，而他的双腿并拢站直时，两腿之间却有一指多宽的缝隙，任凭他怎么用力，根本合不上。

这时，有的学员忍不住笑，有的则开始悄悄地议论：老彭西藏舞跳得不错，可这芭蕾舞估计就没戏了……之前在歌剧团学舞蹈，无论是民间舞还是民族舞都可以轻松胜任，可是被第一堂芭蕾课的第一个动作就窝住了，彭清一也觉得非常惭愧，再加上周围人异样的眼光，这个场面让他非常尴尬，他开始变得紧张起来，之前高涨的热情也因为这个“突然袭击”陡降至冰点。

“年龄大了，先天不足，又没有任何基本功，我真的能学芭蕾吗？我适合学芭蕾吗？到底该怎么办呢？是扭过头搬铺盖卷回歌剧团，还是留下来继续学芭蕾舞？如果在舞蹈团干下去，罗圈腿的问题怎么解决？”回到宿舍，彭清一躺在床上反复地思考着这些问题。他想到当初决定来芭蕾舞团的时候，不是没有人劝过他，芭蕾舞的要求高、难度大，对他这个年纪来说，是个挑战。“罗圈腿是不能跳芭蕾舞的，可我因为西藏舞跳得好，而被老师看中选来跳芭蕾舞，我怎么能因为是罗圈腿就不练了呢？我怎么能在第一堂正规的芭蕾舞课就吓得倒退、溜走呢？这不是对自己的人生宣布失败吗？不行！彭清一呀，你是农民的儿子，你要为农民争气！你已经 20 岁了，你是参加革命的人，逃跑对得起戴老师的信任和党组织的关怀吗？不！不能后退！你能走到今天这一步不容易，你得坚持下去，还要努力做得更好！要珍惜国家给你的荣誉和机会……”辗转反侧之后，他下定了决心，要迎难而上，不能半途而废。

事情往往就是这样，命运总是喜欢和有志气的人交手，软弱的人被命运牵着走，勇敢的人往往成为命运的主人。在彭清一看来，自从共产党把他从苦海中解救出来后，自己的命运就掌握在自己的手中，他不会屈服，他要向命运挑战。当然，决心不能改变现状，唯有行动才能带来想要的一切。于是，第二天，彭清一就开始行动起来。

为了矫正自己两腿弯曲、中有缝隙的毛病，每天晚上在同学们休息后，他就拿起在西南工作时的两副宽宽的裹腿[①]，偷偷地到练功房按照教员指导的“一位”

① 裹腿：以前八路军在行军时为了轻便有力和防护腿部，缠在裤子外边的小腿部分的布条。

站好，然后用四条宽带把双腿紧紧地缠在一起，站立四五十分钟。时间一分一秒地流逝，额头上豆大的汗珠不停地渗出，他咬紧牙关顽强地坚持着，直到血脉不通，双腿发麻，他才解开绑腿稍作休息。绷带解下来之后，他的腿青的、白的、红的，勒得一棱一棱的，根本就动不了，只能用两只胳膊拖着身体一寸一寸地挪到练功用的把杆前，扶着把杆站起，然后再慢慢地拖着身体走动。待腿上的血液流通，他又开始练习舞蹈的踢腿动作，踢上二十腿，喘口气，再踢，直到踢满二百腿。踢完之后，他把腿放好，又开始了更大难度的挑战：他把搬来的一个大约四十斤重的大石头放在自己的弯腿上，就那么生硬地压着。就这样压完了踢，踢完了压……

人常说，舞蹈是一门残酷的艺术。但凡真正学过舞蹈的人都有着同样深刻的感受。几天“私功”下来，腿经常麻木，走路时疼痛难忍，彭清一经常昏倒在教室里，汗水、泪水、血水混杂在一起。有几次都是同学们发现了地板上的彭清一，大家既惊奇又心痛，细心地为他解开绑带，劝他不要急在一时，要注意劳逸结合。

慢慢地，大家知道了彭清一是为了弥补自己身体上先天的不足而在私下练功，对他纷纷投来会意的眼神、鼓励的目光，而这一变化，让他心里感到无比温暖，也更增强了他坚持下去的信心。

但是，命运再一次“惩罚”了他的抗争。

那时的排练房条件非常简陋，没有暖气，只在房子中央生火炉、竖烟筒取暖。在一次排练舞蹈时，彭清一穿着汗衫短裤，连续几个小时的旋转操练，他已经天旋地转，收不住脚步，一不留神竟将大腿贴在了火炉上，结果右腿部将近 3 寸长的烫伤，被裹上了厚厚的绷带。照着常理，这么重的烫伤，怎么也得休息十天半个月，但是，彭清一不，第二天他照常排练。然而，被严重烫伤的大腿在练习每一个动作时，都会钻心地疼痛，创伤部位由于不断的运动刺激，开始往外流血，血透过三四层的绷带随着他的踢腿动作而溅到地板上，当排练结束时，他的周围已形成了一个“血圈”。

就这样，在当时缺乏科学知识的情况下，彭清一凭着一股信念和激情，他用这个既“笨”又“傻”的方法整整苦练了四十天，奇迹出现了：双腿合拢了！芭兰诺娃看着彭清一站好的“一位”姿势，兴奋地说：“阳光哪里去了？好，好，能吃苦练习，腿的肌肉练得很有力量，像木头一样硬！”原来彭清一的两个弯腿弯着的时候，阳光可以透过他的腿缝，照在地板上。现在呢，他把阳光都练直了。

他不再是罗圈腿了，他可以学芭蕾舞了。这是彭清一舞台生涯的第一课。一个骨骼已经定型的人，硬是凭借坚强的意志克服了难以想象的困难，来矫正他的双腿！不，应该说是强行扭转！

同学们也为他竖起了大拇指。

听着老师的夸赞，看着同学们的肯定，彭清一脑海里再次闪出妈妈生前常说的那三句话：师父领进门，修行在个人；吃人难吃苦，受人难受罪；要想人前显贵，必须背后受罪。这件事更让他坚定了一个信念：只有吃别人不能吃的苦，受别人不能受的罪，才能收获别人无法体会到的喜悦和成功。

身体达标后，彭清一依然不敢有丝毫的松懈，为了练好一个基本动作，往往付出了比别人多得多的心血：别人一次能练好，他要练上两三次，甚至几十次、上百次，常常是大汗淋漓，一个上午就要换几件背心；在遇到比较有难度的动作时，连走路、吃饭的时候也在想动作、做动作，以至于好几次撞到路上的行人；为了练好旋转动作，他每次经过练功房前的樱桃树，都要绕树练三次，每次绕六个圈，以至于树的周围竟被他踏出了一个圆；他的练功鞋也比旁人要烂得快、磨得更透……

不久，彭清一的基本功有了很大提高，“一位”标准，旋转优美、柔和，芭拉诺娃发现彭清一的众多变化，感到非常惊喜。当考察结束重新安排班次时，他竟然被分配到了芭蕾舞甲班，而这个班的每一个学员都是舞蹈团的佼佼者。

“我不是一个有舞蹈天赋的演员，但我对自己从事的工作足够热爱！”彭清一谈及他在舞蹈方面的造诣时，总是谦虚而客观地说，“是不甘落后的精神和勤奋苦练的意志，弥补了我身体条件上的不足。”

无论是挑战芭蕾，还是学习古典舞，抑或是民族舞，彭清一都是一如既往地兢兢业业，沉醉于自己的艺术事业。

结语

把梦想当作求生的欲望

在遥远的非洲，广袤的大地赤日炎炎，巨大的象群在沙漠里前进着，几只幼小的、好像是刚刚出生的小象嬉戏着跑到了队伍的前面。突然，一只小象掉进了猎人的陷阱，绝望的哀鸣使得整个象群一下子混乱了起来。象妈妈围着陷阱哀嚎着，最终在猎人的枪声中无奈地离去。

为了防止小象逃脱，猎人用粗大的铁链、借着深深埋在地下的木桩把它困在一个可以有限活动的范围之内。向往自由的天性驱使着小象一次又一次地往前冲，怒吼着、哀嚎着、挣扎着，一天、两天、三天……它腿上最粗韧的皮肤迸出了鲜血，但是它依然要挣脱那个粗大的铁链、摆脱这个巨大的束缚。一天又一天，小象的鲜血不停地流，声音也沙哑了，最终它用自己的身体、头脑以及整个生命记住了腿上的疼痛和挣扎的无奈，它放弃了。

每当活动的范围接近铁链最大长度的时候，巨大的恐惧就袭上心头，它害怕极了，赶紧地回转身来，以避开那个伤害。就这样，那只小象的生活领域由广袤的大地萎缩到了这个狭小的生存空间。

在此后的日子里，它逐渐丧失了天性的自然本能，适应了依靠着人类的喜好生存。随着一天天的长大，它腿上粗大的铁链被换成了细细的麻绳，深埋在地下的木桩被换成了小小的木橛。后来，它加入到了一家马戏团，做出了许多让我们开心的动作。在没有表演的时候，这头巨大的家伙安静地、乖乖地被一根细细的麻绳拴在一根小小的木橛上，在麻绳限制的有限的范围内活动。

现在只要一根细细的麻绳就能困住它，让它在绳子所限制的、有限的范围内活动。它已经忘记了：自己的身体已经是从前的几倍大，力量也比以前强了好几百倍，它也毫无觉察那根细细的麻绳根本就困不住它。在它的心灵深处，已经深深地记住了这样的一个事实：只要活动的范围超出了绳子的极限，就会感受到身体里巨大的疼痛。它深深地惧怕着这个疼痛，所以，它没有再敢超越那个界限。

其实，很多最初有理想、有抱负也敢于拼搏最后却默默无闻的人，不正如文中的小象一样，因为遭遇绳子被束缚住了手脚，最终败下阵来，向命运妥协了吗？此时，你想过没有，困住那只象的究竟是它腿上那根有形的绳子，还是它小时候用身体、头脑甚至整个生命所记住的，那根令它感到无助、无奈、痛苦的无形的绳索呢？很显然，如果它的内心够强大，如果它不放弃追求，那么，它就不会因为一根细麻绳而丧失自我。

有人说，每一个有机会来到这个世界上的生命，都是怀揣着梦想、承载着使命而来的。令人敬畏的是，很少有人有机会在自己的有生之年看到那个梦想成真、使命必达。

无疑，彭清一就是那为数不多的达成者当中意志最坚定的一位。他也曾经像文中的小象一样，失去了所有的庇护，在残酷的现实世界里经受各种磨难，但任凭岁月多么无情，他的内心经历怎样的无助、无奈、痛苦，甚至死亡的威胁，他的梦想都始终不曾改变，因为他知道，外在的障碍只会滞延自己实现梦想的时间，却不能阻止自己最终到达那里。

“只要活着，就有希望；只有努力，才能实现梦想。”在追寻梦想的路上，他拼命挣扎，勤学苦练，正如流浪时求得生存一样，他不仅把握住了实现梦想的机会，更用脚踏实地的行动把梦想变成了现实。这一切，只因为成就他生命的精神力量一直都在！这种力量已经成为一种生存的本能、一种求生的欲望，推动着他饱受摧残的身躯一路前行。

人人都有梦想，这是一个不缺少梦想的时代。但是，彭老告诉我们，发动机在自己身上，自己才是命运的主人。能使一个人强大的不是他做什么事，而是他想努力做什么事。用求生的欲望去为梦想努力，没有实现不了的。

相比之下，我们现在每一个人的条件都比过去的他不知道要优越多少倍，而我们的努力却比现在的他又不知道要逊色多少。

我想，是继续赶路的时候了！

第三章
破茧成蝶：世界舞台摘金桂

他是新中国第一代舞蹈家，更是用生命舞蹈的艺术家。

在中央歌舞团他为年轻的共和国舞动了整整 36 年。36 年来，他演出近万场，成功地塑造过近百个形象，从《大刀进行曲》《花鼓灯》，到大型音乐史诗《东方红》《中国革命之歌》等，他在艺术的舞台上一路高歌，不仅在许多重要演出中留下了令人难忘的身影，更以《西藏舞》和《红绸舞》为新中国赢得两枚金质奖章，先后受到毛泽东、朱德、周恩来、刘少奇、邓小平、陈毅等领导人的亲切接见。

在以舞为伴的几十年里，他还作为文化使者，先后以“中国艺术家代表团”“中国青年艺术家代表团”“中国舞蹈家代表团”团员、团长的身份出访五大洲近 40 个国家和地区——仅苏联就去过 10 次，莫洛托夫、米高扬、铁托、胡志明、布托、尼赫鲁、福特、尼克松等各国政要都观看过他的演出。

他的生命属于舞台，他的骄傲属于舞台。他用青春在舞台上跳跃生命的灵动，舞出了自己的精彩人生，为此他付出了一只明亮的眼睛，落下了双腿的残疾，被人们誉为“当代孙膑”“今世丘明”。

走进维也纳金色大厅

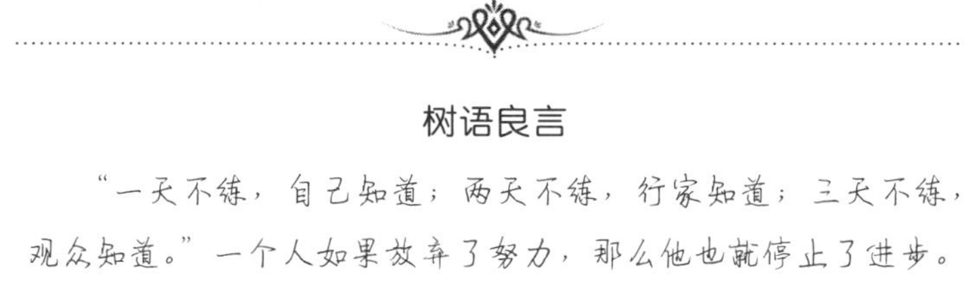
树语良言

“一天不练，自己知道；两天不练，行家知道；三天不练，观众知道。”一个人如果放弃了努力，那么他也就停止了进步。

彭清一闯过了自己事业上的第一道难关，他把艺术当作生命来对待，对舞蹈艺术更是爱得如痴如醉，连做梦都在勾画着心中的艺术风景。正当他憧憬着自己能在芭蕾舞上有一定的建树，甚至推动中国的芭蕾舞事业也会有他的一份功劳时，突然接到组织上的一个决定，又让他不得不调整方向。

20 世纪 50 年代，为了争取更多的国家和人民认识并了解新生的中华人民共和国，党和政府十分重视对外工作，尤其是具有特殊作用的对外文化交流。时任政务院总理兼外交部部长的周恩来多次提到对外文化交流对中国外交工作的重要性。周恩来指出：“我们的外交包含政治、经济、文化三个方面，而且往往是经济、文化打先锋，然后外交跟上来。”鉴于当时的国际形势，新中国对外文化交流的对象首先是苏联及其他社会主义国家。

于是，1951 年 8 月，为了巩固同原苏联东欧一批社会主义国家的关系，增强中国人民同其他国家人民之间的友谊，党中央决定组成中国青年艺术团，出访这些国家。彭清一被选中，成为艺术团舞蹈队中的一员。

然而，关于艺术团舞蹈队对外交流什么，组织上却为难了。想跳芭蕾舞，但芭蕾舞孕育于意大利文艺复兴时期，17 世纪后半叶开始在法国发展流行并逐渐职

中国政府代表团访问柬埔寨庆祝西哈努克亲王50寿辰时和舞蹈家崔美善于广场表演

代表国家访问柬埔寨，西哈努克亲王在皇宫接见并颁给彭清一最高荣誉奖章

业化，在不断革新中风靡世界。而中国不过是20世纪50年代开始传播和发展，几乎晚了两三个世纪，新中国第一个芭蕾舞团——中央芭蕾舞团，相较繁盛于欧洲的芭蕾舞艺术，也才是刚刚起步，和欧洲国家比起来还有很大的差距。经过多方讨论，组织认为能够得到世界认可的、有中国特色的还是中国的民族民间舞蹈。是的，民族的才是世界的。于是，组织上做了一个决定，要求包括彭清一在内的团里的骨干一定跳好民族民间舞，以便代表国家参加国际交流及一些舞蹈比赛。

历尽艰辛好不容易能跳芭蕾舞了，却又要被“打”回“老本行”——跳民族民间舞，换做其他人肯定一百个不情愿，但是彭清一没有一丝一毫的犹豫，对于他这个“舞痴”来说不管是芭蕾舞、古典舞，还是民族民间舞，他都一样地热爱，舞蹈艺术几乎充斥了他全部的思维空间，而他更是明白，要想成为一名合格的共产党员，首先要服从组织的安排，组织需要你跳芭蕾舞你就跳芭蕾舞，需要你跳民族民间舞你就跳民族民间舞，要绝对地服从，不能有一丝一毫的犹豫和质疑。

于是，在芭蕾舞团奋战了几十个日日夜夜之后，在经过严格的基本功训练之

1951年在匈牙利布达佩斯与青年联欢起舞时合影

在柬埔寨和青年团团员联欢舞蹈

在挪威公园与使馆参战合影

后，彭清一又踏上了发展民族民间舞蹈的艰辛之路。这次的选择，不是畏惧，不是逃避，而是赢得了认可与掌声之后，肩负起了更重要的使命。

之后，在为期一年多的时间里，中国青年文工团的日程总是排得密密麻麻，马不停蹄地走访了民主德国、苏联、保加利亚、波兰、奥地利、罗马尼亚、匈牙利等国家，参观，交流，欣赏歌剧、芭蕾，获得各个国家领导人的接见。他和艺术团其他成员，大多是第一次出国，他们必须克服生活、气候、身体等各方面的不利因素，全力以赴地演好每一场，每到一个国家，就把精湛的节目献给那个国家的人民，向各国人民展现中国民族舞蹈艺术，把中国人民的精神风貌展现给世界，让世界了解中国。

那时，我国对外文化交流的一项重要任务就是参加每两年一届、每届历时半个月的世界青年与学生和平友谊联欢节（简称世青节）。每届联欢节团中央和全国青联都要在国内选拔大批优秀的青年文艺和体育工作者参加。1951 年 7 月，第三届世青节在德国柏林举行，彭清一所在的舞蹈队参加了这次世青节。

1951年在德国参加世青节

此次世青节，一共有104个国家代表参加，其中，中国人民解放军海陆空代表5人，中国青年代表33人。德国方面也专门准备了近一年时间，开会的那一天，大会设在一个大体育场举行，观众有10万人，场面非常壮观，每个国家代表团进场，都能看到本国国旗，中国的和越南、朝鲜在一起，当中国代表团和朝鲜代表团进场的时候，特别是看到中国代表团穿着军服，全场10万人起立，鼓掌声持续十几分钟，大家高呼"毛泽东万岁，中国人民万岁！"场面非常感人。

1951年《红绸舞》《西藏舞》获奖时合影留念

通过精心的编排，刻苦的训练，彭清一与同伴们一道，以其出色的《西藏舞》和《红绸舞》，在世青节舞蹈比赛中为年轻的共和国赢得两枚金质奖章，这是中国人在国际比赛中第一次获得的金质奖章。这次的获奖对彭清一来说是实至名归的，就像著名舞蹈理论家资华筠评价彭清一说："这种'舞蹈敢死队'的精神，彭清一堪称代表。"谁付出了心血和汗水，谁就有资格摘取胜利的果实。

在领奖台上，当掌声响起，彭清一这位硬汉哭了，艺术团的每一位成员都哭了，《西藏舞》《红绸舞》在世青节上的成功，让他们在中国舞蹈史上写下了辉煌的一页。而《红绸舞》也成了艺术团随后在东德各地和欧洲当时的社会主义国家的巡回演出的压轴节目，每当演完时，各国观众均报以热烈的、长时间的掌声，演员多次谢幕，那欢腾、热烈的场面，令人难忘。奥地利的一位记者曾评论："中国的舞蹈像火海。"

民主德国的观众说:“这是一幅使人不能忘记的色彩洋溢的图画。”罗马尼亚观众说:“像一群仙女舞蹈在火海里。”保加利亚观众说:“它是美的象征,是火海。”

在艺术团的巡回演出中,对彭清一及每一个艺术团成员来说,1952 年 5 月 28 日是最为激动人心的日子,他们是第一批出现在象征世界艺术最高殿堂的维也纳金色大厅的中国人。

要知道 20 世纪 50 年代想要去维也纳金色大厅演出并不像今天这样花足够的钱就能进去,它的要求非常高,没有相当的艺术水平根本别想进去,而能去金色大厅观看演出的观众基本都是在自己国家或全世界来说有相当高地位的人。当然如果一个国家没有一定的地位,这个国家的艺术团也无法进入金色大厅演出。所以中国在世界声望的提高、德国世青节上的两枚金质奖章则成为了彭清一他们的“入场券”。

当时的演出盛况至今回想起来彭清一仍然历历在目。节目表演完时,掌声经久不绝,演员谢幕达 8 次之多。他明白观众是在为节目鼓掌,更是为中国人鼓掌,眼前的这个荣誉不但是个人的,更是艺术团的、国家的。

这次出国巡演以及获得的荣誉,使崭露头角的彭清一更加热爱自己的祖国和人民,热爱自己的艺术事业。他再一次感受到了只有将自己的命运与祖国的命运紧紧地联系在一起时,自己才能有所作为,才能为祖国为人民争光。

“一伸腿、一抬手都是国家形象”,有着极强的国家意识和集体荣誉感是那一代艺术家的共同特点,不仅在舞台上,在出访的日常生活中也是如此。在出国的这段时间,彭清一受到了党最严格正统的组织纪律教育。

那天,艺术团巡演到民主德国,大家在餐桌上吃面包。彭清一在面包上涂了黄油、果酱后,又在上面涂了一层白糖。这时,团长周巍峙走过来严肃地说:“彭清一,你不看看东德现在什么情况,他们也很困难。你涂了黄油、果酱还不够?为什么还要涂白糖?”一语点醒梦中人,彭清一深受教育,从此他牢牢记住了:他们代表的不仅是自己,更是新中国的形象!从此,舞台上,彭清一忘记自己,尽情地融入角色之中,把自己的艺术梦想和祖国的伟大梦想联系在一起,向全世界展现中国舞蹈的魅力,展示中国人民的交流诚意;日常生活中,他谨言慎行,时刻铭记自己代表着国家形象,外国朋友是通过你看你的国家,言行举止不能有任何的差错。

走出国门，参加演出

当时艺术团纪律非常严明，有着严格的作息制度，每天早上6点集合，8点便开始一天的排练。彭清一要负责叫每个同志起床，所以每天要比其他同志早半个小时起来，也就是从那时起一直到今天，他都坚持5点半起床。对于舞蹈队的其他成员来说，他不过是个二十出头初出茅庐的小伙子，学习舞蹈和练功的资历都很浅，但他明白“一天不练，自己知道；两天不练，行家知道；三天不练，观众知道”，所以丝毫不敢有半点的懈怠和放松。除了严格要求自己，他还利用这次的机会，虚心向团里的前辈学习，虚心向国外的专家请教。在国内的时候，彭清一练芭蕾舞的转圈动作总是不得要领，在罗马尼亚经一个专家指点后一下子顿悟了。好记性不如烂笔头，他认认真真地把这些名家的教诲记下来，光学习笔记就记了满满十几本。通过这样的交流学习，他极大地提高了自己的舞蹈技巧和文化素养……如今，回想起那一段岁月，彭清一说每天都过得非常充实，而那个时期的每一件事都深深影响了他的一生。

1952年，艺术团回到北京，受到了党中央的高度认可，并在刘少奇、周恩来同志的关心和倡议下，以这次出访的中国青年文工团骨干为主要成员，成立了第一个国家歌舞团——中央歌舞团。后来，随着队伍的发展壮大，中央歌舞团分出三个大团体——中央民族乐团、中央乐团、东方歌舞团。

这次的对外文化交流，不仅拉近了中国和世界其他社会主义国家的关系，对新中国的整个文化事业起了奠基作用，而且为全国培养了一大批的文艺骨干分子，更通过对国外先进文化管理经验的学习、借鉴，先后成立了一大批完全不同于旧社会戏班子的新型文艺院团，并在全国各地建设了图书馆、美术馆、博物馆、影剧院等公益文化设施，基本改变了旧中国文化事业积贫积弱的面貌。

带伤演出感动波兰

树语良言

“一个人除非不干，干就一定要把事情干好。”那么，怎么才能把事情干好干精？我认为不仅需要细心、专心，更需要决心、恒心。

中央歌舞团的成立，备受国家领导人的关怀和器重。周总理把中央歌舞团比作“皇家歌舞团”，要求拿出第一流的节目再次参加在波兰华沙举行的第五届世界青年联欢节。

1955年在波兰世界青年联欢节上与舞蹈家、编导张奇跳藏族舞：友谊

组织的嘱托，人民的希望，舞蹈名家的教诲，都给彭清一莫大的精神鞭策，他要把对祖国对党对艺术深沉的爱，化作一种历史责任感，变成一种具体行动。此时，他已经和舞蹈艺术真正地融合在一起了，更是积极地和团里的工作人员为这次出国比赛做着最好的准备。

1955 年 7 月，贺龙担任中国青年代表团总团长，带领全团人员出发参加在波兰华沙举行的第五届世界青年联欢节。

在途经西伯利亚的火车上，由于洗漱用水不干净以及长途劳顿，彭清一左眼眉毛上的一个小疙瘩发炎，眼睛受感染红肿，需要及时治疗，要不然有可能失明，影响一生。可是日程安排又需要他立即参加舞蹈比赛。如果他不参加，无人可替补，准备的节目就得取消，之前大家为此而做的努力也将前功尽弃。

是保护身体，还是承担责任？关键时刻，彭清一毫不犹豫地选择了后者。他对领导保证说：“请组织上放心，我一定竭尽全力地进行演出。”

比赛前，贺龙同志给代表团的成员做了动员，他说：“明天就要参加比赛，在国内准备了三个月，养兵千日用兵一时。同志们，好钢要用在刀刃上，祖国期待着你们，毛主席期待着你们。俗话说：‘是骡子是马，拉出来遛遛。’你们要好好地演出，争取好成绩。”党的召唤、祖国的需要、国家的使命、贺龙同志的动员讲话给彭清一增加了战胜苦难战胜病痛的勇气和力量。

此时，由于没有及时治疗，彭清一的眼疾已经恶化，开始流脓。第二天演出化妆时，他不得不先把脓包里的脓挤出来，涂上凡士林，再把油彩拍上去。当时的油彩质量很差，且含有铅毒，对眼睛伤害极大，这对他的眼疾无疑是雪上加霜。化好妆，彭清一仔细端详了一下镜中的自己，正面基本看不出眼睛的红肿，心才稍安。

不巧的是，中国歌舞团的节目排在最后，化好妆要等四个小时才能上场，而这四个小时里，油彩开始侵蚀他的眼睛，疼痛难忍。上台前，他只感觉眼睛模糊，无法聚焦，眼睛睁大一点视野就会抖。明知道这很糟糕，但是彭清一想的却不是自己的眼睛，他想的是上台就 6 分钟，坚持 6 分钟节目就有可能获奖，这是全团的期望、祖国的期望。

饱含激情的 6 分钟，彭清一和同志们表演的《龙舞》《友谊舞》《狮子舞》等节目，分别获得了二等奖、三等奖，比赛获得了成功。幕后，贺龙同志激动地对大家说道：“同志们，比赛大获全胜，我明天就要回国了，一定向毛主席汇报你们的成绩。”彭清一幸福地和同志们拥抱在一起，分享着为国争光的喜悦。

卸妆时，彭清一眉毛的三分之一都掉下来了，眼睛周围肿了一个大包，脓血不断渗出来，已经看不清。领导找来波兰大夫给他检查。检查完，波兰大夫直埋怨他，为什么不及早治疗，为什么耽搁治疗的时间？大夫当即要求彭清一马上住院治疗。但是明天早上 8 点开始，歌舞团就要在波兰 16 个城市巡回演出 16 天，

到国外演出时合影

时间和肩上的责任不允许他去住院治疗，他没有听从波兰医生的劝告。

获奖后，国家给了他们 800 卢布当作奖励。800 卢布在当时可算是一笔巨款，足够买一部在当时来说特别奢华的照相机了。但是彭清一和同志们左手拿到钱，右手就交给党了。对他们而言，能为国争光已经是最大的荣耀，他们所做的一切都是应该的。他们这种完全无私奉献的精神，至今都令人动容。

在波兰巡回演出期间，彭清一又接到一个新的任务，一个演员受伤，需要他代替那个演员演《狮子舞》。表演《狮子舞》，要弯着腰，低着头，在广场上跳来蹦去，非常辛苦。演完后，脸上身上全是土，很多时候土还会进到彭清一的眼睛，无疑再次给他的眼睛带来“重创”。但是他毫无怨言，更没有丝毫的懈怠，一招一式，力求表演精准。他说：“一个演员的道德在于演一个东西演得要像，你低下头去像狮子身子，你抬起头来就像个骆驼了，你是舒服了，土进不了眼睛，但是你的演出形象受影响了。因此在这个情况，作为一个艺术家，满怀着对祖国艺术的真诚，情愿自己受苦，也不能抬起头来。”演出受到了观众的热烈欢迎，但彭清一的左眼病情却在急剧恶化。

就这样凭着为祖国争光的使命感和责任心，凭着一股坚强的毅力，彭清一一直在波兰坚持巡回演出 20 多天。等到任务完成之后，他才不得已住进了医院。

眼睛扎针治疗之后，医院派了一名女护士来照顾彭清一。即便是住院期间，彭清一也没有忘记自己是舞蹈演员，是团支部书记，自己不能在困难面前退缩，自己要练功，即便是一只眼睛也能跳好舞蹈。于是，他一只眼睛戴着眼罩，也要在病房里练踢腿，练转圈，练跳起……天天如此。经过千百次的练习，终于能准确地把手指从椅子靠背的木头缝里插进去。为了练好这点功夫，他不记得因为失衡摔倒过多少次，最后他的手指磕破了，指甲也脱落了。那位波兰女护士以及病友们都被这个中国青年的超人表现和拼命精神感动了，纷纷向他竖起大拇指。

临出院时，那位女护士双眼含泪，紧紧地握着彭清一的双手半天说不出话来。最后，她用生硬的中国话说："我——爱——你！"她是被彭清一顽强的意志奋斗的精神所倾倒，还是被彭清一的舞蹈艺术所折服？恐怕都有吧。面对着突如其来的爱的语言，彭清一镇定了一下，说："谢谢你的照顾，再见。"后来，每当彭清一回忆起这段往事，就愈加珍视人和人之间的感情和友谊。

由于治疗延误，时至今日，彭清一的左眼仍有一个小坑，几近失明。但是只要是为国家、为人民、为党，他觉得多大的牺牲都是值得的。他说："大多数人没有机会代表国家来展现自己，可我有幸获得了这样的机会，通过文艺演出把自己与伟大的祖国联系在一起，这是一种骄傲，也是一种责任。我认为一个人除非不干，干就一定要把事情干好。当个人利益、组织利益、国家利益之间发生冲突的时候，无疑要牺牲个人利益，保护组织利益；牺牲组织利益，保护国家利益。这是有责任感的人一种自然而然的选择。"

彭清一再次面对挫折——他成了残疾人。因为伤残了一只眼睛，对方向辨别产生了很大障碍，一开始他在和舞伴跳舞的时候，总是因为找不准位置不是扑空就是打到舞伴。舞伴是他的学生，总是很害羞地说："老师，您为什么总打我？"彭清一总是默不做声，他能说什么呢？他能告诉他的学生你的老师是个一只眼睛的人吗？当然不能。为了准确触及位置，彭清一不得不拼命地练习，每天重复用手敲打同一个位置，常常练得胳膊酸痛，手掌红肿，时间长了，跟他跳舞的那把椅子，在他经常敲打的地方竟磨出了洞……

对于一个舞蹈演员来说，伤残了一只眼睛，还能在舞台上跳舞吗？也许别人不能，但他是彭清一，果然，他又一次战胜了自己！

难忘的慕尼黑空难

树语良言

生离死别似乎在我们每一个人面前都曾上演过，未亡人无力挽救，只能接受诀别。唯有努力获得的幸福才是对他们最大的安慰。

随着各国间文化交流的发展，中国艺术团体出访国外已不再是什么稀罕事了。如今，提起艺术家出国演出，可能人们首先会想到的是掌声与鲜花，但作为一名从 20 世纪 50 年代起就在中央歌舞团服役的舞者、干部，彭清一随团先后走访了欧洲、亚洲、南北美洲区域的 30 多个国家，深知这其中的酸甜苦辣。

1956 年，只有 24 个国家与中国建立了外交关系。为了加强与其他国家的交往，扩大中国的影响，党中央制定了“文化先行，外交殿后”的方针。为此，经中共中央批准，中国人民对外文化协会邀请国内京剧、音乐、舞蹈界的著名演员组成了中国艺术团。这是一个民间性质的艺术团体，团长由对外文化协会会长楚图南担任，赵沨担任副团长兼艺术指导，成员包括李少春、袁世海、杜近芳、刘淑芳、赵青等名家共 88 人，彭清一作为舞蹈界的成员，幸运地参加了代表团，并被委任为团支部书记。

代表团此行要去四个南美国家：阿根廷、巴西、智利和乌拉圭。当时，这四个国家还没有与中国建立外交关系。与 1951 年那次出访不同，这样单枪匹马进入政治气候完全不同的国家，是福是祸，实难预料。由于当时这四国有台湾国民党的“使馆”和工作人员，环境比较险恶，为了避免被国民党特务跟踪，或者发生意外，所以在演出期间规定每位男演员负责照顾一名女演员，行动都有事先约定好的暗号联系。彭清一和代表团的每个成员都以高度的政治责任感认真对待这次的出访。而派这样大的代表团出访南美洲，在我国与南美文化交流史上还是第一次，国人十分关注，组织也十分重视。为此，周总理亲自“坐镇”，他不仅亲自在天桥剧院审查全部的节目，还在后台和演员深谈到半夜，更是到和平宾馆为艺术团送行，并动员说：“不论有多大困难，只要能进去，就是胜利；要认真执行和平友好的对外政策；要保证演出质量，通过演出交流文化，广交朋友。”他预祝代表团成功，等待同志们的凯旋。周总理的动员，为全体成员完成出访任务，注入了信心和力量。

在为期两个多月的巡演里，代表团在布宜诺斯艾利斯、里约热内卢、圣保罗、圣地亚哥、蒙得维地亚等地演出 58 场，观众达 15 万多人，通过电视观看艺术团演出的达 100 万人以上。艺术团演出的京剧和民间歌舞受到了观众的热烈赞誉。同时，艺术团同巴西、阿根廷、智利、乌拉圭的文艺界和社会各界经过了广泛的接触和交流，受到了各阶层人士的友好接待。拉美四国的国家元首、议会会长和政府官员，纷纷接见了楚图南团长和演员，盛赞演出成功，并向新中国表达了良好祝愿。南美诗人聂鲁达与演员们一起联欢、合影留念。

值得一提的是，在智利科隆大剧院演出结束后，智利的一个舞蹈演员送给了彭清一一双芭蕾舞鞋，而彭清一礼尚往来，回赠了一柄檀香扇，这是舞者之间的惺惺相惜，更是两国人民真切情感和友谊的体现。

而访问演出期间，党和国家也是时时刻刻心系艺术团，在布宜诺斯艾利斯、里约热内卢访问演出结束后，艺术团成员又马不停蹄地来到了圣保罗。这时，周总理给艺术团发来了慰问电。为了来电不被国民党特务窃听，艺术团成员聚集在厕所，拧开水龙头，小声地宣读周总理的电报：“国内发大水，你们远在国外，一定要注重身体，保证出访任务的完成。”听完电报，彭清一艺术团的成员们既激动又感动，党记挂着他们，关心着他们。这封电报如一丝暖流，温暖了身在异国他乡的艺术团成员的心。

这次访问演出非常成功，是中国与南美洲文化交流史上的一个创举，在中国对外文化交流史上也写下了光辉的一笔。虽然远隔辽阔的太平洋，再加上处于美苏争霸时期，美国一直将拉美视为其“后院”，对于任何进入拉美的国际力量都十分警惕。然而，中国同拉美许多国家采取的先从文化交往开始的策略，让拉美国家看到了中国的诚意，促进了彼此最终正式外交关系的建立。

然而，即将全胜而归的代表团成员谁也没想到一场灾难正等待着他们。

50 年代的空中交通主要还是螺旋桨双引擎或四引擎客机。从巴西飞越大西洋，经非洲、欧洲和西伯利亚到北京，即使连续不停地飞，至少也要六十多个小时。因此，代表团成员需要先换乘多次飞机才能顺利回国。

11 月 24 日，代表团在瑞士休整后，要分乘 3 架飞机回国。原本领导决定让彭清一带着九位演员坐第三架飞机。为了便于照顾女同志，又临时决定让彭清一带着第三架飞机上的演员乘坐第二架飞机，而第二架飞机上下来的十个人，包括 1948 年与江姐一起做过地下工作、担任艺术团副秘书长的李德椿及吴鸣申、刘又春、张春来、蒋文林、王文华、邓子若、俞良、饶其丰、张槐根，上第三架飞机。

40 分钟后，当前两架飞机顺利到达捷克后，第三架飞机却迟迟没有到来。正当大家焦急万分的时候，中国驻捷克大使曹瑛红着眼眶告诉大家：“第三架飞机在慕尼黑上空发生坠机事件，10 名同志全部罹难。”

听到这个噩耗，大家悲痛地泣不成声。大家不会忘记吴鸣申、刘又春、张春来在舞台上的生动形象和严格的表演作风；不会忘记蒋文林、王文华为演员化妆埋头工作的情景；不会忘记李德椿、邓子若、俞良、饶其丰、张槐根不分昼夜、恪尽职守的精神。代表团取得的成绩和留下的深远影响和他们的辛勤工作是分不开的。

带着烈士们的骨灰盒，艺术团回到了北京。

12 月 19 日，在人民剧场召开追悼会，十个骨灰盒摆放在舞台的长桌上，两旁挂有“人民友谊道路上，不幸遇难；世界和平花丛中，英名永垂”的挽联，现场一片肃穆。到场的人有的默默地低头祈祷，有的一脸庄重地给烈士们鞠躬，有的捂着嘴努力克制着自己的抽泣，生怕任何的一点声响打扰到烈士们的英灵……每个人表情凝重，眼睛里弥漫着悲伤。

这时，一个年轻女子搀扶着一位七十多岁的老妈妈走了过来，彭清一认出了她们是刘又春的未婚妻和母亲。代表团出发前一天，彭清一和艺术团其他几个成员受老妈妈邀请，到刘又春家里包饺子吃，一群人有说有笑的情景仿佛就在昨天。

由中国京剧团团长带领主要演员和负责人到八宝山向1956年遇难的烈士致敬

他清楚地记得老妈妈笑着对他们说等刘又春这次演出回来，就和女朋友结婚，大家一定要来热闹热闹。谁想，四个月后等来的不是婚礼，而是一对新人的阴阳永隔。想到这里彭清一不禁泪眼模糊。老妈妈走到长桌前，抱着刘又春的骨灰盒悲痛地说道："我的大儿子跟你们去越南演出，在河内翻船死了；我又把二儿子交给你们，四个月后，他又死了……"老妈妈说完昏倒在灵前，一旁的未婚妻也泣不成声。见到这一幕，身旁的人也纷纷落泪。

一位怀着八九个月身孕的殉难同志的妻子走了过来，再有一个月，孩子就要出生了，然而，这个孩子却永远见不到自己亲爱的爸爸了。

……

人生的生离死别就在彭清一的眼前上演着，未亡人无力挽救，只能接受诀别，目睹亲人长眠永逝，留下无尽追思。

之后，10 位遇难烈士被合葬在八宝山革命烈士公墓的陵园内，陈毅副总理亲自题写了墓碑：中国访南美艺术团遇难同志之墓。

彭清一在之后很长的一段时间不唱歌、不跳舞。"千里孤坟，无处话凄凉。"曾经肆虐的寒风卷落了他冷冷的眼泪，无休无止的冬雨冻结了他的心。但是他明白无法忘怀，就要把对殉难同志的怀念蔓延成墙角的一株青藤，让它疯长出满目刻骨铭心的印迹。他说："你们的业绩已经彪炳史册，你们的英明流芳百世，我们活着的人，要用责任和荣誉捍卫今天共和国的一切。"于是，在工作上他更加精益求精，学习上更加自觉发奋，生活上更加简朴纯正，他认为只有这样才活得充实，才对得起为共和国死去的人们。

这一次的出国访问，死神和彭清一擦肩而过，但是同志们的罹难，让彭清一更懂得了自己人生的意义，肩上责任的重大。

每年清明节彭清一都要手捧鲜花去祭奠这些为了祖国对外交流事业而牺牲的烈士们。一座座革命丰碑在苍松翠柏和鲜花的簇拥下威严地矗立着，彭老对革命战友的虔诚敬拜，让我对生命的意义有了更多的领悟。可以告慰的是中国文艺界的对外交流日益繁荣，朋友遍天下，中国正以更加巍峨的雄姿屹立在世界的东方。他流着泪默默告诉他死去的战友："我不会忘记你们！共和国不会忘记你们！祖国今天已经取得了伟大成就，你们可以安息了。"

中国艺术行世界

树语良言

“问渠哪得清如许，为有源头活水来。”时代在变，但中国文化的精神未变，正如彭清一的人生，充满坎坷却始终未放弃前进的脚步，永远用奋斗的激情、热情、爱与感恩去赢得生命的美好。

20 世纪 50 年代，对外文化交流成为当时百废待兴的中国与外界打交道的极少数选择之一。

回首那一段段如诗如画、波澜壮阔的对外文化交流岁月，彭清一仍然抑制不住内心的激动，他说，这是新中国最早期的对外文化交流，却是新中国文化史上的一座里程碑，能够参与其中并贡献自己的一份力量，他感到无比自豪。之后，为了进一步增进各国人民对中国的了解，促进世界文化交流和人类的和平事业，彭清一在舞蹈的世界里不断推陈出新，创造新的艺术形象。在他看来，祖国是自己心中的根，人民是自己

1963年于莫斯科克里姆林宫（普京工作的地方）摄影

挪威船上

生活的源，艺术是自己生命的浪花。

时光荏苒，国际局势风云变幻，到了20世纪60年代，各种国际力量经历了一个分化与改组的过程，社会主义阵营分裂，帝国主义阵营也矛盾重重。与此同时，亚非拉民族解放运动蓬勃发展……此时，为了打开新的外交局面，中国开始尝试与中间地带的国家发展关系①。

于是，1961年年初，组织决定由王昆、陈爱莲、王根尧、胡松华、张曼茹、陆春林、张瑞、潘素梅、孙泰、姚雅男和彭清一等组成中国艺术家代表团，前往澳大利亚、新西兰进行访问演出。这个代表团是一个小型的带有实验性、探索性的艺术家访问团，同行的名家均有自身独特的艺术表现力。

再一次代表国家出访，参与国际文化交流，彭清一激动万分，积极准备，他要和代表团的同志一起，把中国的艺术推向世界。只是他怎么也没想到，不幸再次降临在他身上，排练时他不小心严重受伤，还险些造成全身瘫痪。

那天，在西堂子胡同文化部的领导审查节目，彭清一在表演节目时，由于长期劳累，有点体力不支，在做一个“拉拉提②”舞蹈动作时，不慎摔倒，顿时，胳膊和膝盖鲜血直流，更糟糕的是他头部先着地，致使脖子一下子窝进脖腔里。他深知如果脖子被触动，后果不堪设想，便轻声地对身边的同志说：“别动我的脖子，赶快送我去积水潭医院。”

① 1946年8月，毛泽东在与美国记者安娜·路易斯·斯特朗的谈话中第一次提出了“中间地带论”：美苏之间隔着欧、亚、非等的许多资本主义国家和殖民地、半殖民地国家构成的中间地带。

② 拉拉提：京剧术语，拉拉，双腿依次落；提，空翻。

躺在救护车上的彭清一脸色苍白，豆大的汗珠不断地从额头上滑落。途中遇见红灯，救护车刹车和启动的那一刹那，使他第一次体会到了任何一点冲力和惯性都会给脖子受伤的人带来的巨大疼痛，这远比以前被火炉烫伤、用绷带绑腿、眼睛扎针时厉害得多，他已经疼得喊不出声来。然而相比疼痛，他心里更担忧的是能不能治好，会不会从此与舞蹈绝缘。

到了医院后，彭清一先被送去拍了片子，然后被送到病房。两个护士一边用大针头试探性地扎彭清一的胳膊，一边关切地问："疼不疼，还有没有感觉？"彭清一痛苦地回答："疼，有感觉。"紧接着，她们拿出剃刀，戴着脖套和钩子，想要按照日常程序给彭清一剃光头，做"牵引"。这时，英国的红大夫和中国的黄大夫拿着刚洗出来的片子说："虽然脖子颈椎戳进去了，但幸好神经没有断裂。考虑到他们要出国，党委的意见是这个演员成长相当的不容易，角色重要，一定要设法救治。我们研究先用中西医结合的保守疗法，就先别剃头了。"

事后回想起当时组织的决定，彭清一感动万分，如果这次不是党的关怀和英明决定，也许就不会有后来的彭清一。在他心里，他更是认定了党就是给了自己第二次生命的母亲。

经过几天的保守治疗，彭清一的病情有所稳定。

这一天，大夫来给彭清一做推拿按摩。大夫一边做着一边和彭清一聊天。哪想正当彭清一注意力完全被转移时，大夫猛地一用力，一下子把他的脖子推拿出来。彭清一身子一抖，疼得汗流满面。

脖子复位后，彭清一需要继续躺在床上修养。但是他这个有着高度使命感和责任感的舞蹈队"硬骨头"，根本不会"乖乖就范"。大约一个星期之后，趁护士和医生不在时，他试试自己的腹肌、腿肌以及胳膊，感觉挺有劲，便抓着铁床上的横杆，试图坐起来，只是他万万没想到因为后背软组织破坏，他的头耷拉着根本抬不起来。

彭清一没有放弃，无数的经验告诉他，战胜病痛是思想和意志的锻炼，是要战胜自己超越自己的一个过程。于是，第二天，他又趁大夫和护士不在时，恳求病友帮他坐起来。病友担忧地说："彭，你的头不是一般的脑袋，弄不好会出意外的，我们不敢。"他一听急了，几乎用乞求的口气说："同志们，我是一个演员，不能不抓紧练功，我有出国的任务，帮帮忙吧！”病友们被他的这种顽强和信念所感动，在他的一再请求下，便小心翼翼地用手扶着他的头，帮他慢慢地坐起来。

就这样，彭清一每天用手扶着脖子，下地练擦步，练肌肉，之后再慢慢练胳膊，练颈部。“拳不离手曲不离口”，彭清一明白身为一名舞蹈演员，只有不断地练功，才能一步一步靠近心爱的舞台。

凭着顽强的意志，与大夫积极的配合，彭清一的伤势恢复得很快，二十多天后他出院了。出院时，他向大夫深深地鞠了一躬说：“再见，感谢你们为我精心治疗，我要养好伤，继续为国争光。”大夫则说：“少见为好。”听到这样的话彭清一一愣，他还不太明白大夫话中的意思。后来经人提醒他才知道，如果他再不注意，“二进宫”的话可就彻底完了，所以大夫说少见为好。

由于澳大利亚、新西兰两国政府未给代表团成员签证，代表团决定改道去瑞典、挪威、芬兰北欧三国，三个月之后成行。并确定了根据《小刀会》改编的《双人弓舞》和根据《安徽民间花鼓灯》改编的《抢手绢》为出演节目。

《双人弓舞》中彭清一扮演其中的男勇士，姚雅男扮演其中的女主角。对于

1961年在瑞典首都斯德哥尔摩以舞蹈家身份演出后留念

其中使用的诸如云手、山膀、剑指、虎抱拳、顺风旗、梭步、垛泥、蹬弓步、卧鱼、鹞子翻身、猫洗脸等一系列动作和技巧，彭清一基本上能够运用灵活、适宜，但他认为，这样远远不够，还必须演出“弓舞”中的神韵。他深知自己的功底薄弱，为此，他找到戏校的赵雅枫老师，请她帮忙。于是，每到星期天他就和舞伴姚雅男同志一起骑上自行车，往返百十里，风雨无阻地去求教赵雅枫老师。他把“弓舞”中的一招一式、来龙去脉跳给赵老师看，求得赵老师的具体指点。

与舞伴姚雅男在柬埔寨跳二人成名作《双人弓舞》

而他和舞伴姚雅男之间的深厚的革命情谊也让人非常动容。

那时，为了便于养伤和训练，组织安排彭清一住在北方饭店。

正值三年自然灾害，每位演员每月的供应是 29 斤粮食，外加每天的两片咸肉和一个鸡蛋，这已经是国家所能给予演员的最好的待遇了。而对于受伤的彭清一，饭店的大师傅也似乎格外照顾，每天都给他两个鸡蛋补充营养。

一天，演员们正在吃饭。彭清一舞伴姚雅男的孩子冬冬进来了。

近一个月没有回家的姚雅男问孩子：“冬冬怎么了？”

“妈妈，我饿，我饿。”孩子抬头见彭清一叔叔正吃着鸡蛋，马上说道，“妈妈，我想吃鸡蛋。”

“冬冬听话！”姚雅男说完，拧了一下孩子的屁股，生怕被人听到。

受了委屈，冬冬立马哭个不停：“妈妈，我就是想吃鸡蛋，你还拧我。”

性格直爽的彭清一见状，对姚雅男发火了：“你太不像话了，孩子饿成这样，看见鸡蛋你不给吃，你还算一个母亲吗？”

姚雅男没有吱声，低着头，抱着哭泣的孩子。

这时，陈爱莲同志把彭清一叫到一边说：“彭清一同志，姚雅男自有鸡蛋那天起，就让炊事员把鸡蛋给你吃了，让你保证足够的营养，并要大家保密。你怎么能不分青红皂白地说她？”

原来自己的两个鸡蛋是这样来的！

知道真相后，彭清一眼眶一红，看着拥抱在一起的母子，眼泪止不住地落了下来。在如此艰苦的岁月里，一个母亲宁可看着自己的孩子挨饿，也要把自己的鸡蛋留给自己的舞伴，只是为了舞伴能够早日康复，能够早日和自己一起为国争光，姚雅男第一想的不是自己和孩子，她想到的是国家、事业和同志，这是多么高尚无私的情操和胸怀！组织和舞伴姚雅男及同志们的关怀、照顾，使彭清一越发地发奋、努力，让他又一次战胜了命运，从危难中挺起了胸膛。

这段动人的往事，在彭清一后来的演讲中，不只一次地被提及。一群大学生听后，曾写了这样一个纸条：“彭清一老师，代我们民航全体学生向那位曾帮助过您的伟大女性问好！我们钦佩她的人格和对同志、对朋友的无私关怀。”

三个月后，彭清一和代表团成员踏上北欧征途。他和姚雅男精彩的《双人弓舞》和《抢手绢》表演受到了热烈的欢迎。瑞典一家大报盛赞：“在彭清一、姚雅男两位舞蹈演员的举手投足中，看到了中国人民的伟大品格，看到了中国民族舞蹈的深刻底蕴，他们不愧为中国艺术家。”

第二年，在北京举行的单、双人舞比赛中，彭清一和姚雅男的《双人弓舞》受到了专家和同行们的好评，并把该舞蹈普及到了全国 49 个单位。

1963年随中央歌舞团到苏联演出（右一为舞蹈家谷源胜、右二为歌唱家胡松华、左二为舞蹈家彭清一）

这一时期，我国在国际上的影响力不断扩大，出现了第二次建交高潮。到 1969 年，同中国建交的国家已达五十个。中国已成为独立于美苏之外的一支重要力量，在维护亚洲和世界和平方面发挥了重要作用。

艺术家是文化的使者，更是和平的使者。国际间的文化交流，是促进交流双方或多方文化发展的重要动力，是解放生产力的有力的手段，是推动社会前进的动力，其意义极端重大。在20世纪五六十年代的特殊环境下，文化交流不仅为我国的政治活动开辟了道路，同时也为祖国的文化发展奠定了基础。

历史的车轮滚滚向前，随着党的十一届三中全会的召开，经历“文化大革命”磨难后的彭清一和祖国又一次迎来了一个新的历史时期。随后，彭清一被推选为全国第四次文化代表会的代表，此时，作为中央歌舞团舞蹈队长的他潸然泪下、感慨万千，同时也认识到自己肩上的责任比以前更大了。

1983年6月，以彭清一为团长的中国舞蹈家代表团一行应邀参加阿尔及利亚举办的蒂姆卡德国际民间艺术节。

艺术团带来的《金蛇舞》《二妞与铁蛋》《海浪》等节目受到了热烈欢迎，台下掌声和欢呼声此起彼伏，阿尔及利亚国家电视台做了实况转播。演出结束，当艺术家们一上街，阿尔及利亚民众纷纷把他们围住，争先恐后地拥抱他们，亲吻他们四下——这是阿尔及利亚最受欢迎的尊贵客人才能享受到的礼遇。

之后，不顾旅途劳顿，艺术团相继在阿尔及利亚的14个省、县进行了演出。这期间，由于过度劳累，彭清一的心脏病发作，医生嘱咐要他好好休息。但他说：“我们肩负着重任，怎么能因为这点小病耽误了演出？再说群众大老远地赶来，也不能让他们失望啊！‘青山处处埋忠骨’，倘若有一天我在舞台上倒下了，也是值得的！”于是，每次吃完药后他仍然坚持上台，继续顽强地奋斗在异国他乡的舞台上。

除了演出，艺术团还需要和当地的艺术家及观众进行现场交流。交流时，彭清一担任讲解任务。他一边热情地讲解，一边和其他演员做示范表演，在场的艺术家和观众深受感染，他们跟着节奏鼓掌，一齐吹口哨，更是以阿尔及利亚人民表示赞赏的传统方式——一边拍着嘴巴，一边发出“哦、哦”的欢呼声，把气氛推向了高潮。

功夫不负有心人，艺术团所到之处，“希诺（中国）！希诺！”的欢呼声不断。阿文化部长贝希希为艺术团举办了长达七个小时的招待会。他兴奋地说：“家乡的群众对我们没有安排艺术团去演出意见很大，这回请你们去了，他们高兴极了。可一些没有看到你们节目演出的地区又有了意见。你们是阿中两国友谊的桥梁，

彭清一随团到苏联演出

是‘文化大使’，下届艺术节请你们一定再来！”君士坦丁省民族党副书记、副议长和文化局局长深情地表示：“要教育我们的后代懂得，是中国人民在我们最困难的时候，从各个方面帮助了我们！”肩负着党和国家的重任而去，满载着阿尔及利亚人民的友谊而归，彭清一从心里越发热爱他正在从事的视为生命的舞蹈事业。

穿越历史的时空，60多年来，彭清一这些老一辈对外文化工作者忠于祖国、忠于人民、献身使命、崇尚和平的宝贵精神一直深深地鼓舞和激励着一代又一代文化工作者，中华文化薪火相传、发扬光大的脚步也一刻不会停止。

“问渠哪得清如许，为有源头活水来。”时代在变，但中国文化的精神未变，正如彭清一的人生，充满坎坷却始终未放弃前进的脚步，永远用奋斗的激情、热情、爱与感恩去赢得生命的美好。

谦卑的孔雀公主杨丽萍

树语良言

对于一个舞蹈家来说，每一个眼神，每一个动作，每一个环节，都做到极致了，无可挑剔了，才是完美。而做到极致就是下一个机会的开始。

从 20 世纪 80 年代初开始，中国民族民间舞正式步入了发展的黄金期。这一时期国外文化和艺术思潮被传入中国，传统文化同西方文化激烈碰撞、融合，为中国民族民间舞的多元化发展提供了丰厚的土壤。彭清一和许多老一辈舞蹈艺术家受到时代的感召，冲破传统文艺体制中的陈规陋习，将文化自觉的态度和求新求变的精神融入了舞蹈表演中，更是担负起培养下一代舞蹈家的重任。

这时经历过风雨洗礼的彭清一显得更加成熟和富有魅力。五十多岁的他依然故我，在为舞蹈而拼命。他一方面坚持练功，上台表演，另一方面除了以极大的热情，参与国际文化交流，把中国艺术推向世界，他还积极地奔走全国各地讲学，做示范，把自己的体会和经验毫无保留地传递给后继者，发现和培养新一代舞蹈人才。

在 20 世纪 80 年代举办的全国第一届、第二届舞蹈比赛，彭清一被文化部和中国舞蹈协会邀请为大赛的评委。他夜以继日地工作，写评论，谈体会，讲技巧，做示范，为优秀的舞蹈艺术人才的脱颖而出鼓掌欢呼。每当他深感疲倦、稍有懈怠时，陈云同志的“共产党员始终不要忘记自己是个共产党员”这句话就在他耳边回响，无数革命志士的光辉形象就在他脑海中闪现。于是，为了自己的志向、信念、梦想，他又活跃起来、奔波起来。也正是在这个时期，他结识了初出茅庐的杨丽萍。

杨丽萍出生在大理的一个白族人家，在她很小的时候，父母就离异，因为在家里排行老大，下面还有 3 个弟弟妹妹，照顾他们的责任自然就落在了杨丽萍的肩上。从小酷爱舞蹈的她，没有进过任何舞蹈学校，她凭借着天赋，1971 年从村寨进入西双版纳州歌舞团。1979 年，由杨丽萍主演的大型民族舞剧《孔雀公主》，荣获云南省 1979 年表演一等奖。1980 年，杨丽萍进入中央民族歌舞团，之后很快以“孔雀舞”闻名，被誉为继毛相、刀美兰之后的“中国第二代孔雀王”，是国内第一个举办个人舞蹈晚会的青年舞蹈家。

在中央民族歌舞团时，杨丽萍独自一人住在排练室，彭清一就常常去排练室看她，她亲切地称彭清一为“叔叔”，每次表演完总是谦卑地走到彭清一身边说道：“彭叔叔，您看我表演有什么好的建议吗？”彭清一就会很耐心、很认真地与她分享自己几十年的表演经验，杨丽萍从中学习到了很多宝贵的经验和技巧。

当时的杨丽萍不过是十七八岁的小女孩，行事直爽率性，她生活的时代，决定了她只是一名单纯的艺术家，有着自己的血性和原则。但是彭清一不一样，他生活的时代，党给他的机遇及他历经的磨难，使他时刻谨记自己是人民艺术家，是共产党员，时刻要以大局为重，必须无条件地服从。这就是两代人的不同。对于这种不同，彭清一是理解、包容的。

1984 年，为庆祝新中国成立 35 周年，来自首都和部分省市自治区及解放军共 68 个单位的 1300 多名创作人员、演员和工作人员参与了《中国革命之歌》这部大型音乐舞蹈史诗的创作演出。杨丽萍和彭清一都参加了。杨丽萍演“白孔雀”，表现非常突出，在台上获得了观众的阵阵掌声。

1986 年，杨丽萍带着自己创作的独舞《雀之灵》参加第二届全国舞蹈比赛。当时的她已经小有名气，但是面对彭清一这样老一辈的艺术家，还是非常谦虚。得知彭清一是这一届舞蹈比赛的评委时，每次演完，更是虚心地向彭清一请教，请彭清一提出建议。面对如此好学、谦虚的年轻人，彭清一一点儿也不吝啬，她表演好的地方就赞扬，认为可以提高的地方，也告诉她哪些要注意。

当时除了彭清一，他的师妹资华筠，一位非常知名的舞蹈家、舞蹈评论家，也非常关注、关心杨丽萍，经常跟杨丽萍分享她在舞蹈艺术上的见解。杨丽萍不负众望，《雀之灵》荣获第二届全国舞蹈比赛创作一等奖、表演第一名，从此一举成名。

2003 年，杨丽萍离开中央民族歌舞团，回云南采风，挑选演员，并领衔主演的大型原生态歌舞《云南映象》在昆明成功举办。

由于，相隔异地，加上彼此都忙，彭清一和杨丽萍的联系自然也就少了。也许杨丽萍不是彭清一正规的弟子，但是他们之间既是师生，又是朋友。对于杨丽萍来说，她只身一人闯荡北京，面对老一辈艺术家，她虚心求教，获得他们的支持和帮助；而彭清一则从年轻的杨丽萍身上看到新一代舞蹈艺术家的诞生，看到中国舞蹈的希望。今天，每当杨丽萍和彭清一打电话时，她都会非常尊敬地问候一声："老师，您还好吗？"每逢重要场合他们更是不会忘了彼此。因为对艺术的执着追求，他们更珍惜彼此间的情谊，更关注彼此的成长。

2014 年国家大剧院舞蹈节——杨丽萍《云南映象》十周年纪念演出，这是一台既有传统之美，又有现代之力的舞台新作。杨丽萍将最原生的原创乡土歌舞精

参加杨丽萍新闻发布会合影

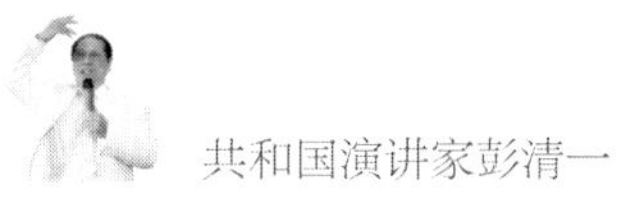

髓和民族舞经典全新整合重构，再创云南浓郁的民族风情。

活动举办前，在北京开座谈会，座谈会邀请了彭清一、资华筠及云南省委副书记、部长等重要人物。会上，彭清一做了发言，专门称赞了这次活动，会后他还和杨丽萍留影纪念。

后来有一次，彭清一到四川九寨沟，得知杨丽萍编导的中国第一部大型原生态歌舞乐《藏迷》在九寨沟演出，便专门前往观看。得知彭清一老师要来，杨丽萍专程给他准备了门票。看完节目彭清一赞赏不已。

如今，提到杨丽萍，彭清一认为她是目前来说最有影响的舞蹈演员之一，对她所取得的成就非常赞扬。他说："每一个眼神，每一个动作，每一个环节，她都做到极致了，无可挑剔。什么叫极致？千百次的熟练才能做到极致。杨丽萍把舞蹈当成是自己热爱的一门艺术和一种仪式，是生命的需要，是生活的一种方式，这种人还是太少。今后很少有人能够达到她的水平和境界，更不用说超越。"

每次看杨丽萍的演出，彭清一都会赞不绝口，而她低调不爱言语，善于思考，又勤奋刻苦，是一个有着很高造诣、即使取得了受人瞩目的成就却依然谦卑的舞者；她从大山里走出来，拒绝当官，也基本不接商演，是一位纯粹为艺术而生的舞蹈家；她有着自己独特的风格，其原生态的舞很纯很美，总给人以超然、空灵、淡泊、抒情而又自我意识强烈的印象，可以说她是一位真正的"舞蹈诗人"，是一只不食人间烟火的孔雀。

也许，看到像杨丽萍这样年轻有为、朝气蓬勃的新一代人，彭清一会想起当年自己刚从事舞蹈事业时那些似曾相识的情景，在欣喜新一代年轻人茁壮成长时，也必然处处都显现出了青出于蓝而胜于蓝，从那多彩的艺术气息和勤奋谦卑的工作态度，则看出了年轻一代做人的道德标准和今后的美好未来。这既让彭清一感到安慰，也让他受到鞭策：要保持年轻人那样的蓬勃朝气，让自己有限的生命闪耀出晚霞般的灿烂和美好。

国务院特殊津贴获得者

树语良言

成功就是付出，并得到了相应的回报而已。而回报的多少，即成功的大小，取决于我们付出并得到承认的多少。

为进一步营造“尊重知识、尊重人才”的良好社会环境，加强高层次专业技术人才队伍建设，国家决定从1990年起，每两年开展一次享受政府特殊津贴人员选拔工作，并对做出突出贡献的专家、学者、技术人员发放政府特殊津贴。政府特殊津贴证书，由国家一次性发放人民币20000元，免征个人所得税。国务院特殊津贴的申请需要具备两个条件：其一，热爱祖国，遵纪守法，有良好的职业道德，模范履行岗位职责；其二，必须具有高级专业技术职务，并在各自相关领域取得突出成就。

那一年，彭清一成为获此殊荣的其中一员。

出身农家的彭清一，凭借着多年的苦难磨炼出来的顽强意志，叩开了舞蹈艺术的大门，从此在舞台上兢兢业业，吃苦受难对他来说更是家常便饭，他从参加革命工作的那一天起，就把党当作自己心中的太阳，把祖国当作自己最坚强的后盾，他对党、对祖国、对舞蹈事业爱得深切，在各种曲折、磨难、委屈袭来的时候，都能顽强奋斗，无怨无悔，模范履行岗位职责，他的精神更是感动了千千万万的人。

起初，彭清一对职务上的升降任免、角色的调整，的确也像正常人一样有过苦恼和一些想法，但是一想到周总理、陈毅元帅那“希望就在你们身上，未来就

一次春节联欢会上扮演老寿星演出时的情景

在你们手中，中国的江山能不能保住，就看你们年轻一代”的热切期盼，他认识到了自己肩上的责任和使命，顿时觉得这些苦恼算不了什么，更是把主要的时间和精力投放在了舞台上，从此心无旁骛，眼里看的，心里想的，除了舞蹈还是舞蹈，即便是在最困难时期，对舞蹈的热爱和追求也没有丝毫的退减。

“四人帮”横行时期，彭清一被剥夺了登台演出的机会，下放到行政组，每天不过是背着挎包修理门框，或扛着扫帚打扫厕所。这对于一个将艺术视为生命的演员来说，被剥夺了从事艺术的权利，等于要了他的命。为此，彭清一不知躲在墙角里流了多少辛酸无奈的泪水。但是一想到自己是位舞者，是位人民艺术家，他不能放弃，他依然要争取每一个上台演出的机会。

一天，到京调演的畲族歌舞《幸福水》，团里要求同志们学习，但尚缺一个扮演老头的演员，彭清一想要出演这个老头。正当党委正在讨论《幸福水》的角色安排时，彭清一站在门口左右为难：推门进去吧，怕被说是冲击党委会，但不进去吧，很有可能失去这个演出机会。最终他还是推门进去了，因为他明白自己是一个舞蹈演员，能以自己的专长为党和人民做一点好事，就是最大的幸福，任何的风险都是值得的。他为自己争取到了这个机会。

当时，在北京学《幸福水》这个节目的人非常多，几个单位的人云集在一起。他发现自己在所有学舞人当中，年龄是最大的。常言道，“拳不离手，曲不离口”“干什么，就得时常练习什么、吆喝什么”，由于长时间不能练功，乍一接触民族民间舞蹈，彭清一真的感觉心有余而力不足。加上自己年纪大了，记忆力减退，学东忘西，顾此失彼，他经常急得汗流满面。于是，他就让自己先慢慢观察，发现有练得好的，就虚心向他们请教，同时，私底下自己更加勤奋地练习。经过一段时间的刻苦训练后，最终他成功地扮演了这个角色。

对彭清一这个“舞痴”来说，不管是舞台上多么不起眼的角色，他都要拿出最好的表演，于是，很久没有上台表演的他为了这么一个不起眼的角色，千百遍地练习，付出了许多汗水和努力，最终他的演出也获得了同事们的赞扬。

即便在如此艰难的岁月，彭清一依旧感受到了人与人之间的温暖，感受到了身边人对自己事业执着的捍卫和热爱。舞蹈家吴晓邦老师就经常对彭清一讲：“艺术家做人要正直、坦荡，心要像玻璃一样透明，让人民了解你，用艺术为人民讲话。”吴老的耳提面命，彭清一终身铭记。

“文化大革命”期间，吴老被打成“反动学术权威”，受尽了磨难。有一天，他给彭清一写信说想练刀法，可惜借不到也买不到大刀，想起彭清一演过《大刀进行曲》，问他能否弄来两把大刀。对于这样一位大艺术家，一个新中国舞蹈事业奠基者的肺腑之言，彭清一既为老师晚年遭受的磨难扼腕叹息，又为老师无私无畏、献身艺术的精神所激励。他含泪找出两把大刀，换上新穗，用布包好，便立即给吴老送去。

早期，为了出国访问，为了舞台艺术，彭清一牺牲了个人幸福。当时，组织上规定年轻人不允许谈恋爱，如果谈恋爱档案里就会写上一条：此人不宜出国。有着高度责任感、使命感和职业操守的彭清一严格地执行了这条纪律，那时他人生的全部只有舞蹈，只有党，只有国家和人民。直到三十岁那年，他的人生闯进一位看上去平凡却充满灵气与智慧的女性浦春昭。

当时，浦春昭是从舞蹈学校新分来的毕业生，但她被彭清一老师对艺术事业执着的爱及拼搏奉献的精神所感动。随着时间的飞逝，她和彭清一师生间的友谊逐步发展为爱情，历经五个春秋的考验，对艺术事业的痴恋，对人生社会的感悟，他们两颗年轻的心紧紧地拴在了一起。1966 年 11 月 19 日，他们结婚了，连岳父岳母都没有通知，当天晚上，只是几位同事用叙谈的方式祝贺两位新人，爱的小屋只是一间不足 15 平方米的平房，一切那么平淡，没有一丝的浪漫，但他们的爱情之火却是真实的、深沉的、炽烈的，因而也是持久的、牢靠的。

幸福的生活刚刚开始一个月，彭清一就被红卫兵造反派揪去批斗，家也被抄了。面对着突然的打击，浦春昭没有和他“划清界限”，反而更加坚定地守在他的身边。彭清一被揪去批斗，她在人群中深情地凝望着他；彭清一病倒了，她端来热气腾腾的鸡汤；彭清一被勒令抄写大字报，她在一旁默默地陪伴……她对彭清一说："我相信你不是反对中央，反对毛主席路线的，不过，你对群众的态度要好一些。"这就是彭清一心心相印的妻子，一个东方女性的情怀。

在彭清一心里，妻子对他的爱和支持所给予他的力量是无法用言语表达的，他曾经无数次在演讲台上说过："倘若没有爱人的支持，我彭清一不会有今天！"正如他说的，他对妻子除了爱，还充满了欣赏和感激。这让他们之间的爱深厚而绵长，因为这样的爱，是有着使命与信仰的，是透彻生命和灵魂的。

生活的不公，曾使彭清一消沉过，但是经过热情、爱情、友情、亲情的洗礼和熏陶，他一如既往地追随党，追逐自己的艺术梦想。

对青年舞者而言，你有的是肢体的灵动、是心里的无所畏惧，而对年长的舞者而言，你有的则是你在动作中酝酿的对生活的理解，是面临惊涛骇浪时的沉静，更是对党、对国家、对事业不变的忠诚。回想起"文化大革命"的那段不堪岁月，彭清一只是轻描淡写地说："那是祖国母亲对淘气的孩子拍了几下屁股，是善意的批评。爱是没有对错之分的。"他对党、对人民、对事业的坚贞不渝、赤胆仁心是日月可鉴的。

"四人帮"倒台后不久，彭清一、浦春昭、资华筠、姚珠珠四个人就自发地组织起来，打扫排练厅，自己动手捡炭生炉子，开始练功，以追寻那逝去的舞蹈风景线。他们强烈的事业心，吸引了不少成员加入排练的队伍。他们深切地感受到文艺界的春天已经来临，他们要抓住这个春天，使舞蹈艺术的花朵重新绽放。

如今，当华丽的聚光灯在身上闪耀的时候，当代表荣耀的奖杯被捧在手里的时候，当台下的阵阵掌声和一片片喝彩声响起、每个人投来的都是钦佩和羡慕的目光的时候，当喜悦自信的笑容浮上脸庞、似乎整个舞台都是为他而准备的时候……为了这一刻，彭清一觉得所有的努力和付出都是值得的。而左腿残废、左眼几乎失明、腰椎严重变形、腰肌严重劳损、膝部长有骨刺、髌骨软化、趾骨断裂、胳膊骨裂……成为了他终身的纪念，也为他的成就做了最好的注脚。

可以说，36 年来他爱国爱党，爱岗敬业，牺牲奋斗，模范地履行了一位人民艺术家的职责，而这 36 年，他更是硕果累累。

作为艺术家，"文化大革命"前的十七年间，彭清一以表演热情投入、技艺精湛在舞台上成功地塑造了近百个艺术形象。他表演的《大刀进行曲》《双人弓舞》《安徽民间舞花鼓灯》等享誉国内外。他经常受到毛泽东、刘少奇、周恩来、邓小平等国家领导人的接见。彭清一也成为国家一级舞蹈演员、著名的民间舞蹈艺术家、中国舞蹈家协会常务理事。他的名字被收入了《中国当代艺术家辞典》。关于舞蹈艺术他更是有自己的真知灼见，启发教育了一代又一代青年舞蹈演员。他说：

在台上你尽力把自己投入到角色之中，忘我地、尽情地和角色同呼吸、共命运、喜怒哀乐在一起……但你同时又要下意识地要留意到，音乐过了没有、站位对与不对、和舞伴同台者协不协调……绝不能在舞台上要求完全忘我而失去节制，否则就成了生活，而不是艺术，这就是演员舞台生活的“二重性”……

舞蹈演员在台上表演，是要以自己在舞台上的具体行为来揭示角色给观众的。而舞蹈演员的“具体行为”——台上的动作——角色个性、品格、风貌，是要通过演员的身体、心灵、表情去刻画、塑造的。总之一句话，是要以舞蹈为主要手段去完成的……

舞剧或舞蹈的音乐，作为舞台表演出现时，它不是即兴的、无规则的……它是一种思想、情绪和生活的反映……舞蹈演员能不能正确地理解音乐，表达音乐，使角色的行动和音乐的表现水乳交融、互成一体，这常常会涉及演员表演的成败问题，绝不可等闲视之……

体现舞蹈艺术的工具就是演员身体的本身……舞蹈演员的基本功、身体训练就显得十分重要了。而基本功对于专业舞蹈演员来讲，是应该天天练的，没有扎实的基本功，没有勤奋的练习，演员的舞台青春是很难保持和延长的……演员功底越厚、技巧越高，就为自己塑造人物、表达感情增加了更为丰富的表现手段。反之，作为专业从事舞台表演艺术的演员来说，那是不堪设想的……

要使自己成为一名好的演员，是要具备多种素养的……作为担负一定角色使命的演员，由于有故事情节的延伸、发展，有戏剧性的矛盾与冲突，那么仅仅掌握技巧而不掌握或不重视更丰富的表演常识和手段，那要应付这门综合性的艺术形式就远远不够了……

作为一名党员，彭清一以自己崇高的信念、顽强的意志、刻苦的拼搏，克服了一次又一次的磨难，他永远忠于党，忠于人民的责任感和使命感，感动、激励了一代又一代人，给我们这个社会留下了宝贵的精神财富。

作为文化使者，彭清一先后随团访问过30多个国家和地区，向世界宣传中国，向各国人民展现中国民族舞蹈艺术，并受到过莫洛托夫、米高扬、布尔加宁、铁托、胡志明、布托、尼克松、福特等多位著名政治家的亲切接见。值得一提的是，文化交流舞台面对的并非都是掌声和鲜花，挫折、危险也随时出现。但是在血与火的考验中，艺术家们没有畏惧、退缩，他们一次次勇敢地冲破政治制度的隔阂、壁垒和敌对势力的封锁，文化交流之路也越走越宽，越走越长。

曾有记者问彭清一,一个人应该如何选择自己的人生道路。他这样回答:“一个人在选择自己的人生道路时，应该如同打靶子时瞄准射击一样，遵循‘三点一线’的原理。这三个‘点’就是愿望、才能和需要，一条‘线’就是自己与祖国命系一线。当这三个点连成一线时，才能达到最佳的人生选择，这个人也才能找到自己真正的人生轨迹，才能做到人尽其才，才尽其用。”

他说，成功就是付出，并得到了相应的回报而已。而回报的多少，即成功的大小，取决于我们付出并得到承认的多少。

在他看来，成功从来没有捷径，一个人的成功只有融入到组织的成功中去，让个人的成功推动组织的成功，当整个组织取得成功的时候，每一位组织成员才会从中受益。这是一种多赢的形式，也是个人想取得成功唯一可以遵循的途径。

彭清一是这么想的，也是这么做的。从戏剧到舞蹈，从芭蕾舞到民族舞，从国内的小舞台到国际的大舞台，哪里需要他，他就跳到哪里，而无论在哪里，他都怀着同样的激情和热爱，都是一样的全力以赴。

是啊，成功属于那些敢于挑战自我的人，它从来不是一蹴而就的，荣耀的背后是一个人坚韧不拔的意志和不懈的努力，是一个人靠着坚定的信念，战胜磨难，顽强奋斗的结果。当然仅仅天资聪颖、自身技巧的提高是远远不够的，必须经过后天磨砺、生活的涤荡，来培养良好的品质，拥有美好的品德，让这些好的品德和品质成为一路披荆斩棘必备的利器。彭清一就是这样的一位成功者，他的精神，他的成功经验，将会激励一代又一代的青年人不断地去追求、去奋斗、去收获。

结语

能豁得出去，才能赢得回来

相信很多人都曾迷失过自己，不知道要往哪个方向走，好像哪个方向都行，又好像哪个方向都不行，更多的时候也只是在想有没有更好的方法，能够让自己快速地取得成就。

只是，彭清一的经历告诉我们，不是方法的问题，而是我们做得远远不够。

成功的花，固然惊艳，然而有谁知道，当初的芽浸透了多少奋斗的血雨。他那每一个优美的舞姿背后，是他练习时多少次的跌倒、爬起，在舞台上所取得的每一个成就，有多少我们不知道的血泪，有多少我们无法体验的艰辛。为了能够跳芭蕾舞，彭清一可以用残酷的“刑罚”来修正自己的双腿；为了能够在波兰的舞台上，展示出中国民族民间舞的魅力，他可以不顾眼疾，一场又一场地化浓妆，凭着坚韧的意志演出到底，以致左眼失明；为了练好《双人弓形舞》，他可以不辞辛苦地一趟又一趟骑车向专家请教……为了能够做到最好，他比别人多练习成百上千遍！是的，他的方法不是最聪明的，甚至是最笨的、最傻的，但也正是如此的付出，才有了后来他在舞台上的这些成就。他的经历充分证明了“一分耕耘，一分收获”“业精于勤”“不经历风雨，怎么见彩虹”是千年不变的真理。

其实，人生又何尝不是一条如彩虹般完美的抛物线？人从一出生，即从零开始，经过少年、青年、壮年、老年，期间所有的经历，比如学习的起步、事业的高峰、最后的死亡，恰如物体从平面被外力抛起，在空中运行，最后又回落到地面上。

是的，人生是条抛物线，以抛物线的顶点为界，在我们人生历程中的少年、青年和壮年是我们人生抛物线的前半个弧，是精力、智力与劳动力最丰富、最充

1964年5月，彭清一（右二）与张锦新（右三）、崔美善（右五）、西哈努克女儿帕维戴花公主（右六）、史秀云（右七）同台演出（公主爱跳舞，是皇宫宫廷舞团的台柱子，六十年代多次来华演出）

沛的生命阶段，也是人生最有创造力和最富有意义的黄金时期，而这个前半弧人生是上升的，它决定了我们人生抛物线的高度——人生的巅峰时刻，也是衡量我们人生的高度，这个高度越高，所形成的魅力和影响力也就越恒久。而这种上升的动力则来自于我们生命的力度和强度，也就是我们所为之付出的努力和奋斗，就是彭清一的那种“活着干、死了算”的，永不言弃的豁达和付出。

按生命的规律来说，其后半弧必定是下降的，这是不以人的意志为转移的自然规律，把握好前半弧也就掌握了最高度。然而，对于彭清一来说，仅仅掌握高度还不够，还要有力、持久。他，又做到了。他成了当今中国首屈一指的精神领袖——在老年还继续保持生命的力度和强度！

生命的高度，在于你脚印的深度，人生这条完美的抛物线，你的最大值是你用辛勤的劳动和汗水浇灌出的，坚持有多久，人生弧线就有多高，付出多少，弧线最大值就是多少。当年，毛泽东主席也满怀深情地教诲我们，对我们寄予殷切的期望，他说：“你们青年人朝气蓬勃，正在兴旺时期，好像早晨八九点钟的太阳。希望寄托在你们身上。”

如果你还在羡慕别人的成就，如果你还想让自己人生的抛物线抛出应有的高度，只能像彭清一一样“豁出去”，全力拼搏、奋勇直前。因为，人只有豁得出去，才有机会赢得回来。

第四章

凤凰涅槃：折翅舞神再飞扬

人生经常要面临选择：安逸或苦难，选择安逸，可能一生将碌碌无为；选择苦难，人生就会熠熠生辉。

1985年，作为舞蹈家的他遭受了一生中最大的变故，飞来的横祸，残酷的现实，彭清一不得不离开他心爱的舞台，但是，经历了人生中最深的夜，他已经给自己找到了一盏灯，来照亮自己前行。从战争年代走过来的彭清一认识到，一个民族如果没有将自身的文化精髓传承下去是可悲的，一个国家如果没有顽强的精神力做支撑便会不堪一击，而能肩负起这个任务的就是思想家及思想的传播者。

于是他从舞台走向讲台，开始了以自己的身残之躯，以自己以往的苦难和奋斗，以自己深刻的思想觉悟，激发普通大众的爱国热情，带来心灵的启迪，并帮助他们树立生活的信心。

生命的呐喊

树语良言

人生是没有终点的，如果说真要有终点的话，那就是在我们入土为安的那一刻。

为了舞蹈艺术，彭清一受了别人难受的累，吃了别人难吃的苦，遭了别人难遭的罪，他在艺术上获得的荣誉和成就是他用自己的血汗浇铸出来的，就像原文化部代部长周巍峙同志评价的那样："彭清一是中国的第一代舞蹈演员，是'开国元勋'。"

然而，正当他以为自己要终生奋斗在舞台上，并为之做好一切思想准备时，一次飞来的横祸，一夜之间彻底改变了他的命运。

1995年彭清一在湖南省委直属机关大会上演讲

1985 年，随着老一辈艺术家渐渐老去，国家歌舞团需要吸纳新人，考核重组，作为文化部高级职称评委会评委、中国舞蹈表演艺术委员会的五名常委之一的彭清一担任起了考核的重任。舞蹈演员的考核不同于学校的考核，需要主考官领着一个一个地做动作，然后合成一个动作大组合。考官根据演员的表演打分，不合格的将会被淘汰。可以说考核关系着演员的去留及评职、定薪，是一项十分重要而艰巨的任务，也格外引人注目，当时还有外宾观看，为此彭清一非常重视，不敢有半点儿的马虎，考核动作都一一亲自示范。

那天，身穿舞蹈鞋的彭清一带着几个人给演员做动作示范，一连做了两遍。本团的演员曾跟着彭清一练过，很快就掌握了这套动作的技巧和要求，可是刚从舞蹈学院毕业的19名青年演员似乎还没有掌握好。看着他们期待的目光，彭清一又做起了第三遍。然而，毕竟是55岁的人了，难免力不从心，眼看就要完成最后一个技巧动作时，一个跟头上去，空中翻转360度，由于冲力太大，只听“咔叭”一声，彭清一重重地摔在了地板上。在场的每一个演员都愣住了，一脸的错愕。彭清一没有慌张，忍着剧痛，双手托在地板上，用右腿慢慢地支撑起身子，镇定地说：“我的左腿断了，快送我去医院。”

当时彭清一绝没有想到这是他36年舞蹈生涯中留在舞台上的最后一个形象。也许这个形象不算光彩照人，但足以让人动容，顽强的他，在艺术生命即将终结时，仍保持了一个艺术家的从容和淡定。这更是他作为舞蹈艺术家，以惊人的毅力为自己的舞蹈生涯画上了一个圆满的句号。

到了医院，诊断为筋骨断裂，虽经医生的精心治疗，筋已经接上，但终因伤势太重，留下了终身残疾，不能再跳舞了。治疗后，需要半年的恢复时间。一想到再也不能登上心爱的舞台，他灰心过，沮丧过，也不止一次地痛哭过，但是他明白哭不能解决问题，自己才55岁，不能就这样郁郁寡欢，甘于寂寞，但要重新寻找出路，就必须先努力使自己站起来。于是，待爱人上班，孩子上学后，他便独自在家把左腿泡在40多度的温水里，然后开始慢慢地按摩左脚，慢慢拄着双拐学着走路。凭借着顽强的毅力，经过半年的努力，他终于能走了。而这一刻，他第一想到的就是自己的工作，他要回单位看看。

在回单位的路上，彭清一遇到了自己的学生。见到彭清一，学生恭敬地说道：“老师，您来了，半年没教课，我很想念您，您什么时候能教课？”听得这样的话，彭清一感慨万千：学生没有忘记他，而他也在时刻准备着，只要祖国需要，党需要，他将义无反顾地重返舞台。然而，昨天的风雨再猛烈，昨天的人生再辉煌，昨天的伤口再疼痛，昨天的青春再飞扬，已经都过去了，无须留念或悲伤，只能抬起头勇敢面对，即使再多的不舍和无奈。

怀揣着复杂的心情，彭清一来到了单位办公室。一敲门，接替他工作的田玉斌同志热情地沏了杯茶递给他说："老彭你来啦，你喝口茶，坐会儿，我先处理事情。"当时好多等着复试的人排队让田玉斌签字，田玉斌需要对这些人呈上来的材料一一审视，不能有半点的马虎。

一直等了半个小时，田玉斌还是抽不出时间接待彭清一。而此时彭清一也明白了，人要清醒，要有自知之明，自己都56岁了，腿已然残了，如何再工作，是该退出舞台了，该走了。而田玉斌15岁时彭清一就带着他出国，可以说彭清一是看着他成长起来的，在这半年时间里接替彭清一的工作，做得很好。那时国家单位的工作人员基本是老、中、青三结合，彭清一是老一辈，田玉斌则正当壮年，正迎来人生最大的施展才华的时机，彭清一知道即便自己恢复了工作，也不能让他下台，需要把舞台留给年轻的一辈，这是历史的必然。

彭清一站起来对田玉斌说："书记，我走了。"

田玉斌回答："老彭，你再等会，我一会儿和你谈。"

彭清一摇摇头："别谈了，你工作忙。"说完他黯然地离开了党委办。

出了党委办，彭清一忍不住落泪，他的那一页已经过去了，再也不会回来。回到家里，独自一人陷在沙发上，他还是痛哭。放弃舞台，告别过往，这对一个在舞台奋斗了三十六载视舞蹈为生命的人来说，是多么艰难和无奈的选择。而他除了舞蹈，一无所有，今后的出路将在哪里？

突然有人敲门，人民日报社送报纸来了。彭清一接过报纸浏览起来。当期的报纸上有一篇纪念白求恩的文章，写的是白求恩同志，一名加拿大共产党员，不远万里来到中国，为中国人民奋斗牺牲，最后把尸体留在我们的土地上，他的无私奉献精神值得我们每一代人学习。其中有一段话给了彭清一莫大的鼓舞和启发："一个国家，一个民族，一个政党，要想站起来，有点作为，就要有点精神，有点志气；一个民族的成员，如果不能发扬奋斗、拼搏、学习与奉献的精神，这个民族迟早要灭亡的；一个政党的成员，如果不能发扬奋斗、拼搏、学习与奉献的精神，这个政党迟早要失去人民群众的；一个人，如果没有奋斗、拼搏、学习与奉献的精神，而是贪图索取、讲求利益，那么这个人就失去了人生的价值！”

看着这样的文字，彭清一突然清醒了：自己要奋斗，要拼搏，要学习。过去自己是跳舞的，曾经出访过那么多的国家，见过那么多的领导，经历过那么多曲折，虽然不能跳了，但是可以讲，可以用自己的声音去和更多的青年人交朋友，讲一讲我们的理想、信念和人生。

20 世纪 80 年代初的中国正经历着一场由计划经济向市场经济的转型。“十亿人民九亿商，还有一亿待开张。政工人员砍一半，生产可以翻一番。”一时间“拿手术刀的不如拿剃头刀的，造原子弹的不如卖茶叶蛋的”扭曲的人生观开始流行。这种社会现象也许是市场经济过渡时期的产物，但这必须在理论和实践上予以澄清。彭清一决定在市场经济发财致富的道路上，帮助青年人辨别是与非，弘扬真善美！而他并不是没有任何演讲经验的。

1981 年 10 月，彭清一应山西舞蹈家协会之邀，去太原讲学。在路过老家忻县时，他想起了幼年时自己见过的那些昂首挺胸、全无畏色、视死如归的八路军战士，他要去祭奠那些烈士们。当他沉痛地走到烈士殉国的地方时，惊愕地发现那里只是一片漫漫黄土地，没有坟墓，也没有石碑，没有一丝烈士存在过的迹象。生活在这片土地上的人，没有人记得他们，没有人知道他们长眠于此。此时，彭清一的心在流泪，心里不禁呼喊道：不能忘记那些为国捐躯的伟大战士，不能忘记为了新中国、为了我们今天的幸福生活而牺牲的烈士们啊！作为见证人，他觉得自己有责任把这段历史告诉这里的每一个人，于是，在太原讲学时，他声泪俱下地讲了对革命先烈们的缅怀，讲了自己对“忘记过去就是背叛”的沉思。他站在讲台上，满怀深情地回忆了那段往事，用自己深沉的情感，呼唤着在座每一个人的

彭老回家乡山西演讲

良知和斗志。他说：

“那是我在10岁的时候，日本鬼子用枪把我们逼上城头，城下有八个被五花大绑像老百姓打扮的人，他们是八路军、是共产党员、是交通员，这我都不知道，可是，他们那种视死如归的硬骨头精神，却永远留在我的心灵里。在日本鬼子用刺刀一刀刀捅向他们胸膛时，嘴里高喊出：‘老子再活十七八，还跟你们拼啊……’这是一种什么精神力量，这是一种什么信仰，能使他们如此顶天立地呢？我想：这就是在中国共产党教育下的我们中华民族的优秀儿女所具有的伟大品格。这些无名英雄的牺牲，给我幼小的心灵以极大的震动，在我参加革命后遇到许多困难时，想到了这些人的无私与无畏，对自己是个极大的教育。联想到我们国家困难时，它也需要我们继承过去不怕流血牺牲的这些革命精神。电影《牧马人》里讲到‘儿不嫌母丑，狗不嫌家穷’是一种典型的爱国主义思想。这样的人有极高的思想境界，能和自己的祖国同甘苦、共患难，深刻地表达了一代有志青年的心声……”

还记得当时，山西省文联副主席、作协山西分会主席马烽同志，山西省副省长、太原市委书记王茂林同志，山西省化工厅处长吴达才同志，以及青年团书记金银焕同志等多位领导人都静静地坐在台上听彭清一演讲。这次的讲学赢得了一片喝彩，获得了意想不到的效果。这似乎要比一场舞蹈引起的社会效应大得多。现在他才意识到，他的演讲生涯实际上就是在一次契机中悄悄地开始了。

往事的回忆，思维的驰骋，使彭清一这个从历史深处走来的老人再一次感受到自己的社会责任，共产党人的那种忧患意识在他的心中怦动。而此时，政法大学的邀请，更是让他明确了演讲这条路。

这一天，彭清一的门被敲响了，来了两名政法大学研究生部的学生。其中一名学生对彭清一说：“我们要找彭清一老师。我们现在政法学院的院长，就是原来中央舞蹈团的团长，曾请彭清一老师讲过课。现在他回到学校了，‘四人帮’倒台后，他又成立了舞蹈团，我们院长想请彭清一老师去给团里的成员讲课。”

彭清一回答：“我就是彭老师。”

两个学生吃惊地望着彭清一："您怎么拄着拐杖？"

"我受伤了。你们还让我去讲课吗？"

"当然。"两个学生异口同声地回答。

"看你们这么坚决，那这样吧，如果你们能把我搀下去，我就跟你们走。"

两个学生一边一个搀扶着彭清一，小心地下楼，然后坐上轿车，来到政法大学。大礼堂里已经有 200 多位研究生等候着，不少学生还是慕名前来。

见彭清一进来，学生们全体起立。彭清一示意学生们坐下，然后来到讲台上，即兴讲起了自己的奋斗经历和对艺术的执着追求，没想到听众越来越多，原本能容纳 800 多人的大礼堂，全部坐满。台上彭清一热泪盈眶，越讲越动容，台下掌声也越来越响。两个半小时过去了，当他说："同学们，我讲完了。"800 多人全体起立一起高呼："彭清一好样的！好样的彭清一！"

听到这样的呼声，彭清一再也抑制不住，任由眼泪滴落，透过眼泪，他看到了希望：自己可以跨向另一个舞台——发表演讲，让青年人知道自己这一代人的

漯河万人大会现场

艰苦历程，让他们知道什么叫奉献精神，什么叫拼搏精神，什么叫学习精神，什么叫无私，让他们知道历史和未来。是的，他找到了他人生的新的起点，他要站在三尺高的讲台，用激情和生命去呐喊，以自己一身凛然的正气，弘扬真善美，怒斥现今的假丑恶，用一生恪守的信念呼唤人们的正义和良知。

当然，这一跨并不容易，有人说彭清一不识时务，傻；更有一些好心的朋友劝他不要折腾，演讲这条路不好走。但他则斩钉截铁地回答："我是共产党员，也是战士。一个战士应有的素质是，当阵地上需要人时，必须主动补位。我补上来，图个问心无愧。"从此彭清一拖着残躯之身，凭着一腔热血和激情，义无反顾地踏上了宣扬真理、呼唤正义、传播真善美的演讲台。

其实，走上讲台之前，彭清一面前有两条路：一是功成名就，回家颐养天年；二是适应当时的潮流，利用他的知名度，人际关系组织"走穴"赚大钱。但彭清一舍去了这两种选择，他始终认为人的一生就应生命不息、奋斗不止。他选择了舞台上的一步"横跨"，从艺术舞台走上人生讲台，从事思想政治工作，为净化人们的灵魂而呐喊，为正义而呐喊，为祖国强盛的明天而呐喊。他深深地感到，一个国家一个民族如果没有共同的精神品格，没有高尚的价值追求，就没有凝聚力，就不能长治久安。

不过，从舞台到讲台，终究是"隔行如隔山"，演讲对于彭清一来说是一个完全陌生的领域，他不得不拿出当年学舞蹈时"拼命三郎"的精神。为了让自己的演讲更有教育意义，更深入人心，他开始阅读大量的心理学、社会学、哲学等方面的书籍，并按照体系专研马列主义、毛泽东思想的理论原著；为了让自己的演讲更贴近听众，更有说服力，他开始收集整理当代青年在不同岗位上建功立业无私奉献的生动事例，不管是读书看报，或是看电视，或在与人交谈中，只要发现与自己演讲有关的生动案例，富有启发意义的名言警句，他都要及时地记在笔记本上，然后烂熟于心；为了写好演讲稿，他全然不顾自己病残的身躯，挑灯夜战，对每个词、每句话细心琢磨，他必须用一切知识，以生动的语言、鲜明的节奏韵律，浑然天成的艺术手段去感染、打动听众；为了增强演讲效果，他还利用自己"舞蹈家"的独特优势，独创性地根据当时演讲的实际情况，不时地插入一段舞蹈动作，或朗诵几句诗，或引吭高歌，把声音与态势有机地结合起来，使会场的气

在河南漯河万人大会演讲，听者沸腾、讲者倾情

氛热烈起来，能使听众消除疲劳，在听众兴奋过后再引出一段革命道理，听众就容易接受。

虽然刚刚转行到讲台上不久，但彭清一对自己始终是自信的，因为他相信爱国主义永远不会过时，社会对真善美的追求永远不会过时，人们需要他，社会需要他，祖国的思想教育工作需要他。自信来自社会的需要，更是来自他自身的人格魅力。他经历的苦难，铸就了他坚韧的品格；他奋斗的过程，升华了他的思想认识；他取得的成就，凝聚了他的毕生追求。他现身说法，用最真挚的感情、最朴实无华的语言、最富有感染力的号召，哪个观众不为之动容，为之沉醉，为之觉醒？所以他可以坦然地拒绝邀请单位、企业为之“招揽”听众的“附加”举动。

1988 年 4 月，彭清一受邀为文化部机关干部做一场报告。为了做好这场演讲，彭清一做了充分的准备。当时部机关党委宣传部负责同志找到彭清一，出于好心地说：“为避免听众的‘流失’，报告完后加放一场电影。”彭清一当场表示：

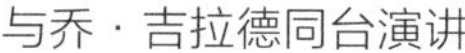
与乔·吉拉德同台演讲

与爱人浦春昭、乔·吉拉德及其夫人合影

“如果演讲得不好，同志们可以中途退场，这说明我仍需要努力，不值得害怕。不过请组织上理解我的心情。”这是一个伟大演讲家的大度和自信，结果，那天1200多名听众的热情和掌声使首都剧场三个小时都处于热烈的气氛之中，没有人退场，没有人抽烟，没有人打瞌睡。彭清一又获得了成功。

伴随着自己的这份自信和努力，彭清一的足迹开始遍布祖国各地，他的精神宛如一股涓涓细流流进人们的心灵，他的呼唤和号召则如启明星一样升起在无数人迷茫无助的天空。机关干部给他写信，大学生给他写信，企业老总给他写信……看着台下一双双期待的眼睛，读着一封封热情洋溢的来信，听着听众心灵的倾诉，彭清一感到宽慰和幸福，他觉得自己的人生再一次迎来了春天。他说：“和听众打交道，我年轻了许多。”他也衷心地爱上了自己的演讲事业。

2009年彭清一被邀请和乔·吉拉德同台演讲。

乔·吉拉德，被《吉尼斯世界纪录大全》誉为“世界最伟大的销售员”，连续12年荣登世界销售第一的宝座，他所保持的世界汽车销售纪录：连续12年平均每天销售6辆车，至今无人能破。他从事演讲事业后，经常出现在各个社会团体、组织、机构以及销售会议上，他享誉盛名，他是多少人的偶像，是多少人心中的大师。然而，那一天，彭清一却毫不逊色。

彭清一的演讲被安排在上午，他那声情并茂、充满激情的演讲，把在场的每一听众深深地震撼了，现场听众自发鼓掌66次，演讲结束后，上万人全体起立长时间热烈鼓掌，向彭清一表达深深的敬意。乔·吉拉德的演讲被安排在下午，但是他的演讲受欢迎程度和待遇都没有超过彭清一。

演讲结束，两位大师一块吃饭。领略了彭清一的演讲风采后，乔·吉拉德说：“我，是美国的第一！你，中国第一！我，最棒了！你，最棒了！”然而，谦逊的彭清一明白，在演讲事业，自己永远不是最棒的，在他的前面还有着像李燕杰这样的比他更早奋斗在讲台上的“大师”。于是，他对乔·吉拉德说：“你可以说在美国你是最棒的，在中国我就不能说我是最棒的。”永远要记得谦逊，这是彭清一的做人准则，也正是这样的谦逊，激励着他不断地在讲台上奋进，至今，他都不敢以“大师”自称，他对自己的定义始终是“演讲家”。

当时还有《中国青年报》记者写了一篇题为《当乔·吉拉德遭遇彭清一》的文章，报道了这次的演讲。

我一直相信彭清一永远是任何场地的主人，他在讲台上的魅力和风采很难有人能够超越，这次只能说是乔·吉拉德“运气不好”。

这次演讲也让彭清一认识到了演讲的又一深刻意义。自从改革开放以来，我们博大精深的中国文化以其极大的包容心接纳了这个世界，但是由于信息不对称，很多人特别是年轻人不能以正确的心态接纳、看待我国与世界文化的交流，加上急功近利、好高骛远的心态，和媒体及造势者片面的宣传、包装、炒作，不辨真伪盲目崇拜所谓的成功大师，特别是国外的成功大师。这是多么让人心痛、心寒的局面。而通过演讲，通过“现场的力量”，能给听众一个比较，能让更多的追求成功的年轻人，回归理性，辨别真伪，不盲目崇拜，认识到什么才是真正的大师，这对他们的人生才是有益的、健康的。

如今，讲台上的彭清一风采奕奕、硕果累累，然而，每一种风情，都有一场宿命，每一个选择，都有一曲心殇，登上讲台的彭清一年事已高，讲台赋予他的除了掌声和意义，也有着疲惫和病痛：一场演讲下来，往往大汗淋淋，疲惫不堪，但他还是要再坚持一个多小时，给热情的听众签名、合影；即便是发烧、腹泻，他也只是简单吃点稀面条，依然上台演讲；嗓子再难受，只要有需要就要坚持上台……

他的爱人浦春昭就曾心疼地说他每次演讲完，都是一身汗，更是劝他“可以选择性地接课”。但是彭清一完全不被她“左右”，往往一个电话马上又走了。他说："每一个热爱事业的人，都要树立甘愿为事业献身的信念，这是一面鲜艳的旗帜，若谁抛弃了这面旗帜，生活就黯然失色，前途将暗淡无光。"

这就是彭清一，怀着高度的责任感和使命感，把"敢死队"精神从舞台移到了讲台。提起当初的选择，彭清一无怨无悔。"能做事的做事，能发声的发声，有一分热，发一分光。"这是对他走上讲台，用生命呐喊的最好诠释。而他的再度选择，再度担当，无形当中为今天的我们注入了一股生机勃勃的精神力量。

我发现今天很多人都在说自己在努力，自己在奋斗，但当我们提起，我们为了什么去奋斗，奋斗中又做了多少努力，很少有人能像彭清一那样给出让自己满意的答案！现实中，很多人取得一些成绩时，往往会"急流勇退"，端坐在"太师爷"的位置上"坐享其成"，甚至拿着所谓的成功到处"招摇撞骗"，来让自己安逸享乐，更有一些年轻人甘愿选择平凡、平庸的人生，虚度光阴、浪费天资。

人生是没有终点的，如果说真要有终点的话，那就是在我们入土为安的那一刻，而生命原本就是拼搏，原本就是挑战，原本就是辉煌，所以，不管是正值二八年纪，还是已近垂暮，只要我们还能够选择，都应该像彭清一那样义无反顾地选择为理想而奋斗。

有些事情，不是看到了希望才去坚持，而是坚持了才有希望，用正确的选择、顽强的奋斗来完成我们的生命历程，像彭清一那样，像一株生长在荒漠中的野草那样，让自己细小的身躯在困厄中顽强生长，迸发出一抹嫩绿美丽的鲜亮，让自己小小的叶片张扬出生命的澎湃，发出震撼人心的光芒。

蛇口风波

树语良言

一个社会是否文明进步，一个国家能否长治久安，很大程度上取决于公民的思想道德素质。而一个人成功的关键则在于德行。

20 世纪 80 年代，改革开放成为时代的最强音。1979 年 4 月邓小平首次提出要开办“出口特区”，后于 1980 年 3 月，“出口特区”改名为“经济特区”，并在深圳加以实施。“蛇口”作为我国经济特区的“试管”，在发展经济方面多有体制突破的惊人之举。伴随着自身发展的演进，蛇口亦利用毗邻香港的地缘优势，充分发挥社会建设的“试管”，自觉探索从经济体制变革先锋到社会体制变革先锋的转型。然而，当我国的政治经济和科学文化日益繁荣起来，不可避免地混杂着一些消极的东西。

新中国成立之初，人民群众怀着对社会主义美好前景的向往，爱国爱党，团结友爱，辛勤劳作，曾涌现出了一大批道德模范、先进标兵，那时的人们单纯美好，有激情、有理想、有信念。但是随着改革开放的到来，在各种新思想、新观念大量涌入时，物欲横流、精神空虚、信念淡薄、信誉危机、诚信缺失、见利忘义、人生观价值观扭曲变形等在不少青年人身上表现十分突出，很少有人去关心社会和他人，品德正直、忠于自己见解、关心国家前途和命运、仗义执言的人越来越少，而见利忘义、见义不为、见死不救的人却大有人在。祖国和人民比以往

更需要思想政治工作。

于是，经过各种困难和考验的彭清一挺身而出，他要用真善美，用真理的力量，用满腔的热忱，讴歌党和社会主义祖国，讴歌改革开放以来的丰硕成果，进而去教育和感染更多的人为祖国为人民奉献自己的一份力量。

当时，受时代的影响，全国一些大学生的思想也很不稳定。中国科学技术大学就曾遭受过一次沉重的打击。

1986 年之前中国科学技术大学（位于安徽，以下简称科大）的学风非常好，据说 20 世纪 80 年代复旦大学的老师来科大参观学习，就深有感触地说："一看这些学生就知道是念书的。"可是，1987 年科大的校长和第一副校长被撤职后风气开始败坏，学生谈恋爱，谈什么都行，只要不谈政治；只要学生不"闹事"，开舞会、打扑克、打麻将，干什么都不管，一时间打麻将成风。科大原来多好的学风眼看被毁，科大老师个个痛在心里。这时，"空降"到科大的三位新的校领导彭珮云、藤腾、刘吉同志便邀请彭清一为大学生进行演讲。

正当彭清一准备接受这个邀请时，一个知情的记者好心地劝彭清一三思而后行，更有不少人为他捏着一把汗。听了这些，彭清一难免顾虑起来。

彭清一在桂林大学演讲

看着彭清一犹豫、不安的神情，心心相印的妻子浦春昭鼓励他说：“老彭，既然彭珮云、刘吉同志邀请你去演讲，你就应该去。只要你讲的是真善美，崇尚真善美的大学生一定会伸开双臂接纳你，我相信你会全力以赴的。我不是党员，但我记得毛主席说过，哪里有困难，哪里就有共产党员。”妻子的鼓励给了彭清一力量和信心。第二天，他便登上了南去的航班。

到校后，时间已经很晚了，彭珮云接待彭清一。由于时间晚了，彭珮云不好去麻烦炊事员，只能自己亲自下厨，给彭清一做了一碗热气腾腾面条，外加两个荷包蛋，算是给他接风洗尘了。当彭珮云对如此简陋的招待表示歉意时，彭清一却被他的亲切、淳朴、务实所感动，也增加了他做好演讲的信心。

第二天，彭清一上台给科大学生做演讲，3 个多小时激情洋溢的报告，掌声响起 79 次，大学生被震惊了，纷纷开始反思自己。校领导彭珮云评价：“你的一场演讲比跳三十场舞会作用要大得多，党不会忘记。”老师们评价：“这是一堂别开生面的党课。”学生们则说：“听了彭教授的报告，我们心里明白了。”座谈会上，还有两名同学当场向党组织递交了入党申请书。

来自大学生的挑战，终究是小的，更大的挑战在等待着彭清一。

在改革开放建设经济特区的大背景，青年人怀着对祖国尽快实现现代化的美好期待，从四面八方投奔蛇口这天涯海角之处，热情地投身蛇口的经济建设和改革实验。那是一场悄悄的革命。勇于承担使命，敢于革故鼎新，正是那一代中国人特有的气质。然而，科技的突飞猛进，知识、观念的急速变化，社会发展节奏大大加速，也极大地冲击着年轻人的心灵和灵魂，不禁让老一辈人为之担忧。

1988 年 1 月，深圳团市委和《深圳特区报》联合邀请曲啸、李燕杰、彭清一等全国知名青年教育专家与深圳青年进行恳谈和演讲。1 月 18 日的《深圳特区报》在《青年之友》专栏上以近一个版的版面报道了三位老师和青年的谈话内容，反响非常好。彭清一寄语：“深圳青年在改革开放中充满对事业的热爱。热爱是成功的导师。爱上，就要爱得深；干上，就要干得好。”

1 月 31 日，深圳蛇口区邀请曲啸、李燕杰、彭清一参观浮法玻璃厂。吃完晚饭后，他们才看到《青年教育专家与蛇口青年座谈会》的海报。而在此之前并没有人告诉他们有座谈会，随团的团市委负责同志也说根本没有安排这次的座谈会。

面对这样的“突然袭击”，曲啸、李燕杰、彭清一三个商量了一下，认为蛇口青年既然有交流的愿望，不妨去座谈会和青年们交流交流。然而，三位大师根本没有想到这次座谈会会引起那么大的“轰动”。

晚上，曲啸、李燕杰、彭清一准时来到招商大厦9楼会议室，进去时发现已经有将近两百人在那等候。这个会议并没有什么中心议题，开始时主持人先请三位专家谈谈在特区的观感。于是曲啸先发表讲话，接着李燕杰发表讲话，最后才到彭清一。谈话中，他们肯定了蛇口所取得的成就，肯定了蛇口青年的作为。而三位大师的讲话很受欢迎，在彭清一讲完后全体起立鼓掌。但是接下来发生的事情让三位大师始料未及。

会上，蛇口青年就人生价值观念等问题，与他们展开了激烈论战。在交流碰撞中，彭清一赞扬了蛇口青年“很坦率、很诚恳”，他说：“我们在会议开始谈了一些话，经过大家反馈之后，很值得我们，李燕杰、曲啸老师，还有我这个跟在后面的老兵学习。今天好多在座的同志提出了问题，好得很。如果在内地，可能好多人不这么谈出心里话，那样并不好。我们今后要多调查研究，多听听。因此

1987年于重庆大学演讲，十七所大学生代表两万人参加，演讲历时4小时45分钟，是彭教授演讲史上时间最长的一次演讲

今天一些同志的发言我很满意。满意什么呢？他们很坦率，很诚恳。”曲啸也在会上说蛇口青年提问题比较坦率。李燕杰则说：“今天双方发言中有一些不同的见解，这不要紧，相互间可以同意，也可以不同意，但彼此是有启发的。”

最后，会议主持人、共青团蛇口区委副书记谢鸿在总结发言中也称赞了这些热烈的激动人心的场面。一位青年站起来代表发言的人表示赞同，并感谢说：“参加这个会很荣幸。”

最终，一切看起来都很顺利、和谐，然而，座谈会后的发展实在是让彭清一大为吃惊和失望。

很快，《蛇口通讯报》相继发表了《蛇口：陈腐说教与现代意识的一次激烈交锋》《蛇口青年与曲啸等同志还有哪些分歧》《“神的文化”是对人的全面窒息》等几篇关于这次座谈会的文章，歪曲事实，移花接木，把彭清一等人说成是“教师爷”，对青年人摆出“教师爷的架势”，把他们的演讲说成是“陈腐的说教”，全盘否定党的思想教育工作，宣扬自由化的言论。之后《现代人报》《黄金时代》杂志、《南京日报》《中国青年报》《文摘周报》等纷纷发表关于“蛇口风波”的消息或转载文章。

回到北京的彭清一看到这些报道后，感到心寒、委屈，但更多的是，他感到一种警醒、一种责任。

这时，一个自称是《人民日报》的记者找到了彭清一他们，说要为他们鸣不平，要他们谈谈当时的具体情况。彭清一哪里知道他眼前的这个说话慢条斯理、衣着朴素的年轻人不过是《人民日报》的一个实习记者。他有着很大的“野心”，要当一个“射门意识”强的记者。这个“射门意识”可不是一般的提高命中率——把自己的名字经常印在报纸上，而是要主动向那些敏感的、重大的、有争议的问题出击，命中它们、驾驭它们。于是蛇口风波便成了他的“门”。

经过采访、整理后，这位“记者”把未经他们审阅的稿子题为《“蛇口风波”答问录》发表在8月6日的《人民日报》上。在所加的编者按中，他写道：“这是发生在半年多前的一场小小的争论，后来几家报纸做过报道。本报今天向读者介绍事情的经过及有关各方面的意见，并且愿意继续为更多的同志参加议论提供一点版面，共同探索新时期青年思想政治工作问题。”

彭清一在湘潭大学演讲

谁想，这篇报道引发了一场全国范围内的思想政治工作大讨论，一时之间，全国上下沸沸扬扬，一些反面文章也登了出来。中国香港、台湾的报纸甚至截文说："彭清一等人为共产党卖命，充当忠实走狗，被共产党的报纸点名批评。"

如此的误解和歪曲，给彭清一心理、精神上造成了不少伤害，他不理解，他委屈，他伤心，然而却无处诉苦，即使说发表了错误言论（事实是他们的言论并不是错误的），也只是代表他个人，并不代表党的思想政治工作，不能"连累"党。其中很多文章提到的有关名片的插曲更是让彭清一愤怒和痛心。

对这件事，报纸上是这样报道的：

双方争论激烈时，一位赫赫有名的教育家显然不习惯这种座谈方式，对质问他的青年说："敢不敢把你的名字告诉我！？"引起与会青年的笑声，这位青年当场递上名片。

而事实是，那天会上，有个青年大言不惭地指出："无私奉献、大公无私是陈腐的说教，我们这儿不听这套说教。老实讲山高皇帝远，骂你们几句也不影响我，老板照样给钱，钱是我挣的，干吗要奉献呢？"听到这样"反动"和狂妄的言论，彭清一感到诧异，便说："这位同志，明天我要在深圳宣传部组织的大会上发表演讲，你的观点和想法我能不能在会上谈谈呢？你怎么称呼？"这位青年犹豫了一下，递过来一张名片说："给你，这是我的名片。"彭清一说："好，谢谢你。"同时也递给了这位青年一张他自己的名片。询问姓名、交换名片不过人和人之间是极为正常的交流方式，而彭清一语气诚恳、做法礼貌，丝毫没有高高在上的架势，但是到了报纸上，却被歪曲成了“敢不敢”“教师爷的架势”，人为地制造风波。

面对种种歪曲的事实和误解，忧心如焚的彭清一觉得自己不能再无动于衷了。9月12日，他和曲啸、李燕杰联名发表了《我们到底讲了些什么?》的文章：

8月6日《人民日报》刊登了《“蛇口风波”答问录》一文后，引起广泛的关注和议论。很多读者来信问我们究竟讲了些什么、怎么讲的。虽然《“蛇口风波”答问录》中对此已有所报道，但是我们认为其中有些地方未能全面准确地反映我们的意见，所以我们愿意在这里把事实向广大读者做进一步的说明。

首先，我们不同意人为地把我们同蛇口青年对立起来。那天的座谈会上，只有个别青年的发言我们认为是很不妥当的，而与会的其他一些青年明确向我们表示这不能代表他们的观点。所以我们同会上个别青年发生意见分歧不能说是与蛇口青年对立，也谈不上蛇口青年向我们“挑战”。

这次座谈会一开始，主持人让我们3人谈谈在深圳、蛇口参观访问的感想。当时曲啸就站起来说，我们来深圳、蛇口时间很短，然而感受最深的是特区的巨大变化。几年前，深圳还是只有2万多人的边陲小镇，现在成为拥有50多万人口的现代化城市。1980年工业产值是6000万元，而现在是57.6亿元。事实胜于雄辩地说明了党的改革开放政策的英明正确，反映了深圳各级领导和广大人民群众的努力成绩，我要对那些尚不了解深圳的同志们说，深圳不是与社会主义祖国断线的风筝，而是在社会主义航线上腾飞的雄鹰，这就是我对深圳的初步印象。李燕杰说，1949年他随军南下曾到过这里，30年前这里还是一片荒僻的乡野。近几年又来到深圳，感到变化实在惊人。他谈了在特区工厂、农村、学校、图书馆等地参观的体会，谈了与数百上千名深圳青年接触的感受，最后用“美的山河美的人，美的风光美的心”这样的话结束了发言。彭清一也畅谈了自己这几天来的观感。我们对特区建设表示钦佩，这完全是发自内心的。

曲啸在发言中确实提到，内地有不少人向往深圳，其中大多数是希望到这里来一展才能的创业者、建设者，他们当中许多人成为特区的骨干。也有些人注意到这里待遇高、生活好，考虑如何满足个人享受，这种人如果能遵纪守法，用自己的劳动去挣钱，也是政策允许的，无可非议。但是不能否认，有个别人来深圳的目的，就是为了在别人创造的财富中捞一把。为了达到这样的目的而不择手段，甚至损人利己。我认为这就是极少数的淘金者。这样的人和特区提出的“开拓、创新、献身”的精神是背道而驰的。这样说有什么不可以呢？我们在深圳访问时，市委领导多次说过这样的话：“深圳是冒险家的乐园，也是冒险家的坟墓。”而且他们列举的有关事例是非常触目惊心的。

我们始终认为，曲啸所讲的“淘金者”与某些人强加给他的观点完全不是一回事。对于那些靠不正当手段捞取个人私利的极少数人，曲啸说特区不会欢迎他们，这又有什么不对呢？不久前海南特区领导专门谈到“淘金者到海南来是没有出路的”，全国各大报纸都在显著的位置予以报道，难道这也是“陈腐说教”吗？

当时有位青年说：“淘金者有什么不好？美国西部就是靠淘金者、投机者的活动发展起来的。”彭清一认为，美国是美国，怎么能和我们社会主义中国的特区同日而语呢？美国搞的是地地道道的资本主义，和我们的特区有本质区别，我们不能照搬资本主义开发“西部”的办法来建设我们的特区。我们要走的是有中国特色的社会主义道路，中央提出，现在是改革开放的关键时期，也是最艰苦的阶段，全党全国人民同心同德、艰苦奋斗、共渡难关，这才是我们首先应该提倡的精神。

当曲啸发言之后，坐在门口的一位男青年站起来说：“希望3位老师不要做那些不着边际的宣传，最好探讨一些实质性的问题。”另一位长头发的青年紧跟着站起来说：“我久仰曲啸、李燕杰的大名。你们闯荡江湖，四处游说，但是我们这儿没有你们的市场！在我的印象里，曲啸你这个牧马人受了那么多苦，应该很瘦，没想到你这么肥胖！”请问这是平等对话的态度吗？除了《“蛇口风波”答问录》报道的内容之外，还有一位青年这样说：“你们到这里来宣传，肯定没有市场！独资、合资企业里的工人没有人会听你们的。我们就是为了自己赚钱，什么理想、信念，为祖国做贡献，没有那回事！报纸上的宣传有几句真话？”尽管这几位青年发表了上述意见，我们仍然是以礼相待。我们认为，对话双方有不同意见，这并不奇怪。我们3人中的任何一个人，都没有“不让别人发表不同意见”，没有压制和打断任何人的发言，倒是我们的发言几次被打断。

在谈到我国经济情况时，曲啸说：“看到街上跑的尽是外国汽车，我心里很难过，感到我国科学技术水平与生产能力同发达国家相比还有很大的差距。这一事实，应激励我们奋发图强，迎头赶上，希望青年同志努力学习科学技术，把我国经济搞上去，这是历史赋予你们的重任。”后来一位青年在发言中说：“你难过什么嘛！自己没有本事造不出汽车，买外国的有什么不好？”对话的这一内容，《“蛇口风波”答问录》并没有予以充分反映。

我们认为，对于青年人的一些偏激的看法、不正确的认识，该批评的就要批评，这根本谈不到什么“以言治罪”。无原则地迎合青年，看到错误也不指出，甚至明知错了，还要为之捧场，这不是对青年一代真正的爱护，而是不负责任的表现。鲁迅在几十年前就曾严肃地抨击了那种“捧杀”青年的行径，今天有些同志的做法正是被鲁迅抨击过的做法。不能因为发表了与个别青年不同的意见，坦率地批评了某些显然是错误的观点，就被指责为“教师爷的空洞说教”，甚至无中生有地进行人格侮辱。这样下去，谁还敢对青年说真话？我们从来不认为自己是什么“权威”，更不希望青年“迷信”我们。我们渴望的是，和青年一代互相理解、互相尊重、肝胆相照。

那天座谈会结束时，李燕杰做了下述发言（大意）：今天，在双方的发言中有一些不同的见解，这不要紧，相互间可以同意，也可以不同意，但是彼此是有启发的。我很喜欢“海纳百川，有容乃大”这句话，实际上也应该这样去做。一位日本教授曾这样说过，我们日本这些年所走的道路，基本上是美国人走过的道路。如果还有另一条道路，那应当是物质文明高度发达，而精神生活又不失其为人性化的道路。如果真有这样一条道路，我们日本人已经很难成为开拓者了，只有中国人能够开拓这条新的道路。这位日本教授的话，对我们是一种激励和鞭策。我们的特区在物质文明建设方面已经搞上去了，精神文明能否同步前进，这是摆在我们面前的一个很艰巨的任务，这要花费更大的气力，需要几代人持续不断的努力。

当时，许多青年用热烈的掌声表示赞同。除此之外，李燕杰没有讲过其他的话。

关于名片和材料的问题，《“蛇口风波”答问录》中已有说明，但时至今日，某些报刊仍在以讹传讹，所以我们不得不再做如下说明：在会上，彭清一确实问了一位发言者的姓名，并表示第二天在深圳的演讲时要引用他的观点（实际上并没有引用），这位青年给了他一张名片。整个座谈会上，没有任何人质问过彭清一，所以“一

位赫赫有名的青年教育家对质问他的青年说，敢不敢把你的名字告诉我”的说法，是不准确的。座谈会后，随行的同志如实地把对话经过整理成文字材料备忘，是正常的工作程序。当时，蛇口有关同志不是也整理了文字材料，而且还录了音吗?

我们认为，思想政治工作应该改进，应该适应逐步深入的经济体制的改革，但这绝不意味着否定过去的一切。

中央负责同志最近几次强调，现在提出思想政治工作的改善，并不意味着否定我们党长期以来思想政治工作的优良传统，更不意味着否定思想政治工作者长期以来的辛勤劳动和宝贵贡献。我们认为，这才是科学的实事求是的态度。相反的说法和做法，只会使大批思想政治工作者的热情受到挫伤，使党的事业遭受不应有的损失。

《“蛇口风波”答问录》的议论开展一个多月了。其中许多关于加强和改进思想政治工作的意见，我们是赞成的，我们也是努力这样做的。当然，坦率地说，我们对有些意见是不赞成的。特别是个别文章的一些不够实事求是的说法。比如一篇文章中说李燕杰给留学生演讲时谈到“爱，就是忍受而无怨言”。据了解，他在任何一次演讲中都没有说过这样的话。再比如，有的文章称曲啸为“驯服工具的典型”，也是不符合事实的。我们认为，不管观点如何不同，尊重事实应该是起码的行为准则。只要我们都有尊重事实、服从真理的愿望和诚意，那么对任何问题都可以找到正确的答案。

彭清一在山东省菏泽师范学校演讲时台上台下坐满了听众

今后，我们仍然要一如既往地坚持四项基本原则，为加强和改进思想政治工作，为探索新时期思想政治工作和教育艺术的规律，为两个文明的建设，做出不懈的努力。

如今，回想起二十年前的这场“风波”，彭清一只是轻描淡写地说“都过去了”，所谓的“风波”不过是人为制造的。对年轻人的这些错误举动和言论，他表示理解，更是相信他们通过教育会认识到自己身上的问题，会成长起来的。而对于自己这次的被误解，他则认为是一次磨难和考验，自己接受。这就是一个伟大的艺术家、思想教育家的宽广胸怀！

其实，这场观念的撞击，即使不在蛇口出现，也必然将在别的地方发生。这是我们古老而又青春的祖国从自然经济、产品经济走向商品经济，从农业文明走向工业文明，从传统社会走向现代社会必然要经历的道德、文化观念的冲击和震荡。在这个过程中，自然会产生一些消极的现象和思想认识，此次座谈会已经有所显露，这让彭清一很担忧。

通过了解中国科学技术大学的情况和这次的蛇口座谈会，彭清一觉得自己身上的责任更加重大了，从此越来越重视青年人的思想教育工作。他觉得这是自己作为一名人民艺术家、一名共产党员的责任和使命。他的新生是从新中国的成立开始的，他目睹了一代又一代青年人的成长，也见证了一代又一代青年人的思想演变和道德、信仰的逐步缺失。但无论在哪里，只要被他“撞”上了，他都要“管”一下，小到公交车上的让座、电梯里的让乘、斑马线上的让行，谁“不道德”，他就会毫不客气地“教训”一番。相信这些青年人会有所领悟吧。

一个社会是否文明进步，一个国家能否长治久安，很大程度上取决于公民的思想道德素质。党的十八大报告还将“全面提高公民道德素质”作为推进社会主义文化强国建设的一项重要任务重点加以论述。在报告稿中，“道德”一词多次出现，彰显了党中央对加强道德建设的高度重视。对彭清一这样有着高度责任感和使命感的老艺术家、老党员来说，他要用行动去证实自己所做的一切是忠于党和人民的，他要继续在全国各地进行演讲、座谈，点醒青年人的心灵。

中南海事件

树语良言

“我是在为党工作，只要我的演讲对党还有用，我就要继续干下去。”一个人存在的价值是什么？就是对社会、对他人有用。

20 世纪 90 年代，面对社会的巨大变革，人们的处境也发生着巨大的变化，一些人的思想不适应新的形势，跟不上新的发展，加上商品经济的竞争和选择机制，使得社会每一名成员都面临着新的机遇和挑战。比如，有的人挣钱了，有的人赔钱了，有的人上岗了，有的人下岗了，等等，这就会产生心理上的不平衡，需要寻求某种精神寄托和安慰，同样也就容易激发出某种新的宗教情感或宗教意识。

1992年彭清一被中国最大的制药企业华北制药厂聘任为高级顾问

这个时候，李洪志便开始宣扬其“法轮功”。他将曾经跟人学过的“功法”，结合泰国舞蹈的一些动作，拼凑成了他所谓的“法轮功”功法，招摇撞骗，更是经过

彭清一在北京朝阳区公安局大会上演讲

一番策划，编制了一套谎言和“法轮大法”的歪理邪说，成立邪教组织，散布“地球爆炸”“末日来临”，只有练“法轮功”，“才能消灾避难”“度人去天国”等谎言，还有目的、有预谋、有组织、有策略地向党和政府示威施压，一次又一次地调动大批练功信众频频在一些地方闹事，又是围攻电视台，又是到大学的校园静坐，等等。

1999 年 4 月 25 日，在“法轮功”邪教组织头目李洪志的直接策划、指挥和蒙骗下，1 万多名“法轮功”练习者聚集北京中南海周围，制造了北京“4・25”“法轮功”练习者围攻中南海事件。为了把练习者们哄骗到这次行动中来，李洪志编出了一套说辞：为了“护法”，要站出来求得一个“圆满”。同时要求通过各区县分站把这个意思告诉练习者：为大法修炼争取宽松环境，这本身也是“弘法”和“护法”，大家要自觉参与到“弘法”和“护法”中来；参加聚集行动是个人自愿、个人行为、个人负责。就这样，李洪志利用“师父”“老师”的身份让“法轮功”练习者按照他的图谋行动。这一非法聚集事件，在国内外造成了极其恶劣的政治影响。

得知这个事件，彭清一很震惊、愤怒，在我国社会主义改革开放的伟大事业取得了巨大成就的时候，在全国人民正以昂扬的斗志参与到社会主义现代化进程的时候，在这个汹涌澎湃的历史进程中，居然出现了“法轮功”这样一团虚浮的泡沫，它以自己的泛起和喧嚣，以善良诚实的人们为武器，向我们的社会主义制度和我们建设社会主义现代化的伟大事业，发起了有计划、有步骤的正面进攻，给我们的党和人民造成了巨大的危害和伤害。特别是当他看到记者对练功者的采访时，他更是为善良无知的民众感到难过、痛心。

当时，有记者问这些“围攻”的人：“你们这是在做什么？”来自北京远郊县的一名妇女说，要在这里练功。记者问道：“这哪里是练功的地方？为什么要到这里来练功？”这名妇女无言以对。

此时，彭清一不禁想到，自党的成立，到如今的改革开放，党领导全国人民前赴后继、不畏险阻、顽强奋斗，取得了一个又一个胜利，这都是在马列主义、毛泽东思想和邓小平理论的指导下实现的。而在社会主义制度的光天化日之下，打着赤裸裸的唯心主义旗号聚众闹事的这个“法轮功”，再一次证明了党的指导思想、党的精神是万万丢不得的。

中南海事件后，一场全社会的深入揭批“法轮功”歪理邪说的斗争在全国展开。尽管如此，依然有一些“法轮功”顽固分子，在私下继续欺骗民众，煽动民众。

2002 年 2 月，在境外“法轮功”组织的鼓动下，北京市“法轮功”地下组织部分骨干将 2 月 4 日定为“北京法轮大法日”，积极串联各区县“法轮功”人员，要求他们在这一天集体“发正念”，策划在 2 月 4 日前后到天安门广场等地聚集闹事。幸好北京市公安局行动及时，成功粉碎了本市“法轮功”地下组织 2 月 4 日“北京法轮大法日”的闹事图谋。

然而，“树欲静而风不止”。这是一场没有硝烟的战斗，面对“法轮功”的一再挑衅，政府深感对“法轮功”练习者思想教育的重要性。于是党找到了彭清一。

当时，彭清一腿病发作，住进了医院。医生说再不做手术就要截肢了，需要及时治疗，已经到了不能再拖的地步。

那天，彭清一吃完药，准备睡觉，要为明天的手术养精蓄锐。这时，中直机关党委的领导打来电话说：“现在反对分子闹得很厉害，明天早上 8 点半需要给他们做一场演讲，我们觉得你很热诚，非你莫属。”突然接到这样的电话，彭清一一愣说：“我在医院呢，明天要做手术，如果不做的话就要截肢了。”对方沉默了一下，说：“还是做手术重要，这件事再商量吧。”彭清一连忙说：“给我半个小时的时间考虑一下。”

挂上电话，“临危受命”的彭清一躺在病床上深思起来，眼前不禁浮现出那一个个被“法轮功”摧残的生命，那一个个被“法轮功”肢解的幸福家庭。他想：党在与“法轮功”的斗争中，需要我彭清一的演讲，正是自己发挥作用的时候，党的召唤就是一个战士冲锋陷阵的时候，自己的病痛再大也是小事，共产党员平常的时候要看得出来，关键时候要站得出来！对他而言，责任重于一切，而责任就是对党的忠诚，对自己事业的敬重，对命令的服从，对荣誉的珍惜。终究高度的责任感和使命感，让彭清一决定先放弃手术，去演讲。于是，他连夜做通医生、护士的工作。

第二天彭清一带着伤痛毅然决然地走上讲台。刚上讲台，没有人理会他，对他视而不见。虽然来之前已经做过种种不好的预想，但是真实地面对如此的“冷场”，彭清一还是有点忐忑，但是他立马对自己说：彭清一啊，你今天是背水一战，今天这仗打不胜，从今以后不当共和国的演讲家了，回家跟老伴儿过日子吧。

彭清一艰难地扶着桌子，饱含深情地说道：“青年朋友们，说你们今天开班了，想请我来发表演讲。我很愿意来，今天这个时候，我本来应该躺在医院里做手术，但是因为你们我来了……”仅仅过去15分钟，台下便是一片抽泣声。两个多小时的演讲里，彭清一的话深深地触动了痴迷“法轮功”练习者的内心世界，对自己的行为和“法轮功”组织的行为开始了新的思考，他们把彭清一团团围住，纷纷痛斥“法轮功”的滔天罪行。

两个小时的演讲后，彭清一再也无法站立，大家便把他扶到沙发上休息，再含着泪把他抬上车，送到医院。但是当天晚上彭清一的嗓子已经说不出话了，发高烧了，血压也升高到了190MP，医生说这种情况不能做手术，手术被推后一周，他不得不忍受着病痛，再煎熬一个星期。

这次的演讲，使一些“法轮功”练习者终于在反省中认识到了自己看法的片面和偏激，认清了法轮功组织的说教是一种邪教思想，并彻底与之决裂。后来，他们知道彭清一的情况后，每人写一封信，党组织破例允许他们到医院看望，可以说，这些人是真正地被彭清一的思想和精神净化了。

手术后，这些转化过来的“法轮功”练习者找到彭清一，拿出几千元钱，表示对他的感谢。虽然此时彭清一急需用钱，但他一分都没收。他真诚地说道：“我是在为党工作，只要我的演讲对党还有用，我就要继续干下去。”他的这份真诚和忠诚，他的这种信仰和坚定，再次教育了这些“法轮功”练习者，引得他们纷纷落泪。

通过这次特殊的演讲，彭清一认识到对绝大多数不明真相的“法轮功”练习者，党和政府并没有放弃他们、抛弃他们，而把他们看作迷途的孩子、患病的亲人，用自己的行动和作为，和风细雨般地滋润他们干涸的心田，像园丁修剪病树的枝条，对他们进行真诚的帮助、耐心的教育和深及灵魂的挽救。而“法轮功”之所以在一些地方猖獗、盛行，不少党员甚至老党员、老干部也被蒙骗，根本原因就是这些人在世界观、人生观、价值观上陷入迷茫和混乱，理想信念产生动摇。他很荣幸自己能够为党的这一伟大任务，尽自己的一份绵薄之力唤起大家的良知、信念和希望。他相信只要认真学习，用强大的思想武器武装我们的头脑，就一定能够把揭批李洪志及其“法轮功”的伟大斗争进行到底。

如今，通过党和像彭清一这样许许多多社会各界人士的努力，很多曾经饱受邪教折磨的“法轮功”练习者，已经摆脱了邪教的桎梏，重新走上了健康的人生轨道。“法轮功”似乎“尘埃落定”，但是让“法轮功”“发酵”的土壤并没有根除。

当今在中国城市街头的不少地方，我们依然能够看到不少神汉、卦师，像模像样地身穿“道袍”或“袈裟”，手持罗盘、卦书，大模大样地公开诓你看相、问风水。许许多多城市还有“算卦街”与“占卜巷”一类的市场。有的人甚至连探亲访友、出门购物也要占卜问课……

种种的社会现象让彭清一认识到当今的中国人在归属、尊重和个人理想等方面的需求是缺失的，加强思想政治工作，以科学的思想武装人们的头脑，是一场严肃且持久的工作，他不能懈怠，他要以更大的热情和激情在讲台上奋斗，浇灌出人们积极、健康的心灵之花。

为航天英雄饯行

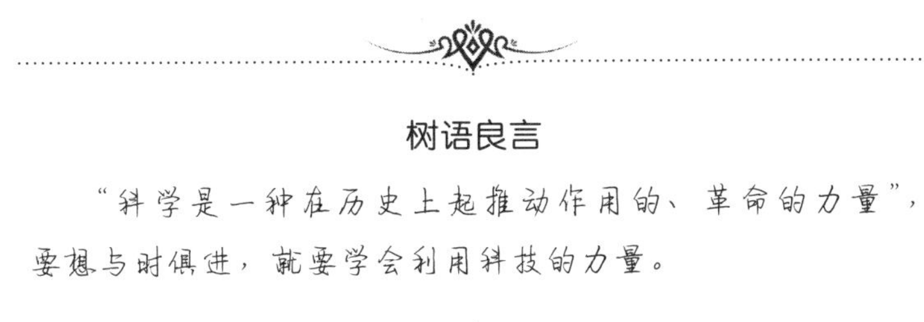

树语良言

“科学是一种在历史上起推动作用的、革命的力量”，要想与时俱进，就要学会利用科技的力量。

伴随着岁月前行，彭清一的生活也变得更加绚烂多彩，他和伟大的祖国一起进入了一个新的时代——太空时代。人类自然科学让他知道在50亿年或更长的时期中，地球形成了，在300万年或更长的时期中，人类形成了，然而人类历史还不曾有过像今天这样令人惊讶的进化，人们正在谈论着不可思议的话题：登月宇宙飞船，载人航天技术，探索宇宙的能源，探索外太空生命……我们正在认识一个崭新的无边无际的世界，不单要从现在的这个现实世界，而且更是要以无法估算的距离，从神秘莫测的宇宙来论述事物，这一切都将成为人类有史以来最扣人心弦的梦想与升华。

近代几个世纪先进的科学技术水平从来都属于西方发达国家，到了现代，美国和俄罗斯已经相继开发出了飞机、卫星、航天器……中国的航天事业才刚刚起步。深深明白科学的发展代表着国家和人民的整体利益与长远利益的国家领导人，终于在1956年带领中国人民开始发展航天事业，经历了艰苦探索、配套发展、改革创新和走向世界等几个重要时期，中国航天事业在世界终于享有盛名了。

如今面对中国航天事业所取得的成就，彭清一心里激荡的始终是：责任、荣誉、国家，这是伟大的科学家们怀揣着报效祖国的赤子之心，以高度负责、无私

为航天英雄杨利伟、费俊龙、聂海胜等14人升空前做动员演讲

奉献、努力拼搏的伟大精神，让中国航天事业在世界崛起，让全世界对中国竖起了大拇指，这份荣耀是属于科学家的，是属于祖国的。对这些航天科技工作者，彭清一怀有深深的敬意，渴望着能够走近他们，了解他们，和他们来一次深刻的交流。而他的这个愿望，终于在2003年实现了。

2003年，对中国来说是具有历史意义的一年，对中国人民来说是最激动人心的一年，对彭清一来说是最难忘最振奋的一年。

5月16日，“神舟五号”发射之前，彭清一接到宇航员杨利伟所在部队的热情邀请，要他为14名宇航员和1000多名高级工程师、设计师做一场专场报告。接到这样的邀请，彭清一激动万分，怀着高度的责任感、使命感和对这些科技工作者的敬佩之情，他非常认真地准备了这次的专题演讲。

那天，彭清一近三个小时的声情并茂、极富感染力的演讲，使整个会场沸腾了，他以一名艺术家的激情、思想以及丰富的切身体会，震撼了在场的每一位人员；他以自己生动的语言、坎坷的经历、病残的身躯、强烈的责任感和使命感，阐释了他对党、对祖国、对事业的赤子之心，感染了在座的每一位科技工作者，引起了他们强烈的共鸣；他以“把每一次演出都当成第一次演出”“把每一场演讲都当成第一场演讲”的态度和精神，演绎了什么是认真负责，什么是精益求精，什么是开拓进取，激情呼唤着高度负责、认真、进取的工作态度，激励了在座的每一位科技工作者。一位老科学家听完演讲后，感慨地说道：“彭教授讲得太好了！他表达了我们这一代人的追求，我仿佛又回到了年轻的时候。”

演讲结束后，杨利伟、费俊龙、聂海胜等14名宇航员集体登台对彭清一致以军礼，科技工作者们也纷纷上台和他握手，合影留念。为了表达对彭清一的感激之情，他们还专门给中央国家机关工委呈报了感谢信。

对彭清一来讲，这14名宇航员冒着生命危险，带着国人的梦走向宇宙，诠释了中国男儿的含义，为国增添光彩，中国的英雄是他们！这些科技工作者，是一心一意为着祖国航天做贡献的人，他真心地佩服他们！他能以自己的演讲，以自己的绵薄之力，给这些英雄这些无私奉献的科技工作者，做一次思想“动员”，给他们带来一丝坚定的力量，是莫大的荣幸。这一天他是骄傲的，为自己，为英雄，为伟大的祖国。

10月15日，深秋的大漠，寒意袭人，但是彭清一和千千万万的中国人以火一样的热情，守在电视机前，见证这历史性的一刻。这一刻，中华民族已等待了千年。

酒泉卫星发射中心的“问天阁”广场，已经站满送行的人，曾经和航天员朝夕相处的专家、教练来了，捧着鲜花的少先队员来了，拿着乐器的军乐队来了……大家怀着无比激动的心情和一个共同的期待，为英雄们送行。

为航天英雄杨利伟、费俊龙、聂海胜等14人升空前做动员演讲后上台合影

身穿乳白色航天服的杨利伟出现了，紧随他身后的是身穿蓝色训练服的航天员聂海胜和翟志刚，人群沸腾了，爆发出热烈的掌声。

首飞航天员梯队由杨利伟和聂海胜、翟志刚组成。在此之前，他们按照首飞任务计划完成了综合性演练。飞船发射前，任务指挥部研究决定，首飞任务由杨利伟担任。

杨利伟铿锵有力地说道："总指挥同志，我奉命执行中国首次载人航天飞行任务，准备完毕，待命出征，请指示。中国人民解放军航天员大队航天员杨利伟。"

载人航天工程指挥部总指挥李继耐庄重地下达命令："出发！"

"是！"随着杨利伟标准的军礼，中国第一代航天员的夺人风采，定格在记者们的镜头里，定格在千千万万的中国人心目中，定格在共和国的航天史册上，定格在人类征服太空的篇章中。

杨利伟出发了，带着中华民族"飞天"的千年梦想出发了，人们的心也揪了起来，对杨利伟来说这次伟大的旅行只有两条路，而成功与失败却关乎着生死。彭清一深深为之担忧的同时，也被杨利伟那种大无畏精神感动、折服了。

终于，在全中国人民忐忑的等待中，神舟五号的返回舱顺利降落在了内蒙古，举国上下欢呼雀跃。从加加林第一次太空飞行到阿姆斯特朗登月成功，从航天飞机横空出世到多种空间站问鼎苍穹，40 多年时间，前苏联、俄罗斯和美国已先后进行 240 次载人飞行，把数百名航天员的身影印在浩瀚太空。今天，中国人也飞向了太空，成为世界载人航天俱乐部的第三个成员，这是中国人民的航天事业的伟大进步。

中国航天事业是在基础工业比较薄弱、科技水平相对落后和特殊的国情、特定的历史条件下发展起来的。中国独立自主地进行航天活动，以较少的投入，在较短的时间里，走出了一条适合本国国情和有自身特色的发展道路，取得一系列重要成就。这让彭清一和其他许许多多的中国人深深感受到了国家的强盛和希望。

如今，中国在卫星回收、一箭多星、低温燃料火箭技术、捆绑火箭技术以及静止轨道卫星发射与测控等许多重要技术领域已跻身世界先进行列；在遥感卫星研制及其应用、通信卫星研制及其应用、载人飞船试验以及空间微重力实验等方面均取得重大成果。高强度、高密度、高成功率，更安全、更环保、更经济，中国的空间探索能力令世界叹服。而这一切都是在党领导下的新中国实现的。

见证了新中国成长的彭清一不禁把 20 世纪科技落后的旧中国和这个日新月异的新中国对比了起来，那时的中国不能造汽车、飞机、精密机器……甚至连老百姓的日用品都要从外国进口，因此许多东西都带一个“洋”字，火柴叫“洋火”，水泥叫“洋灰”，煤油叫“洋油”……彭清一是出生在矿区的孩子，他忘不了自己第一次见到卡车的震撼，他更是目睹了在当时的技术和条件下，很多矿产没有开采，被日本侵略者开采的情景。他为那个时代的中国感到悲哀和无奈。但是在党领导下的新中国改变了这种局面，成功研发原子弹、氢弹、人造卫星、导弹、核潜艇、杂交水稻、大型喷气客机、铁路机车、现代海船、微电子、卫星回收、高性能航空发动机、人工合成结晶胰岛素、建成下水的高科技“远望号”系列船（其技术高度至今难以逾越）……创造了无数第一。从现代技术几乎为零到接近世界先进水平，工业和科技成就超过了中国以往几千年的总和，2015 年，我国科技进步贡献率达 55.1%，国家创新能力世界排名提升至第 18 位。

如今，生活在这个被高科技包围的时代，彭清一深刻地认识到这全都是科技工作者顽强奋斗、无私的奉献所取得的成果，是劳动人民智慧的结晶，是中国人民永远的骄傲。

“责任、荣誉、国家”，他的脑海中永远挥之不去这三个词，他要向了不起的科技工作者致敬，向伟大的党和祖国致敬，更是要以自己的实际行动把这种精神撒播到更多人的心中。

马克思、恩格斯认为“科学是一种在历史上起推动作用的、革命的力量”，科技兴国是中国走向昌盛的唯一途径。将科技与人才相结合，唯有以科技为支撑、人才为引领，才能铸造国家强盛之基，实现中华民族伟大复兴的中国梦。

问鼎“终身成就奖”

树语良言

我们都知道具有伟大的理想，出以坚定的信心，施以努力的奋斗，才能有惊人的成就。然而，喷泉的高度不会超过它的源头，一个人的事业也是这样，他的成就绝不会超过自己的信念。

自20世纪80年代以来，彭清一始终拖着病残之躯，在几千场的演讲中，在各省市机关、学校、部队、私人企业、工厂、农村甚至监狱都留下这位残疾艺术家的身影，彭清一的足迹遍布全国几十个省、自治区、直辖市，他的听众中，上

南京教委组织演讲

至党中央国务院领导，下至工人、农民、解放军战士、大中专学生，还有劳教人员……每位听众都被彭清一精彩的演讲深深打动。他是用心灵呼唤心灵，用生命燃烧生命，把伟大的精神传播到社会的每一个阶层。

江西省党校欢迎时情景

1988年4月，在为文化部机关干部做一场报告时，主持大会的文化部长王济夫在报告会后给彭清一写了一封信，这使曾在文化机关工作过的彭清一深深感受到“娘家人”给予他的厚爱和温暖。王济夫在信中还这样说道：“在新的历史时期，把政治工作的朴素道理赋予情理之中，是个突破，难能可贵。这一点对于我们各级领导，尤其是搞政治思想工作的干部，不是很有启迪吗？”

江西省党校，全国八百企业家聆听彭清一演讲，深受激励，48名企业家上台行大礼示谢

之后，彭清一像一团火，温暖着千千万万干部的心。在湖南省直机关礼堂、在辽宁外贸大会议室、在农业部机关……彭清一连续三四个小时的演讲，讲理想、追求、奋斗、牺牲，讲他的恋爱、婚姻、家庭，讲对党、对人民、对祖国真诚的爱和对社会上消极腐败现象的愤慨，讲出了他对国家民族未来的信心，无一人走动，无一人瞌睡，没有人上厕所。彭清一雄辩流利的语言时而严肃深沉，时而慷慨激昂，赢得成千上万名观众的阵阵掌声。邀请过他做报告的单位纷纷向他本人、中央歌舞团和文化部写来感谢信，表达敬仰之情。

江西省党校演讲后大家排队欢送情况

在皖北矿务局百善矿内与矿工亲切交谈

皖北矿务局一位党员干部说："作为中国青年思想教育研究中心研究报告员，彭清一教授的演讲真的别具一格，大家听了他的关于'理想·事业·信念'的报告会后都激动万分，也更加坚定了对党的信念。相信，在今后的工作中，也会更加尽职尽责。"

湖南省常委宣传部长文选德说："彭清一教授拖着伤残之躯，站着演讲三个小时，这种精神十分可贵。他的报告洋溢着对党的一片赤诚，对祖国深切的爱，给我们上了一堂非常生动感人的爱国主义教育课。"

一位年轻干部说："领导派我来听报告，原准备中途开溜的，没想到彭教授的演讲那么精彩，从一开始就把我吸引住了，真是难得的精神享受。"

农业部机关党委负责同志给彭清一写信说："报告引起的强烈反响，不但震撼了会场上直接聆听的人们，也震撼了观看您的演讲录像的我部在京近万名职工。党的思想政治工作需要您，人民需要您。"

一位党员感慨地说："没听到报告以前，觉得爱国主义是个老话题，谁知听后耳目一新。彭教授不是演讲，而是在和我们促膝谈心，没有一句假话、空话，他身残志坚，为国拼搏的事迹使我们流下了激动的泪水。"

……

彭清一通过自己的报告，把爱国主义这面鲜红的旗帜牢牢地插在了上至中央机关下至省市机关许许多多干部的心中，使他们更加热爱祖国、热爱人民。一位名叫刘异云的听众曾当场写下了一首名为《共鸣》的诗，代表了干部们的心声：

……
我们更清醒了，
我们更觉悟了，
我们更团结了，

在学院演讲

我们更振奋了！
我们更加热爱我们的祖国，
我们更加加劲儿地建设我们的祖国——
中国共产党领导带来伟大的中华人民共和国，
全世界的人们将会看得到
马克思、恩格斯、列宁、毛泽东
的科学预言，
将一定会实现：
死亡的是谁？
胜利的是谁？

青年是任何一个社会中最有活力的群体，谁掌握了青年，谁就掌握了未来。而大学生又是青年群体中的骄子，作为全国思想教育研究中心报告员之一的彭清一，把更多的热血和精力倾注在了青年大学生的身上。

然而，做过思想政治教育工作的人都知道，给大学生们做思想教育往往是最

难、最令人头疼的，他们思维活跃，思想开放，知识面广，敢于创新，接受新事物快，但又年轻气盛，加上对历史的不了解，看问题往往比较偏激和极端。就像人们戏谑说的那样："开会的时候，他们像猴子的屁股，坐也坐不住，一些青年更是像老虎的屁股，摸也摸不得。"但是彭清一不这么看，他相信自己。于是，清华大学、南京大学、攀枝花民盟大学、江苏工学院、镇江船舶工程学院、安徽医科大学、上海同济大学、四川重庆大学、山东大学……都留下了他的身影。每次演讲，忘我的听众与彭清一完全交融，彭清一声音哽咽、双泪长流，全场也一片难以抑制的抽泣；话到浓时，彭清一一声呐喊，应和的掌声如夏日滚雷震人肺腑。

事实也说明，他以一个共产党员的高尚情操，一个艺术家的灼人风采，一个儿子对母亲的赤诚，一个长辈对晚辈的期盼，使这群天之骄子折服了，倾倒了。

在攀枝花民盟大学做完报告后，92 级学生杜弟林跪在台下，咬破手指用血写道："彭教授，我将永远记住您的话和精神！"

一位同学听完彭清一的演讲后动情地对他说："我从不流泪，今天流了。我从不请人签名，但是今天听了报告很受感动，一定要请您签名作纪念。"

上海化工学院石油加工系的三好生韩志国听了他的报告后说："今天将是我一生中的重大转折。"为了表达他的敬意，他把一枚三好生证章别在彭清一的衣服上，表示要和他做个"忘年交"。

在镇江船舶工程学院，彭清一单腿跪下请大学生别浪费时间好好读书，热情的大学生为之垂泪。

在四川重庆大学演讲后，热情激动的重大学生，连夜采访，编稿，并制作了一盒录音带，第二天送给彭清一做纪念。

彭清一在山东大学一万人演讲现场

在山东大学，还发生了戏剧性的破坏事件。当时，师生一万人坐在操场上听彭清一教授演讲，不时响起的雷鸣般的鼓掌，引起了学校院墙外面人们的注意，大家不知道是怎么回事，看不见人，也听不清里面在讲什么，随着人越聚越多，以及不断响起的掌声，大家越来越着急，这时人群中不知道谁喊了一声："一、二、三,一起来！"只见一面墙就在大家的"努力"下，倒掉了。然后，几百人一起走进墙内，站在那里听彭教授演讲。

……

每次演讲结束，师生们纷纷上台请彭清一签名、合影留念，在他的号召下，有不少大学生递交了入党申请书，他更是把这种精神传播到了海外。

一二·九运动纪念日，彭清一应邀到清华大学做演讲，两小时的报告，鼓掌32次。当时，尤其让彭清一感动的是，在北京大学留学的两位日本专家专门给彭清一递上了日本生产的治疗嗓子的药，并且和他合影留念。其中一个名叫伊井建一郎的人说："我今天是第三次听您的报告了，今天我早早就坐在这里等候，您的报告十分感人。"彭清一对他说："我今天报告内容必须揭露当年日本军国主义的侵略，日本人民是我们的朋友，而日本军国主义是中国的敌人。"伊井建一郎点头称是，并提出要彭清一有机会到日本演讲。后来伊井建一郎在日本的《中国研究月报》发表文章，把彭清一介绍给了日本人民。

最让彭清一感动的还有一对重庆大学的教授夫妇写给党委一封信，说："有生以来，我们听了报告不下百场，然而彭清一同志这场报告，确实以信仰忠诚缠伴着自己的生命，在为共和国、为党、为人民呐喊。因为如此真情实感，勇于坚持真理，鲜明地捍卫自己的信仰，在当今实属难能可贵了。因此，他不但征服了两万名听众，而且也使我们这对从事教育工作几十年的老同志感动得潸然泪下，从中悟出不少道理。唯一的希望是通过党校转达我们对彭清一教授的关切之情，望他保重身体、爱护嗓子，因为他既属于他的亲人，也属于祖国、属于青年、属于我们、属于未来……"

读到这封信时，彭清一泪水情不自禁地流淌下来：这代表了多少教授对自己的关切和期望，又是多少教授对自己的重托啊！他感觉自己身上的责任更重了。

由于自己是从战火硝烟中走过来的人，见证了八路军、解放军为新中国，为我们今天的生活所做出的奉献和牺牲，彭清一对八路军、解放军有着一种特殊的情感，没有他们就没有祖国的新生和他的新生，他热爱他们、敬仰他们。成为演讲家后，他把去部队演讲看成是自己的分内之事、应尽之责。

彭清一不会忘记，一次随着北京艺术家在为老山前线将士进行慰问时，当他和其他艺术家看见有的战士双目失明，有的失去胳膊或腿，哽咽得说不出话时，共和国的这些卫士却平静地说："保家卫国是军人的天职，我们别无所求，只求人们理解就足够了。"朴实得不能再朴实的话语，深深烙进了彭清一的心灵。

于是，国防大学、总参谋部、装甲兵工程学院、总参大学生训练队……只要是人民子弟兵，他都有求必应。他深切地感受到人民解放军是一支威武之师、文明之师、正义之师，他没有理由不竭尽全力为之服务。当他在讲台上激情、深情地和战士们讲理想、拼搏、奉献，讲爱党、爱国、爱民时，战士们则以庄严的军礼和整齐的军容作为对他的最好回报。

一位战士听完彭清一的报告后，把自己荣立的三等功奖章送给彭清一，感谢彭清一对人民军队的信任和理解。

一个学员说："在一个有着坚定的马列主义信念和高尚人格的人面前，你会不由自主地向真理靠拢，浑身充满了希望和力量。"

一位名叫陈义军的学员讲："我们的军队是党领导下的军队，作为伟大军队中的一员，我们有责任贡献一切。装甲兵是保卫祖国的钢铁长城，而我们正是城墙上的一砖一瓦，建设长城我们有责任，抵御外敌我们有义务。彭清一教授的思想，就是我们奋进的路标。"

装甲兵工程学院冯少武将军说："他面对'八面来风'，忠于自己的信仰，恪守共产党员的道德标准，以马列主义、毛泽东思想和邓小平理论为武器，以自己曲折坎坷的人生经历为佐证，从理论与实际的结合上，深刻而有力地回答了青年教师和学生所关心的立身、做人、创业的难点、热点问题，提高了政治敏感性，激发了爱国主义热情，增强了责任感和使命感，为绿色军营增添了一抹浓重而富有朝气的颜色。彭清一教授的报告，像阵地上的号角，激励全体将士拼搏沙场。当祖国屹立在世界民族之林的时候，我们能够说，我们把自己的青春和热血全部奉献给了祖国和人民，我们问心无愧。"

有 780 名战士，以军人特有的授勋仪式，把一面签满了名字的大红旗送给彭清一，上面写着 12 个大字："祝彭教授身体健康、万事如意。"

就这样，彭清一高擎着为事业为祖国献身的大旗，在军营里播撒爱国主义、集体主义、社会主义的火种。

彭清一曾是大学生，曾是干部，是党员，是艺术家，也是“社会人”。面对市场经济这一把双刃剑的负面影响——腐蚀着人的心灵，污染着社会风气；面对一些人沦为金钱至上、拜金主义的奴隶，甚至腐化堕落，他痛心疾首，拍案而起，他要有所作为。于是，他奔走各个企业，天津友谊宾馆、江苏和燕宾馆、白鹭宾馆、玄武饭店、北京蓝岛大厦……说爱国、论拼搏、话人生，为中国特色社会主义的精神文明建设贡献自己的一份力量。而他的报告，也在各个企业激起了众多员工心中的层层浪花。

一位服务员在《从一个老人身上得到的启迪》一文中说：“这位老人因伤残结

1995年5月彭清一到南京演讲，200多名学员穿着印有“彭清一欢迎你”红色字样的T恤到车站迎接，彭清一很感动，演讲后他在总经理许宏亮陪同下为南京白鹭宾馆题词

束了自己从事了36年的心爱的舞台生涯时，没有被挫折吓倒，却在黄昏之年仍以如此热烈执着的真情去描绘绚烂的夕阳，而我们这些跨世纪的年轻一代又该如何去做呢？怎么样在市场经济条件下，在金钱万能、权力至上的错误思想面前，摆正位置，体现自我的价值，实现自我价值与社会价值的完美统一，做一个对社会对他人有用的人呢……我们应该抵制和摒弃消沉颓废的人生观，用健康积极的心态去对待工作，对待生活，为自己找寻一个可以支撑起来的支点……”

南京白鹭宾馆前厅主管高燕说：“……当我们开始做一件事时，就深深地记着彭教授的教诲‘在做任何事情离不开认真二字，工作如此，生活如此，做人如此’。可以讲，认真就是做人的根本，没有认真绝对一事无成。遇到挫折时，不要发牢骚，不要埋怨，每天清晨起床都该想想：我自己还能为这个集体做些什么？彭教授一生的挫折比我们多，但是他在与挫折的斗争中站了起来，争得了新胜利，这种精神将激励我毕生去奋斗……”

蓝岛大厦总经理兼党委书记、著名企业家李贵保同志激动地说：“彭教授在台上谈笑风生，充满活力地演讲，使我们仿佛看见了他当年在舞台上叱咤风云的身影，看上去哪里像年过花甲的老人。他的演讲是一堂生动的政治课，是一曲荡气回肠的理想之歌，他是用生命铸造灵魂的人，用生命谱写壮丽诗篇的人。”

……

如果把建设中国特色社会主义当作一只腾飞的鹰，一辆滚滚前行的车，那么，物质文明和精神文明就是鹰的双翅，就是车之两轮，缺一不可。如果中国现代化的发展，只是追求物质文明，以精神文明的落后为代价，那是十分可悲的，更是危险的。彭清一举着坚持改革开放和坚持艰苦奋斗的两面旗帜，走进企业，用自己的实际行动和力量，告诉千千万万的人们：生活在现代社会中的人应该是大写的、立体的、无私的，而不能是庸俗的、自私的、无所事事的。

“位卑未敢忘国忧”，彭清一始终未曾忘记那些深陷囹圄的失足之人，在他看来，在中国的土地上，只要树立起理想和信心，重新做人，高墙电网内的失足孩子们依然可以为国家为人民发光发热。于是，他开始用生命之火去点燃那些失足者的新生之路，去温暖他们那颗冰冷的心，去矫正他们那扭曲的污染的灵魂。他到过北京东城区公安分局看守所，到过河南省第五监狱，到过甘肃兰州监狱，到

在监狱给女服刑人员演讲

过江苏句东劳教所……

特殊的场合，特殊的演讲，彭清一用自己平平常常、认认真真、尽心尽力、无愧无悔的经历，说真话，讲真事，打开了这些失足者的心扉。他说：“人，在中国文字结构中，笔画十分简单，不过撇、捺两笔画而写就。可是，不知你们想过没有，正是这简单的两笔，缺去一划，会是什么结果？它就倒下去了，就不是人了……”“一个人要有人格，要有志气，要像人那样活着！望着你们一张张可爱的面孔，我很心疼，你们都是我的儿子、女儿，你们能改好吗？”……台上，言者谆谆，发出爱的呼唤；台下，听者泣泣，荡起情愫波澜。

一位女服刑人员泪流满面地抓着彭清一的手呜咽地说：“彭爷爷，请您放心，我会用这双腿站立起来走出这扇大铁门的。”

河南省第五监狱的学员杜爱枝说：“……我常常夜里苦苦思索，做人到底该有什么样的目标和追求？人生的意义和价值又是什么？在听了彭清一教授的演讲后，震动很大，找到了答案。想想人家，看看自己，我在人生的旅途上跌了一跤，但我从今以后绝不再一蹶不振，要像彭教授说的那样‘在哪里跌倒，就从哪里爬起来’，我不能消沉，要从彭教授身上汲取感人的力量，学习他的奋斗精神，争取做一个对国家对人民有益的人……”

一位劳教人员在《我最珍爱的一张纪念卡》一文中写道：“我有许多美丽别致的纪念卡，而最珍爱的是彭清一教授送给我的那张，我要让它永远陪伴我。‘国家的未来需要年轻人坚定地站起来’，将激励我抬起头，走出歧途，抵达美好的彼岸。”

兰州监狱为服刑人员演讲被聘为高级顾问

在兰州监狱，一名服刑人员听了彭清一的演讲，突然跑上前来，警卫吓了一跳，端着枪跑过来紧张地问："你想干什么？！"没想到这名服刑人员突然在彭教授面前跪下了，含着泪说："彭教授，谢谢您！如果三个月前我能听到您的演讲，我可能就不会进来了！"

……

泪水是对过去肮脏灵魂的洗涤，掌声是对心灵呼唤的回应，彭清一那诚与美的呼唤，情与爱的渗透，像春风，似甘露，如惊雷，震撼着麻木的心灵，洗涤着污浊的灵魂。而这特殊的场合，特殊的演讲，更是让彭清一认识到，服刑人员也是人，既然是人，我们就有教人育人、使其改过自新的责任。面对这些犯了罪也思改过的人群，彭清一意识到对教育工作者而言——路漫漫，重任在肩！

就这样，彭清一这位华夏真正的演讲家，以其独特的艺术魅力，走进了千百万听众的心中。

由于彭清一在思想教育工作中取得的巨大成就和突出贡献，1989 年被中宣部、团中央授予"全国优秀青年思想教育工作者"的光荣称号。1900 年获"铸魂

第五次获得中央国家机关暨文化部优秀党员时文化部记者摄影

杯金奖”。1991 年获北京市委举办的《灵山杯》演讲特别奖。1900 年、1992 年、1994 年、1996 年、1998 年彭清一连续五次被评为中央国家机关暨文化部优秀共产党员，受到江泽民、李鹏、丁关根等党和国家领导人的亲切接见，他是文化部 5000 多名党员和中央国家机关党员中唯一的“五连冠”。1999 年，被离退休中心授予“老有所为贡献奖”。2003 年，荣获“中国老年新闻人物”奖杯与称号。2004 年在北京人民大会堂被授予“中国演讲界终身成就奖”；随后又被第五届学

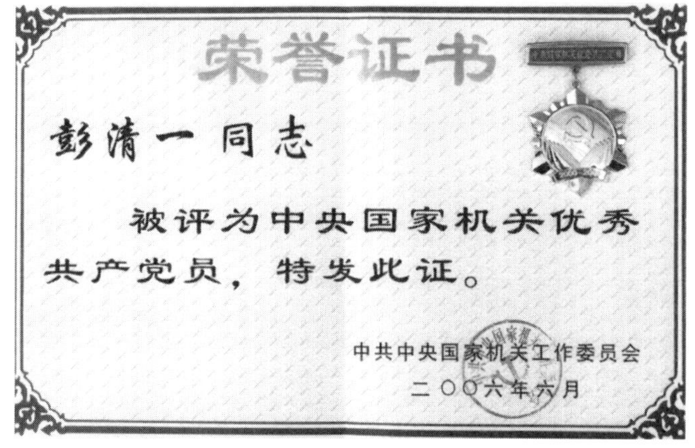
荣誉证书

彭清一同志

被评为中央国家机关优秀共产党员，特发此证。

中共中央国家机关工作委员会

二〇〇六年六月

2006年被授予“中央国家机关优秀共产党员”荣誉证书

荣誉证书

彭清一同志：

鉴于对中国智慧产业所做出的突出贡献，经专家组评议通过，特授予“中国演讲界终身成就奖”。

二〇〇四年十一月二十日　北京·人民大会堂

2004年11月20日被授予“中国演讲界终身成就奖”

习型中国－世纪成功论坛组委会评为“教育培训行业终身成就奖”。此外，他还是政府特殊津贴享受者，中华教育艺术研究会副理事长，中国青年思想教育中心研究报告员，183所大学的兼职教授，几十家大中型企业的高级顾问。2006年，他荣获“中国十大老年新闻人物”称号，国家特殊贡献的专家和享受国务院津贴，还多次获得文化部、中央国家机关优秀共产党员等荣誉称号。2011年又被评为“全国演讲教育艺术终身成就奖”。

被第五届学习型中国世纪成功论坛组委会评为“教育培训行业终身成就奖”

终身成就奖是在一个颁奖典礼中对为某行业做出重要贡献并得到广泛认同的人所颁发的奖项。全国演讲教育艺术终身成就奖是中国演讲教育艺术领域内一项含金量极高的权威奖项，由权威专业委员会评定中心评审。彭清一能获得这样的荣誉，不仅说明他在教育领域的卓越贡献及在演讲方面的深厚造诣，而二者的结合更是到达了艺术的至高境界，这是多少演讲家的梦想和追求。他用自己高超的演讲技巧和高尚的灵魂，演绎了一曲摄人心魄的演讲艺术，带给人心灵的震撼和觉醒，其意义伟大而深远，也正因为如此，他摘得了这个奖项。

每当谈起自己取得的成就和社会给自己的众多荣誉时，彭清一总是不安地说：“我做的只是一个共产党员应做的一切，离党和人民的要求还有不小的差距，只有发奋工作，无私奉献，才能报答社会各界对我的鼓励和鞭策。”

我们都知道具有伟大的理想，出以坚定的信心，施以努力的奋斗，才能有惊人的成就。然而，喷泉的高度不会超过它的源头，一个人的事业也是这样，他的成就绝不会超过自己的信念。对谦虚的彭清一而言，自己所获得的成就只是自己今后前进的阶梯，是不断鞭策自己的一份力量。

走进中央电视台

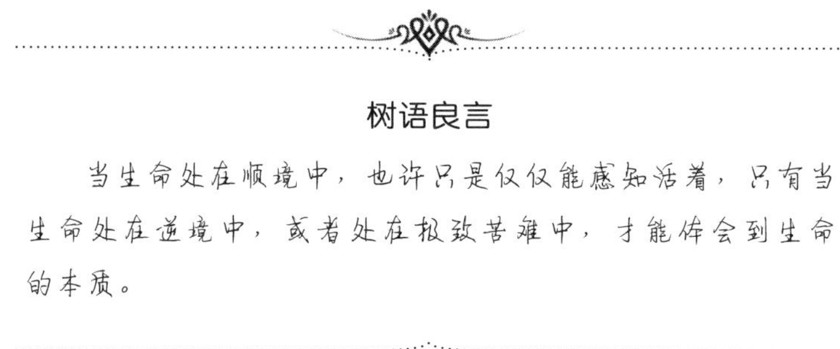

树语良言

当生命处在顺境中，也许只是仅仅能感知活着，只有当生命处在逆境中，或者处在极致苦难中，才能体会到生命的本质。

听过彭清一演讲的人，有的说，他的演讲是一首荡气回肠的抒情诗；有的说，他的演讲是一片照亮心灵的光；有的说，他的演讲是一曲舞动生命的舞蹈；还有的说，他的演讲是一湾甘泉，是一丝和风，是一团圣火……他被新闻媒介称为“净化人类灵魂的工程师”“用生命呐喊的人”“播撒美的使者”。《人民日报》《文汇报》《光明日报》《中国文化报》《中国青年报》《工人日报》等全国性权威报纸及全国各省市的报纸和《共产党员》《思想政治工作研究》《演讲与口才》等众多报刊，以及电视台、电台，都从不同程度不同侧面做过报道。

1993 年 6 月《北京日报》在《播撒美的使者——记演讲艺术家彭清一》一文中写道：“彭清一是播撒美的使者，人民需要这样的艺术家。”

1994 年 4 月《南京日报》在《彭清一在宁演讲反响热烈》一文中写道：“彭教授的演讲始终离不开理想、追求、奋斗、牺牲，他讲他的恋爱、婚姻、家庭，讲对党对人民对祖国的真诚的爱和对社会上消极腐败现象的愤慨，讲他对国家民族未来的信心，他以亲切生动的现身说法讲解出深刻的人生哲理，让人们去思考，给人们以启迪。人们赞誉他是‘净化灵魂的工程师’‘播撒爱的使者’。”

1994 年，中国香港《国际经济贸易导报》在《大陆之星》栏目以《燃烧的痴情》为题，对彭清一做了专题报道和宣传。记者韩金瑞写道：“演说家彭清一时而高亢抒怀，时而缓缓低吟，时而纵情高歌……魔术般地带着听众走进他那曲折的人生，体味一位奋斗者激动人心的坎坷意蕴，热烈的掌声一阵高过一阵。在中华大地上形成了一股‘彭清一’风。”是的，他走到哪里，哪里就会随之刮起一股“彭清一旋风”，形成一种“彭清一现象”，引起一场“彭清一效应”。

1995 年《税务报》第 213 期，发表文章《彭清一坦言爱国爱党——年富力强到国外，七老八十回国内，这是爱国》，文章中说：“整个下午三个多小时的报告会，全场竟无人走动，这在省直机关干部的大会中是很少有的。……这位历尽坎坷的老人，不愿谈到其过去的经历，津津乐道的是他三次受到毛主席的接见，四次受到江泽民总书记的接见，受聘为 123 所高校的兼职教授、400 多家大型企业的高级政治顾问。老有所为，这是他的宗旨。”

2004 年《成功》杂志，对他做了一个专访，并发表文章《中国名嘴——共和国四大演讲家彭清一专访》，彭清一成为当期封面人物。

2007 年《劳动报》第 234 期，发表文章《彭清一：大师在当代社会没几个》，文章写道：“彭清一头顶着‘大师’级别的荣誉，膝下的弟子们也都在各个行业做出了成就，所到之处，都会有人尊称他为‘大师’。不过，彭清一始终没有将自己列入‘大师’范畴，他还时时警醒膝下子弟们，‘你们距离大师还很远’。彭清一告诉记者，大师是老师的领袖，要有大学问、大智慧、大胸怀。‘大师的称号不能乱用。’”

经理日报
彭清一坦言爱国爱党
中国信息报
共和国演讲家
1994年文化部优秀共产党
大力宣传白雪洁事迹
鞍山市文化系统

各大报刊关于彭清一事迹的报道

2008 年《经理日报》第 203 期发表文章《彭清一：用激情和生命呐喊的人》，文中写道：“彭清一无

谈起过往的岁月，彭清一的脸上洋溢着幸福的笑容

论走到哪里，都是用人品吸引人，用人格感染人，为了神圣的使命，点燃生命中的热情与激情。”

2009年《中国文化报》第302期，以《那段激情燃烧的岁月》为题的文章，记录了彭清一一生见证过的新中国文化发展的许多重要历史事件。

2011年在中国共产党建党90周年之际，《银潮》在以《彭清一：为振奋民族精神呐喊》为题的文章中写道：“他是在用生命为真善美、为振奋民族精神呐喊！”彭清一再次成为当期的封面人物。

2014年《陕西广播电视报》第27期发表文章《彭清一用激情成就梦想》，回顾了他充满激情和高度责任感的一生。

此外，北京人民广播电台曾对他做过长篇采访，北京电视台《北京人》栏目对他做过专题报道，中央电视台《正大综艺》特邀他为嘉宾……关于彭清一的报道，可谓不计其数。

通过这些新闻媒介，各大电视台的报道，彭清一把他的呐喊和精神传递给了更多的人，也激励了更多的人。

其中让彭清一印象最为深刻的是1992年中央人民广播电台对他的报道和2010年参加中央电视台《奋斗》栏目的录制。

1992年6月29日，彭清一被邀请到国务院第一会议参加“七·一”座谈会，做了20分钟的发言。主持会议的国务委员罗干同志在总结发言中讲道：“彭清一的发言很好，生动感人，实事求是，我希望中央系统的党员干部要向彭清一同志学习。我还要请你到中南海发表演讲。”这次中央人民广播电台做了现场录音，并在全国新闻联播中播放了4分钟。在全国性的新闻广播中播放一位普通老师的讲话录音还是第一次。这对彭清一来说不仅是荣耀，更是莫大的鼓舞和鞭策。

《奋斗》是2010年中央电视台数字频道重磅推出，百家地方电视台、香港卫视经济台、十大视频网站联合播出的一档大型励志商务访谈节目，每期节目邀请一位成功人士作为主角，同时邀请由营销专家、投资家、知名学者组成观察员现场点评，从不同角度观察、不同层面展现嘉宾的个人性情、商业传奇和精彩人生。彭清一很荣幸成为这个栏目的第63位受邀人。

那天，彭清一偕妻子浦春昭参加了节目的录制。这一期节目的主持人是阿丘（邱孟煌，中央电视台著名主持人），两位观察员分别是国内知名的职业生涯顾问专家戴洁女士和团中央中国杰出青年杂志的副总编翟杰。

在录制节目的过程中，彭清一在与主持人的一问一答中，声情并茂地回顾了自己苦难的早期生活，现场的观众无不为之动容，为他的不幸遭遇潸然泪下，为他顽强的精神爆发出阵阵掌声。

当主持人阿丘问两位评论员："两位，刚才我们也听到啦，一个苦孩子，从小父母双亡，一路流浪，吃了各种苦头，几次与死亡擦肩而过，流浪到了北京。我无法想象这段经历能够成就以后的一名舞蹈家和演说家。我们的两位艺术家，探讨一个问题，苦难对一个人的人生到底有多大的意义？"

翟杰说："听了彭老的这一番人生经历，我觉得如今的青年人，特别是生活在幸福温暖环境中的青年人，更应该从这样一个苦难经历当中珍惜今天的幸福生活。人如果没有挫折和磨难，人如果不知道黄连之苦，你就是给他蜜糖，他也不知道这其中的甘甜和内在的价值。"

栏目现场

戴洁女士说："彭老，在您刚才讲到您小时候时，我内心有几次很感动。我发现您在谈那段苦难的故事的时候，您从来没有抱怨，我看到您是一个感恩的孩子，您还提到了那个救过您一命的老妈妈，所以我知道，在苦难当中，您是能够看到那么多美好的东西，鼓励自己能够活得更好的一个感恩的人。同时我看到您是一个孝顺的孩子，在您讲的整个故事里面，我听到了有一个主线，就是无论您遇到多苦多难的事，您都没有停止学习，那是因为您的妈妈给您的一个嘱托，好好活下去，好好学习。我在想这个给我们年轻人的启示是，就算是遇到了再多的苦难，也真的不能够放弃梦想，也真的要能够在苦难当中看到很美好的事情，学会感恩它。这是我在您刚才讲的故事中学到的，谢谢您。”

是啊，当生命处在顺境中，也许只是仅仅能感知活着，只有当生命处在逆境中，或者处在极致苦难中，才能体会到生命的本质。当一个人遭遇到一种无可避免的、不能逃脱的情境，当他必须面对一个无法改变的命运，甚至是死亡的结局，就等于得到一个最后的机会，去实现最高的价值与最深的意义，这就是苦难的价值，这就是苦难赋予彭清一及我们的意义。这时，最重要的便是对苦难采取了什么态度，将用怎样的态度来承担自己的痛苦。在苦难面前彭清一没有抱怨和屈服，他选择了感恩和抗争，他用自己的行动告诉我们，一个经历过苦难的人，不会被轻易吓倒；一个经历过苦难的人，不会轻易地迷失；一个经历过大难的人，有内在的勇敢，而不是外在的血气。他有智慧，有远见，他给我们做出了榜样，更是给了我们战胜苦难的精神力量。

随着节目的深入，彭清一在栏目中讲到了自己为心爱的艺术和舞台的奋斗和牺牲。

主持人阿丘再一次对两位评论员说：“两位，你看，要奋斗就得牺牲，这是我们老一辈人他们的信念。两位有什么感想？”

戴洁女士回答：“在彭老您刚才说的故事里面，我的心情我相信也和所有现场的观众的心情是一样的，跟随着您说的这些情节跌宕起伏。贯穿您刚才讲故事的整个过程里面，都是有激情的。您激情地面对困难，激情地面对生活，激情地去面对您热爱的事业。所以我想这个肯定是给我们年轻人的启示。”

翟杰回答：“刚才听了彭老几十年的奋斗人生，最值得我们当代的青年人和我们现代人借鉴的，就是彭老一再提到的，要奋斗就会有牺牲。那么当代青年人缺少什么？我认为缺少的就是这种奋斗的精神。把职业当成事业，把人生与生命相联系，这一点彭老做到了。”

从彭清一的经历及两位评论员的发言，我们明白了激情成就梦想，梦想需要奋斗，奋斗伴随牺牲，没有一帆风顺、一蹴而就的成功，在我们的人生路上从来都是如此。今天，我们和彭老比起来，有更多的优势，国家的安定让我们心中怀有更多的梦想，国家的发展让我们拥有了实现梦想的舞台，既然年轻的我们拥有青春的激情与活力，拥有年少的轻狂与不羁，拥有绚丽而美妙的梦想，那么我们就应该像彭老一样不怕艰难，不怕牺牲，用激情耕耘青春，用青春编织梦想，用奋斗实现梦想。

当彭清一谈到自己告别舞台，选择登上讲台时，主持人阿丘说："从一名成功的舞蹈家转型成为一名成功的演说家，其实这个跨度是非常大的，完全不一样的行当。动手动脚到动嘴动脑子，这个跨行确实很艰难。再一个就是在成为演说家之后，遇到了一些误解，这种误解是大的误解，完全是人生导向的误解，但是彭老坚持过来了，而且越活越潇洒，越活越自信。"

翟杰评价："在奋斗的路上，总有人选择，然而在人生的每一个转折点，当你选择的时候，是以什么样的一种责任感、使命感或者精神，却是大不相同。彭老从舞台到讲台这一个转折，他有使命感、责任感，他有奋斗的精神。这一点不仅值得我相信，也值得我们更多的年轻人来学习。所谓爱一行干一行和干一行爱一行，这里的本质区别在于一个人的新的目标，在于他心态的调整，在于他的一种责任感和奋斗精神。彭教授的这一个人生转折，我认为做得非常棒。"

戴洁则评价："当我们想做好一件事情的时候，真的有可能会遇到很多误解，这也是我们不希望发生的，可是在这个误解的背后，您仍然坚持做了很多您想做的事情，甚至于您用自己的生命去唤醒那些良知。我们大概是不能够选择命运的，但是我们却能够选择当命运来临的时候，我们用什么样的态度来对待它。"

彭清一的经历，两位评论员的发言，对我们来说无不是一种启发和鞭策。

当阿丘采访彭清一的爱人浦春昭，让她形容一下自己眼中的彭清一时，浦春昭这样说道："他是一个非常执着的人，有时候到外面讲两天课，刚回来，又有什么电话，又说讲课。我说你别去了，你看你声音都哑了，别去了，歇两天吧。他说，没事，有多少人等着。别人怎么说，没用。第二天他西服穿上，领带扎上，走了。绝对不被我左右。他是一个非常执着的人，对他热爱的事业，谁说也没有用。他还是一个非常热情的人，他对所有的人都那么热情。比如说他写毛笔字，

有求必应的彭老把自己的作品慷慨相送

不管到什么场合，上至省委书记，下至服务员，帮他研墨的，无论干什么的，所有在场的人，他绝对有求必应，不管多累，两个膝盖是假的，一身的汗，他绝对给每个人都写，全部都会给。他就是这样一个人。在这一点上，他对谁都充满着热情，充满着爱心。”

如此朴实的话语，却让我们深深感受到了浦春昭对彭清一的关爱和心疼，感受到了他们之间的伉俪情深，那种朴实无华却让人动容的爱。通过这样的“肺腑之言”我们更是看到了一个有着高度责任感和使命感，执着于事业无私奉献的彭清一。

节目的最后，彭清一给栏目留下了他的奋斗语录——“爱就要爱得深，干就要干得好”。虽然不过寥寥十个字，确是他毕生的行为准则，是他一生奋斗的最真实最朴实的写照。

也许对于那些沽名钓誉的所谓的演说家、成功励志大师，能在各大报纸和电视台如此频频出镜，“功成名就”，早就实现了自己的目标。但是彭清一从一名舞蹈艺术家转变为演讲家，把思想政治教育工作作为一门专业，作为一种追求的也许只有彭清一一人。他认为，自己的演讲就是思想政治教育工作很重要的一部分，而思想教育工作是一门灵魂工程学，是一门治党治国、实践性很强的科学，而科学则不能有半点儿的虚假和骄傲，从此他更加自觉自律、兢兢业业。

结语

无畏于低谷，必有道于高峰

走下舞台，彭清一也有过彷徨，他不怕吃苦，不怕受罪，他怕的是不能再为他热爱的祖国和人民贡献自己的一份力量，怕在他觉得自己还年富力强的时候便不再被需要；走上讲台，彭清一也有过迟疑，他担心自己讲不好，担心别人不愿意听会很尴尬，但他从来不害怕挑战，因为，一路走来，他就是在不断的挑战中永远胜利的那一位。

他是一个顽强的共产党人，是一个大写的中国人。从舞台到讲台，在别人看来似乎无法跨越的鸿沟，在55岁的彭清一的面前却很快地被夷为平地，他也从一个用生命舞蹈的艺术家成了一个用心呐喊的演讲家。无疑，彭老给我们树立起了一座人生的丰碑，如果要给这座丰碑加一个碑铭的话，我觉得就是“无畏于低谷，有道于高峰”。

而彭老的这段经历也曾深深地激励过我。

和彭老相识时，我的事业正处于低谷时期，保持业绩已经感到力不从心，这时他出现了，他不仅带给了我心灵的震撼，帮助我摆脱了困境，还让我爱上了演讲，学会了演讲，让我对人生有一个全新的改变。如今，我也能够像他一样，有再大的困难，都能够披荆斩棘，因为我相信，战胜了眼前的困难，我们就前进了一步，就上升了一个台阶，就离成功的顶点近了一步。

人生总有起伏，当我们处在人生的低谷，感到艰难困惑、失败痛苦、屈辱愤怒、郁闷绝望时，想想彭老的故事，用它来给自己树立一个榜样，用它来激励自己笑对今天的处境与际遇，也许很快就能释然，我们更能够看清楚“条条道路通罗马”这个事实，生命的过程就没有什么好迷茫、焦虑的了，要做到无非就是像

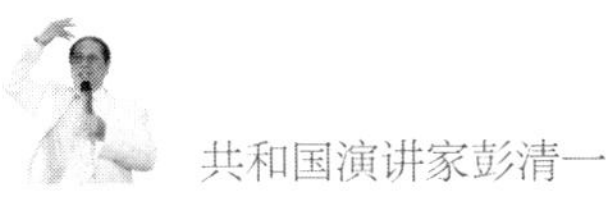

彭清一一样选择正道正业，勤勤恳恳地去做罢了，而一旦你这样行动了，必然也能收获人生的另一个高峰。

被日本人推崇为经营之神的著名企业家松下幸之助，曾经历过卧病在床、发不出薪资的窘境。他在《路是无限宽广》一书中回忆这段日子时也说道："只要我们本身具有开拓前途的热忱，从心灵深处拜各种事物为老师，虚心去学习的话，前途依旧是无可限量的。"

是的，我们谁也无法保证自己永远处于高峰，当然你也不会永远处于低谷，因为你可以选择让自己更好、更有力地走出低谷。我相信，到那时，今天的宠辱与得失，都可能是笑谈或是自己成长的台阶。

第五章

王者风范：大师行不言之教

出生卑微，秉承一份高尚的思想情操，彭清一自己认定要做好的事，便会力求在能力范围内做到最好，始终充满激情地奋斗在追求梦想的道路上，他无愧于自己，无愧于党，无愧于人民——这一生，彭清一做到了“服己”。

不管能力多大，每一场的演讲他都当成是第一场，尽心尽力，没有华丽的辞藻，没有夸张的粉饰，没有空洞的口号，所讲的内容不过是自己真真切切的经历和感受，所讲的道理不过最朴实、最能深入人心的；“俯首甘为孺子牛”，再苦再累，毫无怨言，“活着干，死了算”，一生奉献不求回报，以自己的言行认真、踏实地践行着自己所宣扬的理念；即使自己已经是身残之躯，也时刻注重自己的精神风貌，努力留给世人最好的形象——这一生，彭清一做到了“服众”。

“滚滚长江东逝水，浪花淘尽英雄。”彭清一以其朴实之言，英雄之魂，志士之义，济民之心，汇聚成一种彭清一特有的气势，一种让众人折服的能力，从而激励一代又一代人。

激情成就梦想

树语良言

如果把理想比作天，把行动比作地，那么在中间的我们就是人，“天、地、人”三者是必不可少的。

彭清一激情的演讲感染了在座的每一个人

有人说：“人生当如火。”火象征希望，星星之火可以燎原，人生也如是，希望在梦就在，价值意义就在；火象征拼搏，它在全身心地投入，生命不熄，燃烧不止，人生也该如此，生命不息，奋斗不止；火象征奉献，它毫无保留地牺牲自己，为的是照亮人类，温暖人类，直到将自己燃烧成灰烬，人生更该如此。在我看来，彭清一就是这样的一把火，一生都在燃烧着自己的激情和梦想。

2007年3月5日，北京乍暖还寒，站在外面冰冷的空气中，依然能够呵出一口炽热的白烟，然，春正在与冬的较量中，萌芽、突破，也将在暖流的渗透中绽放出万紫千红的明天。而彭清一的《激情与梦想》这本书，就是流入我们心中的一股暖流，带走我们人生的寒意，带来春之激情和梦想。

这一天，在北京大学百年讲坛的演讲大厅，77 岁的彭清一为他的新书《激情与梦想》举办签名售书会，这是一场无与伦比的精神盛宴。通过一场将近两个小时的演讲，听众们饱含深情，眼含泪水，领略了彭清一精彩绝伦的演讲艺术，感受了他跌宕起伏的一生，同时，被他的激情所点燃，被他的精神所振奋和鞭策，更是通过一本深入心灵的灵魂著作，得以把这种精神带回去细细品读，时时激励。而这一天也是彭清一老人 77 岁的生日。

是啊，一位老人，一位老艺术家，一位老党员，彭清一以自己一生的经验、思考和觉悟告诉我们什么是激情，什么是梦想，更是以他终身的奋斗和顽强的拼搏向我们演绎了什么是激情成就梦想。

如果非要给“最初的梦想”下个定义，彭清一说，那就是好好地生活，不要忘记还有希望。

彭清一幼年时，家乡被日本帝国主义侵略，自己只能过着四处漂泊的流浪生活，而在那样一个危机四伏的旧中国，希望是多么的渺茫，多少人都是在绝望地活着，过一天少一天，对他这样无依无靠的流浪儿谈希望、说梦想都是奢侈的，能不能活到明天还是个未知数，但是他没有忘记母亲临终前的教诲，没有放弃希望。终于在苦苦的挣扎和找寻中，彭清一等来了共产党，等来了新中国的成立，也等来了自己的希望和重生。从此党成了他第二个母亲，祖国成了他真正的家，他爱党，爱祖国，而这样浓烈炽热的爱，成就了他今后激情的事业、激情的人生，让他明白了爱国是激情最大的源泉。

早在童年时代，彭清一就在老家忻县目睹了八路军宁死不屈、视死如归的凌然正义和英雄气概，他相信，只有伟大的中国共产党才能领导出如此英勇的部队，培养出如此优秀的士兵。他认定只有中国共产党才能给这片灾难深重的土地、给自己带来希望和未来。之后，北平解放，他考入华北大学艺术系，奔赴大西南……感受到共产党员伟大的品格后，他想成为一名光荣的共产党员，为党的事业奋斗终生。

从口头申请到多次写入党申请书，从第一次被发展成为预备党员到因“反右”运动搁浅，从几年后再次被发展为预备党员到因“文化大革命”被造反派开除党籍，他对党的信念始终如一，后来，他写了一份长达 27 页的入党申请书，其中写道：“入党的决心坚定不移，反正我干一辈子革命，这个理想就永远也断不了。”经过几十年的漫长等待，当党最终接纳他的时候，他热泪盈眶，他这个孩子终于又重新回到了母亲的怀抱。而对党、对祖国的这种执着、热烈的爱也始终伴随着彭清一的事业生涯。

彭清一说，他一生就做了两件事，前半生跳舞不讲话，后半生讲话跳不了舞，这两件事也成了他毕生所追求的梦想。他庆幸自己生活在这个时代，能够把自己的命运和祖国的命运联系在一起，从流浪儿到国家一级演员，从贫民子弟到优秀的共产党员，从无奈告别舞台的老一辈舞者到共和国的演讲家，他的一生都在与祖国的命运休戚与共，也是对祖国、对党深沉的爱激励着他坚强地走过一生。

1951 年的出国演出，是彭清一人生的一个高峰，让他第一次对激情有了深刻的思考和认识。那时，周总理对他们说，他们是代表中国的形象，而中国的形象是勤俭、吃苦耐劳、对任何事充满激情和热情。参观外国的教堂，尽管不信教，但是当教堂的圣歌响起时就要认真地听，当人家讲解时就要认真地记，表示对人家的尊重，这是中国人应该有的礼貌。你们还可能听到歌剧，听不懂也要认真听，那是很高雅的艺术，我们没有，人家有，就要尊重人家，就像外国人到中国听京剧，他也不懂，但是他们还是会报以热烈的掌声，赞扬中国的艺术，为什么呢？是他们觉得对中国的艺术应该给予尊重，显示出一个国家的文明礼貌，显示出他们的激情跟热情。记得这种高尚的品格，这是中国人应该有的礼貌。周总理的这番话给了彭清一很大的启示。

对于一位舞蹈家，跳一个舞通常不过是七八分钟的事情，这七八分钟你能不能从头到尾激情地跳下来，显示了你对观众的礼貌和诚意，特别是出国访演期间，你和你的舞蹈代表的是国家的形象，能不能充满激情和热情地展示你的舞蹈，展示中国的艺术，最终关联的是国家形象，是国家对世界人民的礼貌和诚意。而这样的激情热情，来自于你对你的角色、对你的使命高度负责和投入。

舞台如此，讲台亦是如此。彭清一曾被移动公司邀请为公司的高层做演讲。当时，在场的 400 多人都是有头有脸的成功人士，但他们都是一身正装，带着录音机，非常认真地听他的演讲。演讲结束，听众的队伍分成了两拨，一拨人找彭

彭清一每一次演讲都激情满满

清一签字合影，一拨人排队上厕所。对彭清一来说这四个小时的演讲，听众们认真地听说明是对自己的礼貌，如果自己在这四个小时的演讲不充满激情和热情，就对不住听众这四个小时的认真。

如今多少人被彭清一激情的演讲所震撼，他在讲台上的一声声呐喊，一声声呼唤引来了千万的回音。有人说：“从来没有听过这么好的演讲，从来没有见过这么有激情的人，从来没有人引起过这么大的轰动，从来没有看过这么好的会场次序。”有人说：“他的报告震撼人心，如暮鼓晨钟。”一个大学生兴奋地对他说：“从您对党和人民的热爱，增强了我对党和人民的感情；从您对祖国母亲的热情，增强了我对中华民族腾飞的信心。”

不管是舞蹈还是演讲，信念一旦形成，就不会轻易改变。彭清一就是这样的一个人。当想法变成信念以后，他的人生有了方向，梦想也在起航。

当然，舞台和讲台，看似荣耀的背后其实是无尽的磨难和挫折。彭清一遍体鳞伤：左眼近乎失明，腰椎严重变形，两条腿只能靠着两个合金钛的假膝走路，嗓子由于长期超负荷工作随时有癌变的可能。他经历了常人没有经历的苦，克服了一个又一个难关，支撑着他走过来的是对工作高度的责任感。于是，杭州万人演讲会上，他大声疾呼：“一个人没有激情和热情很难成功。激情、热情是什么？就是一个人对工作高度责任感的体现。”在他看来，敬业是激情之本。

彭清一在学习舞蹈的时候，深深地爱着舞台，从事思想政治工作后，他深深地爱着讲台，爱对他来说是解决工作倦怠的一剂良药，是战胜困难的精神力量，正因为有了对工作发自内心的热爱，他愿意付出心血，更会想办法把事情做好，而当全身心投入到工作中去时，激情自然就会流露。

凭借着自己一腔赤诚的爱国之心和敬业之心，彭清一实现了舞蹈梦和演讲梦。正如他在《激情与梦想》这本书前言中所写的那样：

如果有人问：最能体现我本人的特征是什么？我会回答说：激情。在我所从事和热爱的舞蹈和演讲事业中，到处都洋溢着激情；每一个看过我表演和演讲的人，都会感受到那种汹涌澎湃的激情。

……在我的奋斗历程中，激情让我焕发出了无穷的力量，也为我的事业打上了深刻的烙印。

如果有人问：最能体现这个时代的特征是什么？我会回答说：梦想。这是一个梦想的时代，个人成功的梦想，与中华民族独立与复兴的伟大梦想，交织在一起，共同推动着我们的祖国不断地向前奋进。

作为1949年入学的新中国第一届大学生，我参加了中华人民共和国开国大典的庆祝活动，感受和见证了中国人民获得独立时的那种喜悦和兴奋，也感受到了新中国成立初期中国人民战天斗地的那种气概和豪情。改革开放以后，中国人民的气概和豪情切实地变成了一种动力，推动着我们在个人成功以及富国强兵的路上奋进，并且越来越接近民族复兴的伟大梦想。

这是一个充满梦想和激情燃烧的时代，是一个伟大的时代。

我的成长经历和体会告诉我，一个人如果不把自己的梦想与激情联系起来，那么他的梦想就只能是梦想，就像是挂在天边的彩虹，可望而不可即。如果一个人的梦想不与伟大的祖国、不与这个伟大的时代联系起来，那么，他的梦想就会因缺少深厚的土壤而显得苍白，显得没有力量。激情为梦想而燃烧，梦想因激情而闪亮。基于此，我以“激情与梦想”为主题，以个人的成长经历为线索，以共和国的成长历程为背景，把我充满激情的人生经历记录下来，希望给那些潜能还处于应激状态的人以启发，让他们通过焕发激情，挖掘自己的潜能，实现自己的梦想。

是啊，就像彭清一所说的“这是一个充满梦想、激情燃烧的时代，是一个伟大的时代”。新中国成立以后，以毛泽东为代表的党的第一代领导集体为新中国实现一个梦想而奋斗。改革开放后，我们的“中国梦”开辟了新的航程。从来没有任何一个时代像今天这样离实现中华民族伟大梦想这么近。2012 年，习近平总书记在参观《复兴之路》展览时指出，实现中华民族伟大复兴是近代以来中华民族最大的梦想，在十二届全国人大一次会议闭幕时又系统阐述了“中国梦”。而彭清一对梦想的追求和实现，则很好地阐释了个人梦和“中国梦”的内在联系：个人的奋斗离不开国家，离不开“中国梦”的实现，同时“中国梦”的实现，特别是中华民族伟大复兴的实现，又有赖于每一个人最大限度地把自己的聪明才智和创造力发挥出来。只有 13 亿中国人的智慧和力量汇集成不可战胜的磅礴力量，才能把历经苦难而又生生不息的中华民族送达梦想的彼岸，让每个人在“国家好，民族好，大家才会好”的逻辑中梦想成真。

演讲活动现场，彭老就曾激动地说：“我们每个人都有自己成长、成才、成功的梦想，我们每一个中国人都无比渴望实现强国梦。感谢党的十八大让他坚定了自己的梦想，感恩党的十八大让我们看到了中国的梦想。”

如今“中国梦”已成为一个热词，更是点燃了全中国对梦想的激情追求。人人都有激情人人都有梦想，然而，激情成就梦想从来不是一句空话，需要有切实可行的方法、途径，需要像彭清一那样脚踏实地地去奋斗、去实现。

然而，现实生活中却有不少人急功近利、好高骛远。特别是年轻人，受一些成功学的影响，被一些所谓的成功学大师蛊惑，说什么心有多大舞台就有多大，要什么放大梦想，放大理想，结果只是让自己变得浮夸，梦想也往往成为空想和妄想。

曾有一个25岁的年轻人狂妄地给彭清一写信说："彭教授，您是大演讲家，我向您学习，我将来一定要超过您，我要带着我的妈妈出访40个国家，我在40个国家演讲让我妈妈跟着去，等我回国以后我要在鸟巢发表三次演讲，每次十万人，同时我要在有生之年，建立101所希望小学，教授，我绝对能办到。"看到这样的信，彭清一只是笑了笑，并没有理会。

彭清一能到40多个国家访问，是因为他是一名舞蹈艺术家，代表国家去出访，并不是因为演讲，而这个年轻人呢，将以什么名义出访这些国家，凭什么让这些国家邀请去演讲？彭清一都不敢说要到鸟巢进行一次十万人的演讲，因为每一个到鸟巢的人都需要经过审核，还涉及住宿、安保等很多问题。而101所希望小学需要多少财力？需要他如何去实现这些财富积累？梦想的背后是一步一步脚踏实地、切实可行的行动。

如果把理想比作天，把行动比作地，那么在中间的我们就是人，"天、地、人"三者是必不可少的。而一个人是从小婴儿慢慢长成大人的，一家大公司也是从小公司慢慢做起的，一件大事也是从很多小事开始做起的，冰冻三尺非一日之寒，一切的梦想的实现都是经过必要的锻炼和积累实现的。人不能生活在梦当中，要实现梦想就得认认真真朝着目标努力，实实在在地加入到实现"中国梦"的行列中来。

爱就要爱得深，干就要干得好

树语良言

每一行都有每一行的“道”，选择了一个职业就要发自内心地去热爱它，研究它，干好它，掌握该行业所需要的各种特殊的技能，才能立足于本行，取得成绩。

生命的意义，不在于你活了多久，而在于你创造和做了些什么。碌碌无为地活着，不过是个高级灵长类动物而已；不能通过自己的努力和付出去做些有意义的事情，其生命也将在其终结之后，随风而逝。对此彭清一深有感触。

曾经有一位营养学家对彭清一说：“听了您的演讲后，我感动得哭了，您能活到 120 岁。”彭清一好奇地问：“你怎么知道我能活 120 岁？”营养学家说：“您吃我的产品。”听到这样的话，彭清一笑了：“我桌上从来不缺少你说的这些产品，但我从来不吃，也很少上医院啊。话说回来，假如我真的吃了你的产品，活到 120 岁，我都痴呆了，而那时我的两个女儿也 80 多岁了，自顾都不暇，如何再来照顾我？”

彭清一始终记得他的老师臧克家在《有的人》一诗中的名言：“有的人活着，他已经死了；有的人死了，他还活着。”在他看来，也许和自然界中那些活了成百上千年的生物相比，我们人类的生命太过短暂，但一个人的生命不在于长度，而在于热度，在有限的生命之间，能为国家、为民族、为家庭、为他人贡献一点力量，这才是生命的价值。而如何活出自己的热度，彭清一说“爱就要爱得深，干就要干得好”。

年幼的彭清一喜欢武术，曾在家乡忻县和一个老道学过武术。那时那个老道住在山上，他住在山下，为了学武，他每天风雨无阻地往返好几里的崎岖的山路，踢腿、压腿、打拳，一招一式认真地学着练着，一练就是三四年，直到母亲病重，自己背井离乡。尚且在懵懂时期的他，便以自己第一次的追求，迸发出了这种精神的最初萌芽。也正是早年的学武经历让他有了良好的身体素质基础，以至于在以后的流浪生活中，让他坚强地挺过一个又一个生死关头。

受家庭的熏陶，彭清一自幼练习书法，更是深深地爱上了书法艺术，一生与书法艺术为伴。他认为，练书法可以培养一个人的毅力，陶冶一个人的情操，提升人的精神境界。

年幼的彭清一曾临摹过颜、柳、魏、赵的碑帖数年。没有纸笔墨，便拿着细木棍在故乡的黄土地上练字，也是从那时起，他的生活没有离开过书法，每天不

和著名书法家刘炳森会笔后饮茶聊天

管多忙，多晚睡觉，都要坚持练笔，天天写成了他雷打不动的“制度”，在“文化大革命”那样动乱的年代，他也没有放弃书法练习，更是用抄写大字报的机会来练习书法。有的时候，在欣赏别人的一副字时，看着看着，他就会开始用手指比画起来，似入无人之境。在客厅里，练得忘情的他有好几次不知不觉地抓住爱人的手，在她手背上写起来，弄得家人哭笑不得。哪里有书法展，哪里就有他的身影。在书法界，他结交了刘炳森、吴三大等书法家，一有机会他就要和书法界的朋友们会会笔，交流交流，切磋切磋。

著名画家齐白石讲：“像我者，死；似我者，生。”这句话彭清一认为同样适用于书法艺术。他说，古代书法家的经验固然要学习，但是不能拘泥于古，一定要出于古，这样才能提高自己的书法艺术水平，也才能自成一家，形成自己的特色。是啊，“字如其人”，书法是个人的心理描绘，是以线条来表达和抒发作者情感心绪变化的，是人与字，字与人，二而一，一而二，如鱼水相融，见字如见人。他的书法作品里，不管是框架结构还是运笔技巧，都渗透着他的性格和气质。

正是这种孜孜不倦的学习和练习，如今彭清一的书法已达到了较高的艺术造诣，在书法界小有名气，是文化部老干部书藏协会的会员，他的名字被收入《中国古今书法辞典》《中国当代老年书画家大辞典》，同时被聘为中国老年书画研究会顾问。亚运会期间，他捐赠了十二幅书法作品；东北杨兆麟将军公园和山西杏花村酒厂等地都有他的墨宝碑刻；他用自己的书法作品，为社会公益贡献一份力量；无论在哪里报告，主办者和听众都把能得到他的墨宝奉为幸事。

不爱则已，爱就要爱到底；不干则已，干就要干好。彭清一用自己对书法的爱好再一次演绎了“爱就要爱得深，干就要干得好”的精神。

当今，很多人都表示自己喜欢书法艺术，但是书法不是只有“爱”就能有所成的，它更需要去干，要干得好。很多人，甚至买了不菲的笔墨开始练习，练习的过程却是三天打鱼两天晒网，无法持之以恒，更有甚者练了几天便以书法家自居，到处炫耀自己的“墨宝”，这让彭清一很是无奈，他说：“现在好多人写得很花哨，你看着挺好的，但是让他一写楷书，一撇一划一勾一捺，他都写不准确，基本功没有，是飘的。”

当然，武术、书法艺术只是彭清一的爱好，对待自己的爱好，尚且如此，更别说是对待自己的舞蹈和演讲事业了。

进入华北大学艺术系，彭清一原本是学习戏剧，但是一个偶然的机会，他被戴爱莲老师“提拔”到了舞蹈团，从此与舞蹈结缘，爱上舞蹈，以舞蹈为自己奋斗的事业，以实干精益求精的精神发展自己的舞蹈事业。为了练好舞蹈，30岁之前他不谈恋爱，大学四年，每到周末当宿舍只留下他一个人时，他也曾哭着渴望能够“回家”，但是擦干眼泪，他又会来到练功房旋转、跳跃。为了弥补身体条件的不足，他付出了比别人多得多的心血，甚至不惜用“酷刑”矫正自己的O型腿。为了练好一个动作，他谨遵老师的教诲，再苦再累也会坚持，他会不厌其烦一而再、再而三地向专家请教，会利用出国演出的机会虚心学习，认真记录其他舞蹈家的技巧和心得。为了跳舞，他伤痕累累，腿被烫伤，眼睛几近失明，脖子戮进了脖腔……他总说：“要想人前显贵，必须背后受罪。”台上短短的几分钟，是台下几十年始终如一的刻苦训练。

于人所不见处下功夫，舞台如此，讲台也是如此。对于职业的坚守，让彭清一觉得骄傲。他从1949年从事舞蹈开始，一直在这一事业上坚守了36年，直到1985年，因腿摔断，无法继续从事舞蹈事业才不得不退出舞台，转而从事演讲事业。对讲台，他同样爱得深切，干得实在，从没有放松过对自己的高标准、严要求。

有人说：“教育之没有情感，没有爱，如同池塘没有水一样。没有水，就不成其为池塘，没有爱就没有教育。”对思想教育工作，也是如此，如果不热爱讲台，不热爱工作，不在演讲中注入爱的力量，演讲是无法触及心灵，无法激发斗志，无法给人启迪的，这样的演讲就是失败的。在演讲的道路上，这种“爱的教育”成为一种动力支撑着彭清一不断前进。

为了使演讲富有教育意义，他广泛阅读各种书籍，记录名言警句，摘录各种先进事例。但是对于一个年已过半百的老人来说，记忆力的减退是他最大也是最直接的障碍，有时候短短的几句话就要反复地背诵好多遍。而今天记住了，明天又会忘得一干二净。好胜的彭清一从不轻言放弃。一遍不行十遍，十遍不行百遍。不管自己再苦再累，只要有需要，他必然义无反顾地登上讲台。而在所从事的演讲事业中，他不仅在演讲内容、肢体展现、语音语调、激情表达、现场掌控、情绪调动等方面精心研究，连在装饰打扮方面，也是花费了一番苦心的。

高尔基说："照天性来说，人人都是艺术家。他无论在什么地方，总是希望把美带到他的生活中去。"这正是彭清一的写照。他是思想教育工作人员，是美的使者，不仅要向听众传播心灵美、语言美，更是要让自己注重形象美，为此他非常注重自己的穿着。他说："我认为，在台上演讲，身着整洁漂亮、端庄高雅的服饰，既表示了对听众的尊重，也体现了一种美，并能够配合恰当的肢体语言对演讲起到辅助作用。唯有如此才是完美的，才不会愧对自己钟爱的讲台。"为此他订阅了《中国时装》《日本服饰》《巴黎时装》等杂志，一有空就和妻子女儿共同翻阅，从中借鉴。他还细心地观察、揣摩国家领导人的服装，这些服饰都是经过服装设计大师精心设计的，最能体现民族风貌和国家领导人的形象。他在爱人和女儿的帮助下，设计了有个人特色的"彭清一服装"：夏天，一套白色服装，显得明净、圣洁、光亮，富有朝气和活力；冬天，一身黑色服装，会显得庄重、稳健、成熟。每次外出演讲时，他都会在行李箱里放上几套"演讲服"，根据听众、环境的不同，及时调换。

对演讲服饰彭清一尚且如此用心，他在其他方面的用心程度更可见一斑了。他说："我能够在演讲方面取得成功，与我在台下所用的功夫，在每一个方面都精心研究，有着很大的关系。"

作为一名舞蹈家，彭清一在艺术舞台上奋斗36个春秋，塑造了近百个角色，代表中国出访过40多个国家并为祖国在国际上赢得两枚金质奖章；作为一名演讲家，他在全国各地演讲四千多场，听众达数百万人之多，荣获终身成就奖。这每一项成绩的取得都在验证着彭清一的那句格言："爱就要爱得深，干就要干得好。"

著名心理学家卡尔·古斯塔夫·荣格说："性格决定命运。"其中人对现实的态度是重要的组成部分。当我们面对自己的工作时大致可以分为两种态度，一种将之视为饭碗，另一种则视为事业，不同的态度决定了你的行为，也就决定了你未来的命运。

如果将工作视为饭碗，那基本只剩一种动机了——挣钱，最好还是能"轻松"地挣钱，这种心态在很多年轻人身上很常见，薪水低、工作苦都会直接导致跳槽的发生，很多青年一年“三连跳”早已不是个案，而且有愈演愈烈的趋势。而将工作视为事业的人，比如彭清一，他们关注的是长期的职业发展，会为了自己的事业付出终身的努力，所以，他们也更容易成为社会上的成功者。

当然，如今的年轻人更推崇“爱一行干一行”，对职业的选择强调必须是自己喜欢的行业，必须是符合期望的工作，如果不是这样，宁缺毋滥，情愿在家待业也不委屈就业；体现在工作中，是自己喜欢的岗位，是自己愿意的工作，这才有兴趣去做，如果不是这样，那就消极怠工，以消极状态幻想着“更好的麦穗在后面”。

人有所好，术有专攻，根据爱好和擅长选择职业方向，这也无可厚非。但是必须看到，在最先的职业选择上，不是每个人都能得偿所愿，找到期待的工作和岗位。特别是到了工作中，更不可能事事称心如意，总有工作和任务以不擅长甚至不愿意的方式出现，这时怎么办？是避难就易，还是迎难而上？彭清一做出了榜样。

每一行都有每一行的“道”，选择了一个职业就要发自内心地去热爱它、研究它、干好它，掌握该行业所需要的各种特殊的技能，才能立足于本行，取得成绩。否则，你是立不住的，只能在“混”中平庸地过着一生。

喜悦或快乐不是来自于我们所做的事，而是从我们内在的深处把这种情感流入自己所做的事中，继而流入这个世界之中。就如彭清一之于舞蹈和演讲，巨星成龙之于演艺事业，边防军人之于国防事业，白衣天使之于医疗事业，广大默默无闻的幕后工作者之于自己的岗位行业一样，一个人只有秉承着“爱就要爱得深，干就要干得好”，这种敬业和实干精神，在一个行业领域，不断地钻研、进取，这样才能把这个行业做好，做得更具特色，更具专业水准，为个人梦想和“中国梦”增添浓墨重彩的一笔。

把每场演讲都当作第一场

树语良言

人生不能重复，只能原创，今天的自己绝不能是昨天的自己，我们要像彭清一“把每一场演讲都当作第一场”那样，把每天都当作第一天，把每一次工作都当作第一次工作，脚踏实地，认认真真地过好每一天。

从踏上讲台的那一刻起，彭清一就清楚地认识到思想政治工作是一条充满艰辛、毫无任何“实惠”可言的道路。从那时起，我们处于社会转型的大变革中，

彭清一在延安大礼堂演讲

价值多元化莫衷一是，“泡沫文化”“粉饰文化”“快餐文化”以及浮躁心态汹涌而来，同时，思想教育工作受到削弱，思想政治工作者备受冷落。人们对演讲、报告的理解不过是停留在空洞的说教上：台上激情四射，口若悬河；台下“我行我素”，空位递增；最后台上白辛苦，台下脑袋空，也就是人们常说的“听一听，很激动，想一想，没有用”。

矫正时弊、深化精神迫在眉睫，时代期待一场强劲的思想风暴，对此彭清一说：“思想教育工作就像一场持久战，要长抓不懈，即便对今天似乎并不‘时宜’。”“在经济高速发展的今天，中国人的内心世界并不是苍白的沙漠。我们非常需要一些富有激情的演讲家来激活我们内心的民族感情和情感世界。”同样改变一个演讲家的形象，让听众真正从演讲中受益，就必须得用一切知识，以生动的语言内涵、鲜明的节奏韵律、浑然天成的艺术手段、赤子般的心，去感染、打动每一个听众。

而他是怎么做的呢？他把讲台看得十分神圣，把听众当作朋友，他说：“不论我演讲了多少次，我总是把每场演讲当作第一场，一丝不苟、满腔热情地对待。”“把每场演讲当作第一场”，他是这么说的，也是这么做的。

延安市委组织演讲会

彭清一的前半生，舞蹈就是他最大的梦想，为了舞蹈，他奋斗不息、无私奉献，历尽了人生的坎坷、曲折。然后告别舞台，转向讲台时，他动情地说道：“告别酷爱的舞台、心爱的事业，怎么能没有痛苦和遗憾呢？然而，可以告慰心灵的是，在上万场的表演中，我从无一场偷闲过，把观众当‘上帝’，虔诚地对待我的角色。也许一个保留节目的角色，我已经跳过了上百次，然而大幕拉开之前，我常常想：今天是我演出的第一场。我的能力有限，但我总是全力以赴，三十六年的舞台生涯结束了，留给我的是一身残疾，但我问心无愧。”而他更是即便一身残疾，依然要选择在讲台上继续奋斗，从而“把每一场演出都当作第一场”变成了“把每一场演讲都当作第一场”。

表演舞蹈时，每次演出前，彭清一都要走台，即到现场去勘察场地，以确定自己表演时应该站立的位置、动作的幅度，并对可能出现的问题等一一加以排除，以保证演出的顺利进行和圆满成功。如今在讲台演讲时，他也会尽量争取提前到演讲场地去看一看，并弄清楚演讲对象以哪些人为主体，以求做到心中有数，保证演讲效果。可以说每一场演讲，从一开始的精心备战演讲稿，到临场前的发型、服饰的完美追求，再到在演讲时，根据报告内容及听众的情绪，不时插入一段舞蹈动作，或引吭高歌，或背诵几句诗，把声音和态势有机地结合起来，每一次，他不敢有丝毫的懈怠，兢兢业业，力求达到最好的效果。所以，他可以拍着胸脯说：“我的演讲，没有失败过一场！”

是的，听过彭清一演讲的人们把他视为“人生之友”“铸魂之师”“用生命呐喊的人”。把他的演讲视为“诚与美的呼唤”“情与爱的渗透”“心与心的交流”，都从中受到了教育、启迪和鼓舞，听彭清一演讲，是一种净化，是一种升华。海南一位青年诗人说：“现实中，很少有人能对我的灵魂产生较大的影响，而你仅用三个小时，便帮我找回了三年来我在不知不觉中丢失的个性、自信与理想。我相信你对我的影响是深刻的、久远的、积极向上的。”浙江一位从事团内工作的干部，在遭到误解、打击时，曾想到自杀，他找到彭清一，向他诉说自己一死了之的念头。彭清一重新鼓起他生活的勇气，临别时，彭清一向他赠言：“人生不会到处都是鲜花、笑脸，也绝不会是到处一帆风顺，你必将遭遇困难和挫折。但我认为，困难和挫折并不可怕，可怕的是失去生命，忘却追求，这是人类的悲剧。我以此大半生的体会，和我的年轻朋友共勉之。”

经历了无数风雨的彭清一，年事已高，一只眼睛已经失明，膝盖是假的，还有严重的腰椎间盘突出，完全可以坐着演讲，没有人会对此有什么过分的看法，但是他没有，每一场演讲，他始终是站着的，他以这样一种站立的姿态传达着属于他的正能量，表现着他对每一场演讲的重视和诚意。一位名叫李跃伟的同学就曾用《站》这样一首诗来表达他对彭清一这种精神的敬仰：

站

微屈着膝，
雕出了生活的重压，
但你没有跪倒，
挺直脊梁，着一身洁白，
站成一尊汉白玉。
你说，腿骨折断时，
忍痛站立，为的是
保持一种站的形象，
你的灵魂——或动、或静，
如你的事业，
是一种优美的站相。
你，站有站相，
因为，四九年十月一日，
天安门城楼上的一句话，
那声音如一根茂盛的乔木，
长进了你的身躯。

也许在有些人眼中，彭清一根本没必要这么费事，每场演讲相似的主题、相似的内容，已经讲了那么多遍，难免无聊，偶尔应付应付、坐一坐，不用让自己那么累的。这是我们现代人“投机取巧”的心理，但是对于彭清一这样的老一辈艺术家和演讲家，他的人生没有“取巧”这两个字，必须始终如一、兢兢业业。他认为，只有重复的工作，没有重复的心态。他说：“我强调要用不重复的心态，来对待重复的工作，使工作天天有进步，人生也日日有新气象。”而把每一场当作第一场是彭清一演讲时持有的一种态度，这种态度，不仅让他谨慎戒惧，而不怠惰疏忽，更是让他通过每一次的机会，对自己演讲艺术进行探索和实践。

通过对上千场演讲的认真付出和实地感受，当别人问到他的演讲秘诀时，他可以侃侃而谈，他的成功来自于他对演讲技巧的钻研和使用，但他更多的则是把精力放在了演讲的内容上。他不会像其他一些演讲大师那样，对着镜子一遍一遍地演示自己的动作，研究什么最好的体态语言，他会去留意听众喜欢听什么，听众会被自己身上的哪些地方感动。也是经过这样千百场的“实地勘察”和认真研究后，他可以很自信地说：“听众喜欢我的演讲，我考虑主要是喜欢悟到真情实意，喜欢我对自己思想感情的解剖。我讲热爱党，讲坚定信念，绝不将思想仅仅停留在对共产主义的理论阐述上和对党的丰功伟绩的陈述上，而是结合自己在挫折面前百折不回，坚定不移地相信党，信仰共产主义，虽历经坎坷，但终于成为坚强的共产主义战士的个人经历上。我讲爱国，也绝不止于古老的四大发明和雄伟的长城，而讲自己到过的许多国家的人民，对伟大中国的向往和对中国人民的感情。”

如今他更是通过这样的一种心态，拼搏出了自己的一方天地，拥有自己独特的演讲艺术：

第一，立意高远。彭清一以一位人民艺术家、一名共产党员的胸怀和情操，现身说法地讲述了理想、信念、事业、人生等重大课题。为此，他演讲的立意可以概括为：深，意深而义远；新，不因循守旧，独树一帜；精，治繁以简，一线到底。从幼年的不幸经历，到投身舞蹈的艰苦奋斗，再到如今的演讲事业，他讲的每一件事里，都是他理想与信念的追求，都是他对党和祖国的深切热爱，都是他责任感和使命感的表现，正是这种深、新、精的立意，使他的一腔肺腑之言充满了震撼人心的力量，也使听众对这位演讲者产生了信任感和崇拜感。

第二，意道兼备。演讲必须言之有物，言之有序，言之有理。无物、无序、无理的演讲等于一堆空话、废话，毫无价值。但彭清一的演讲，任何人听了都不

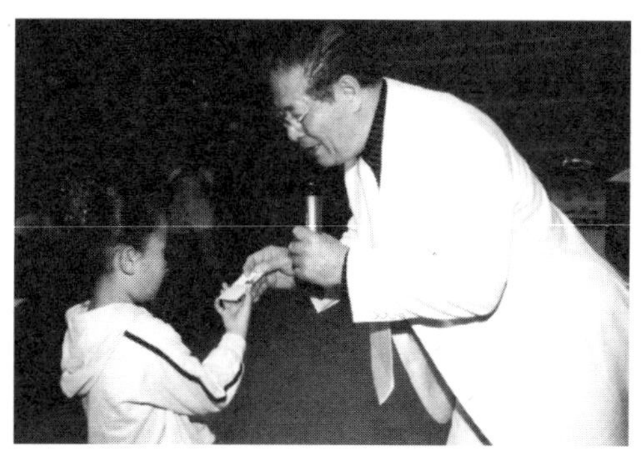

谢谢彭爷爷——在延安演讲时孩子们表达情怀

会感到是空洞无物的说教，相反会觉得他的演讲充满着艺术家的热忱和幽默，可谓艺道兼备。比如他讲爱国，并不是列举我们伟大祖国的种种丰功伟绩，空洞地号召大家要怎么爱国。而是把他自己身为艺术家、身为党员对祖国一片赤诚的爱，用自己实际的经历和奋斗，激情地表达出来，从而感染听众，带给听众启发。在演讲中他更是借助自己艺术家的优势，根据现场的气氛，运用各种艺术手段，时而翩翩起舞，时而引吭高歌，时而激情责问，会场气氛热烈活跃。人们形容他的演讲具有“文美、道实、理深”的特点。

第三，刚柔相济。一次好的演讲不仅要有其刚，而且要有其柔，只有刚柔相济才能趋于炉火纯青的境界。彭清一的演讲真是这样，时而如雄风万里，虎啸山林，慷慨激昂，极大激发听众斗志；时而似山涧流水，落日余晖，温情脉脉，引得听众潸然泪下。

第四，至境开域，也就是“取至高之境，开独造之域”。清代文学家刘开在《与阮元论书文》中说：“非尽百家之美，不能成一人之奇；非取法至高之境，不能开独造之域。”也就是说只有勇于开拓新的境界，才能发现新的景观；只有勇敢攀登者，才能到达一般人不能到达的高度，开拓别人没有到达的境界，创造别人没有实现的价值。彭清一是一位有着 30 多年艺术生涯的民族民间舞蹈家，他善于运用多种艺术手段来烘托气氛、创造情境，使自己主观上的“意”（思想感情）和客观上的“境”（演讲情境）达到和谐统一，让听众们在他的“渲染”下，深受心灵的震撼和启发。

第五，纯任自然。如果一次演讲只追求华美，是比较容易的，粉饰张扬的“话语术”加上精雕细琢、别出心裁的“吸睛术”就能办到，但要做到纯任自然则不容易。古人说“自然者，不雕琢、不假借、不着色、不落言诠也”，追求的是“文章本天成，天然去雕饰”，越是成熟之作，越具有朴实真挚、纯任自然的特色，文章如此，演讲亦是如此。彭清一的演讲，可以说自始至终都是朴实自然的，完全是本色演讲，只是用最朴实的语言说着实实在在的事，每件事里都是自己最真实的情感流露。就像青年学生们说的那样：“彭老师的演讲表现了他的本色，使我们看到了一个未加任何雕琢的透明的灵魂。”

重复，也是重新开始，就像一枝鲜花，不停地抽出新枝、重复绽放便会是一片花海。如今彭清一的演讲之“花”，已经绽放出了演讲的“花海”。其实，我们的生活就也是如彭清一的演讲一样不停地在重复，认真对待每一天，然后绽放出无数朵鲜花的过程。

当然，一件事，经过千百次的重复，仍持有全部的热情和激情，像第一次那样热情激情不减，确实不容易，特别是我们面对的是如今如此浮躁、功利的社会环境。而彭清一总是用心、静心地对待自己的每一场演讲，都像对待“第一场”那样专注，那样认真，那样投入，那样用心，那样一丝不苟，这是怎样的毅力，怎样的恒心，怎样的执着？很多人不过是在多次的重复中，一次不如一次，最终也只能碌碌无为。

现在的很多年轻人，生活条件优越，工作也不是很辛苦，但却常常抱怨，很不开心，感觉日子一天天地过，不知道每天重复同样的事情有什么意义，上班、偶尔忙一下、淘宝、看电影，然后再下班，这样的日子让自己的青春一天天地耗尽。这样的现状，是很让人痛心的。

是的，我们不可避免地都在做着相同的工作，但时间是无法倒退逆转的，我们最终的归宿只有死亡，不管是你单调无聊地应付、不耐烦地打发每天的时光，还是充满激情、一丝不苟地对待每天的日子，时间都会在你的人生轨道上留下痕迹，只是结果不同罢了。

人生不能重复，只能原创，今天的自己绝不能是昨天的自己，我们要像彭清一“把每一场演讲都当作第一场”那样，把每天都当作第一天，把每一次工作都当作第一次工作，脚踏实地，认认真真地过好每一天。

春蚕到死丝方尽

树语良言

生与死是人生两件最重大的事，一个是起点，一个是终点。生时每个人都差不多，因为都谈不上功业、德行；死时却有相当大的差距，因为数十年的得失就在眼前。

古往今来，咏蚕的诗作汗牛充栋，春蚕也在中国诗史上留下了一道风景。然而，后人记忆最清晰、流传不绝的还是李商隐的那首《无题》:“春蚕到死丝方尽，蜡炬成灰泪始干。”后人更是用这两句话，用春蚕和蜡烛精神，来歌颂老师无私的奉献精神和高尚品质。今天我也要用这两句话来歌颂一下我的老师彭清一。在我心里，在千千万万的听众心里，他就是这生命不息吐丝不止的春蚕，烧尽才会停止流泪的蜡烛，他的一生都奉献给了“奉献”。

早年，彭清一除了大文学家臧克家的这句“有的人活着，他已经死了；有人死了，他还活着”激励过他，他更是以艾青的诗歌《光的赞歌》自勉，“即使我们是一支蜡烛，也应该‘蜡烛成灰泪始干’；即使我们只是一根火柴，也要在关键时刻有一次闪耀；即使我们死后尸骨都腐烂分解，也要变成磷火在荒野中燃烧。”采访时他含泪朗诵艾青的诗歌:“为什么我的眼里常含泪水？因为我对这土地爱得深沉。”

彭清一爱党、爱祖国、爱人民，他如诗人艾青一样，对祖国这片饱受磨难的土地爱得深沉，所以，“老蚕欲作茧，吐丝净娟娟。”36 年的舞台生涯，已经耗去

1986年在韶山为市委组织的全体大会演讲

彭清一大半的人生精力，早已硕果累累的他原本可以和很多人一样，选择舒舒服服地安度余生，但是他没有，“老骥伏枥，志在千里”，他选择了讲台，选择了重新奋斗和奉献，努力贡献着自己最后的一份力量。而他在讲台上一站就是二十多年，他的一生都在为事业而拼搏，一生都在为党、为国家、为人民而奉献。正如山东泰山医学院一位学生玄继昌在《在一个伟丈夫面前的思考》中写的那样：

自我价值的实现，是当代青年所热衷的一个字眼。从彭教授身上，我们看到了自我价值的实现其本质上是给予而并非获取。这里的给予并非意味着舍弃某物，丧失某物，牺牲某物，也不仅仅是一种拥有自我牺牲的德行，而是像弗洛姆所说的那样，是一个具有生产性人格的人的潜能的充分发挥和实现。人们正是在给予中奉献爱，捧出爱，融入他人，由此找到了自己，发现了自己，领略到了自己的力量、自己的精神财富、自己的能力；在给予中“体悟到自身的博大伟力、沛然活力和畅然生机，由此感受到了无限欢悦”。在这里，物质利益的获得将显得有些暗淡和苍白无力，在某种程度上成为一种副产品。彭教授放弃了能给他带来巨额财富的选择，毅然拖着病体，走上讲坛，奔波于祖国大江南北，将自己的一点光和热毫无保留地献给了他所衷心热爱的祖国母亲。这是他人格中最光辉灿烂的一面，以致我们可以用这样一句话来概括彭教授的人生价值观：春蚕到死丝方尽，蜡炬成灰泪始干！

2007年，彭清一受邀请到新疆进行一场慈善演讲，当时没有讲师费而且还要自己掏钱买机票，很多老师都没去，最后就只有彭清一老师和巨海的成杰老师一老一小站在台上演讲。此次的演讲很成功，他们还为汶川地震募集到了上百万元善款。彭清一为成杰老师这么年轻就有如此爱心而感动，和他成了好朋友，经常指点他，并在后来收为弟子。

演讲结束当地领导给彭清一拿了一些新疆的特产。彭清一说：“葡萄干、哈密瓜北京有的是，我拿不了。我只有个请求，距离这里200多里有个艾青诗歌馆，艾青是我的老师，我想去看看。”领导同意了。在领导的陪同下，彭清一来

在新疆演讲后合影

到了艾青诗歌馆，馆里40多名工作人员一身正装，手捧鲜花已经等在那里。在诗歌馆的二楼，彭清一看到了那首一直激励他的诗《我爱这土地》，他再一次含泪动情地朗诵了起来，情不自禁地想起当年自己初读这首诗的感动，情不自禁地想到艾青在“文化大革命”期间的忍辱负重。艾青是他的老师，他教育了他们那一代人，而这首诗更是他内心情感最真实最具有代表性的写照，满怀着这份深沉的爱，他奋斗不息。

如今的彭清一可谓集万千荣誉于一身，但这些荣誉的背后，则是浑身的伤痛。早年的舞蹈生涯已经使他的身体残破不堪，多年奔波于全国各地演讲，经年的辛劳又使他腰间盘严重错位，膝关节的骨刺已经长满，现在他腰不能弯，腿不能曲，每走一步都钻心地疼。而在演讲时他为了拉近自己和听众的距离，还不停地走动。一场演讲下来，汗水把衣服都浸透了，那不是累的，而是疼的。由于讲台上长期劳累得不到放松和休息，彭清一声带周围长满了小疙瘩，医生嘱咐他一定要休息养护，否则很可能会恶化成喉癌。彭清一何尝不想休息，但一想到那么多听众在等待着期盼着他，吃上几片药，便又精神抖擞地登上讲台。虽然肉体和心灵饱受摧残，但他心中始终有一个不可动摇的信念：“个人的痛苦算不了什么，只要能对社会有所贡献，就是一种难得的幸福，不管是在舞台上，还是在讲台上，我都将高举为事业献身这杆大旗。”

有人问彭清一：“彭教授，您不怕死吗？”他淡淡一笑说：“我今天的一切都是党和人民给的，作为一名共产党员我只有选择前行，人终究要死的，活着干，死了算！”

是啊，“活着干，死了算”，多么朴实的语言，这是一个伟大的艺术家最为豁达的生死观，是一个优秀党员一生最真实的写照，是一个艺术家最美丽的风采，是一个始终如一捍卫自己信仰，无论多么艰难，都能为自己的信仰呐喊，为自己的信仰拼搏的伟丈夫的无私与气魄。三十六年的舞蹈生涯，为党为国，他拼尽了全力，挑战了极限，无怨无悔；三十二年的讲台生涯，为民为爱，他不顾病痛，依然选择奋战，此生无憾。他就像一团火，前半生用激情燃烧舞台，为国争光，后半生用爱温暖讲台，呼唤良知。他是一个伟大的人，一个纯粹的人，一个永远受尊敬的人。

听过他演讲的听众章武宗写下了一首热情赞美的诗：

他留下一首歌

他留下一首歌，
饱蘸泪花，溅出激情，
像四月盛开的鲜花，
开在校园，醉在我们的心里。

这首歌，温馨吐芳，
是用艺术家舞蹈生涯的经历谱曲；
这首歌，真挚朴实，
是用艰辛和友爱的琴弦合奏；
这首歌，高亢激昂，
是筑成万里长城的坚强号角；
这首歌，炽热奔放，
是跋涉艺术技坛的峥嵘岁月。

他留下一首歌，
系在我们的心灵窗口，
他留下的何止一首歌，
还有许许多多珍贵的人生价值！

2010年3月5日，彭清一80岁寿辰，世华智业集团、北京华夏管理学院联合主办了这次寿宴，寿宴的主题是“我与祖国同行”。出席此次宴会的有文化部副部长常克仁，世界乒坛传奇人物，三次蝉联世界冠军、全国冠军、国家队内部冠军庄则栋，演讲界泰斗李燕杰和培训行业等高层领导参加。很多人对他的祝福和关心让彭清一很感动。其中号称“亚洲第一名嘴”的张锦贵，来到他的面前尊敬地递过一个礼物说：“我是从台湾专门赶来给老师过生日的。”然而，看着神采奕奕的彭清一，听着他铿锵有力的演说，谁又能知道此时的他已经开始尿血？

那天寿宴结束后，他凌晨才回到家，到了夜里 3 点多彭清一上厕所，满尿池都是血尿。但是第二天有一场演讲，他还是义无反顾地去了，为了自己的事业、自己的信念，他鞠躬尽瘁死而后已。

第二天，彭清一8 点从北京起飞，9 点到了大庆，不顾自身的病痛，给 1200 名企业家演讲。演讲很受欢迎，全场气氛非常热烈，鼓掌五六十次，可此时的彭清一是一边讲话，一边尿血，西装、裤子上全是血，但他还是从容地坚持到了最后一分钟。回到宾馆，换了衣服，到医院做检查，大夫说是膀胱癌。回到北京，他就住进了医院。今天回想起来，彭清一很安慰，一个农民的孩子，在共产党的教育下，关键的时候没有含糊，他说：“一个共产党员平凡的言行举动平常是看不出来的，但要关键时刻站得出来，危险时刻豁得出来。”

彭清一的人生虽历经坎坷，但他从未放弃过奋斗，等他有了机会和能力的时候，也从未停止过奉献。他要像蜡烛那样，在有限的生命中，有一分热发一分光，给人以光明和温暖，直到身体化为灰烬；也要像春蚕那样，有一分力吐一分丝，直到呼吸停止、生命终结，用自己的辛勤劳动为社会、为他人奉献一切。

正是因为有了献身精神，彭清一才能始终保持高度的责任感和忘我的劳动热情，在前进的道路上，冲破一切艰难险阻，跨越障碍沟壑，并成为大家眼中的彭清一。

写到这里，我不禁想到一个小故事：猪向牛抱怨自己的苦衷：“付出躯体的生命，却不能赢得人们的喜爱，社会不公，付出的比牛多，得到却比牛少。”牛认真地想了想，说：“也许是因为我是在生前奉献的。”

很多时候，我们不过是小故事里的猪，自以为付出了很多，更是满怀期待地想要回报，但是真正的付出，也就是英雄般的付出，应该是无私的、壮烈的、无怨无悔的，是不期盼回报的，就像明月高照是永恒的力量，不论斗转星移，都亘古不变。也诚如彭清一，“春蚕到死丝方尽，蜡炬成灰泪始干”成了他一生都在追求和践行的人生信条。

佛说：如果今生爱着一个人又无缘和他在一起，你就为他种一棵树，那么来

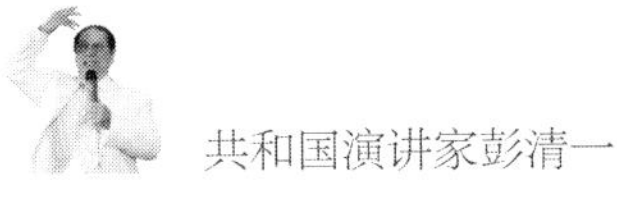

生就会真的化作一棵树，长在他每天必经过的路旁，为他生根发芽，随风摇曳。多年前读到这段话，一直觉得这里面有太多的神奇和浪漫，既玄妙又高深不可解。当我听到彭老对自己死的安排时，一下子就理解了这句话的真谛。

曾经历过的苦难，已经超负荷的身体让彭清一对生死有着自己独特的一套见解。极其讲究服饰的彭清一有自己最为钟爱的一套行头——一双意大利名牌皮鞋，一套上万的西装，也只有非常重要的场合他才会穿。但是，他却对自己的女儿说："我知道你们很爱爸爸，但是当我死后，不要给我穿上它，给我穿一件白裤衩干净地走就行了。因为我来到人世是赤条条地来的，走的时候能穿上一件裤衩，遮一个床单，已经赚了。记住到火化场，45分钟火化，450元钱，交完钱，你们带上我的骨灰盒，商量好找一个合适的地方，把我的骨灰埋在地下，上面种一棵树，你们姐妹俩要精心调理，让它长大，有一天绿树成荫，中国老百姓汗流浃背的时候到树下还可以乘凉，爸爸在地下有灵的话，我会想，一个农民的孩子，一个共产党员，一个老演讲工作者离开人世，还能给人间留下绿荫的话，爸爸在地下是幸福的。"

一棵树，一世情怀，是彭清一对祖国这片土地，对人民的爱的最终结的体现。

生与死是人生两件最重大的事，一个是起点，一个是终点，生死每个人都差不多，因为都谈不上功业、德行；死时却有相当大的差距，因为数十年的得失就在眼前。生如果是丢下的骰子，死就是静止时的数目；生如果是问号，死就是句号。彭清一能够如此豁达地对待自己的"人生句号"，因为他这一生鞠躬尽瘁，问心无愧。而他连死都想着要为人民贡献一份力量，这又是何等的无私和伟大！

是的，只要是人民的需要、祖国的需要、事业的需要，彭清一都可以献出最大的力量，付出最大的代价，做出最大的牺牲，取得最大的成就，真正做到"鞠躬尽瘁死而后已"——他是中国的伟丈夫！

人生最大的弱点就是原谅自己的懒惰

树语良言

成功其实很简单，就是把你想做的事情做好、做对、做透、做精。也许这个过程有点漫长，但只要你一直坚持下去，成功的独木桥上剩下的也许只有你。

爱因斯坦说：“在天才和勤奋之间，我毫不迟疑地选择勤奋，它几乎是世界上一切成就的催生婆。”

治国者需要雄才伟略，需要“金戈铁马去，马革裹尸还”的壮志和气魄，然而除了梦想、抱负，靠的更是要有悬梁刺股、闻鸡起舞的决心和干劲儿；治文者需要的“文章本天成”的灵气，需要“下笔如有神”的气韵，然而除了天生的才气，靠的更是读万卷书行万里路、韦编三绝的刻苦和坚持。可以说不论做任何事情，只有勤奋才能帮助我们直上青云，故，有诗云“一屋不扫，何以扫天下”，不勤学苦练又何以实现鲲鹏之志？

为中国铁路文工团演讲时摄影

对于从农家走出来又历经八年流浪生活的彭清一来说，苦是家常便饭，而苦难的生活带给他最好的品质便是吃苦耐劳。走上舞台后，他深知“台上一分钟，台下十年功”的道理，为了自己心中的艺术梦想，他更是扎扎实实、勤勤恳恳地练功、学习，把自己全部的心思和精力都注入其中，三十六年如一日地勤学苦练。从舞台走向讲台后，他虚怀若谷、兢兢业业，更是抓住一切的学习机会，不敢有丝毫的懈怠和放松。

一次与彭老一起参加活动，活动结束后我问他：“这么多年来您一直保持着高度责任感和对所有事都精益求精的态度，时刻让自己的弦紧绷着，您不辛苦吗？”他说：“始终保持，很辛苦，很累。”但他又说，“人生最大的弱点就是原谅自己的懒惰，我们常常在懒惰面前耽误了多少大好机遇。我之所以没有失败，就是因为我从来不懒惰。”他告诫我和在场的所有人，在任何事情面前都要认认真真，细节决定成败，必须要严格要求自己，要勤奋不懒惰。

舞蹈艺术，是一门极其讲究“功夫”的行业，任何投机取巧的行为都会大大降低艺术的表现力，说白了，就是“功夫”不到家的后果。现在节目很多，但出彩的甚少，很多都是因为这个原因。但是在彭清一的舞蹈生涯中，他“聪明人用笨功夫”——勤学苦练，也正是如此才成就了他在舞台上的一个个经典形象。

大家都知道舞蹈是碗难吃的“青春饭”，想要出类拔萃，需要身体条件、技巧掌握、音乐感知能力等的综合因素。而一旦上了年纪，身体条件开始走下坡路，体力、记忆力也会下降，登台跳舞往往会力不从心。彭清一也面临着这些问题，加上“文化大革命”期间不能跳舞，对舞台的生疏，“文化大革命”后重新捡起舞蹈时，他难免心有余而力不足。但他没有气馁，他相信“勤能补拙”。于是他不耻下问，看别人跳、学别人跳，自己则更加勤奋地练习，所以，直到55岁，他依然还能在舞台上一展优美身姿。

如今，身处这个功利的社会，人们多崇尚“技巧”“高效”，凡事都想找个窍门，让自己少受点苦，少遭点罪。但是“聪明人”不是你想当就能当的，必须经过勤奋的努力：你想出国留学，就得学好外语，而要学好外语就得早上读、晚上背，勤奋学习；你想当科学家，就得多看百科书籍，拓展视野，更得献身实验室，几十年如一日；你想当体育健儿，就得坚持体育训练，勤奋练习……总之，不管你要做什么，离不开你在行业里的脚踏实地勤奋的学习，毕竟天上掉馅饼这种事

与中国（国际）实友会会长、著名策划实战企业家石岩合影

发生的概率是极低的，你可能没有那么好的运气，即使有那样的运气，你也可能没有那样的能耐能够接住这张馅饼。就像彭清一偶然被戴爱莲老师“提拔”，如果没有后天的努力，他也无法在舞蹈生涯中成就一番事业。

机缘巧合，告别舞台的彭清一登上了讲台，从一名人民艺术家成为一名共和国演讲家，集万千荣誉于一身，然而鲜花和掌声的背后，是彭清一废寝忘食、手不释卷的刻苦用功。

彭清一 55 岁登上讲台，开始从事演讲事业。演讲中他从不拿演讲稿，所以大量的名言警句都需要背诵，而此时他毕竟年事已高，记忆力衰退，记忆力成了他要攻克的第一道难关。和年轻人比起来，他要记住一些东西非常困难，背诵一些名言警句或记忆先进事例时，年轻人可能用一会儿工夫就可以滚瓜烂熟，但他却要用几倍的时间方能记住，很多时候不过是今天背明天忘。没有办法，他只能采取“强记”的方式，千百遍地朗诵，千百遍地默读，直到能随口说出为止，而这中间所花的功夫和一般人比起来，何止是成百上千倍！

当然，演讲是一门语言的艺术，它的主要形式是“讲”，即运用有声语言并追求言辞的表现力和声音的感染力；同时还要辅之以“演”，即运用面部表情、手势动作、身体姿态乃至一切可以理解的态势语言，使讲话“艺术化”起来，从而产生一种特殊的艺术魅力。彭清一在不断补充演讲内容时，也花了大量的时间研究、学习演讲的技巧，从服饰的讲究到语调的训练，从语言的设计到形式的多样化，哪一个不是通过细心的揣摩、总结，不断地实践、实战得来？

彭清一的演讲往往涉及很多人、事，蕴含着多方面的哲理，他运用纯熟的演讲技巧，把这些看上去十分庞杂的内容融会贯通，使之“天衣无缝”一气呵成，用抑扬顿挫极具感染力的语言艺术，把这些内容生动地展现在听众面前。他讲国民党反动派、日本帝国主义的罪恶行径时，愤怒激昂的语言如疾电掣空、惊飚掠地，迅猛点燃起听众心中激愤的火焰；他讲阶级之情、同志之爱，讲到周总理、陈毅、贺龙等老一辈无产阶级革命家对他的关怀与勉励时，温柔深情的语言，情真意挚、感人肺腑，使听众潸然泪下；他针砭时弊，在揭露这个病态社会时，时而沉痛语重心长，时而愤慨振臂疾呼，使听众醍醐灌顶，反省深思。期间他还会插进优美的舞蹈动作，使听众自然而然地受到教育和感染。用“无声润物三春雨，有意催化六月风”来形容彭清一的演讲丝毫不为过。

2016 年 2 月 27 日，在北京金泰海博大酒店举办的“亿棵树百万年薪特训营北京群星会”上，我们有幸邀请了彭老出席。而在彭老一个多小时的演讲中，会场内无数次响起热烈的掌声，在为这位坚强而伟大的老人鼓掌的同时，更是向他致敬。

演讲一开始，彭老就别开生面地把主持人“批斗”了一番，面对这样一位身体如此不便的 86 岁的老人，主持人喋喋不休的介绍未免太拖沓了些。于他，什么“国家一级演员”“全国优秀青年思想教育工作者”“中国演讲与口才协会名誉会长”“共和国四大演讲家”……这些看似光彩四射的称谓不过是“身外物”，自己曾经取得的成就也只是自己的责任和义务而已，他告诉大家：“真诚是打开心灵的钥匙，做人要诚实，不能说大话，凡事要实事求是。”

在亿棵树百万年薪特训营北京群星会上演讲

接着彭老讲述了自己的经历，讲到了社会主义核心价值观，突然，他问道：“你们谁能够把‘社会主义核心价值观’背下来？”没有人举手，坐在前排的一个男士说：“我只知道有富强、民主、文明、和谐，后面的就不清楚了。”彭老有点失望，他说：“你们连‘社会主义核心价值观’都不知道，年轻人，你们太缺乏学习了！”接着，他当着全场400多人的面，背道：“富强、民主、文明、和谐，自由、平等、公正、法治，爱国、敬业、诚信、友善。”二十四个字，每一个字都掷地有声。

身为彭老的弟子，我明白他是在告诫我们，做任何事情都需要踏实、认真，不能有一丝一毫的偷懒和取巧，他是这样要求自己的，他也是这样做的。

而社会主义核心价值观把“富强”放在了第一位，这是近代以来中华民族梦寐以求的理想，也是中国特色社会主义理论体系的基本要求，我对它的理解是：社会生产力发达，产品丰裕，民生富足、安乐，民富则国强。在多年的销售和管理工作中，我发现，在中国，穷人太多了，而富人和中产阶级都太少了。如果让穷人富起来，让中产阶级成为大多数，那么，中国何愁不富不强？如果这些富起来的人能够投身公益，多植树，那么，中国的环境是不是就能够有所改善？这也是我办这个“特训营”的初衷——为中国培养更多的中产阶级，让中国富强，同时展开公益植树，实实在在地为我们的社会，为我们的子孙做点力所能及的事情。

只是让我没想到的是，彭老在他的演讲中如此赞同、肯定了我的这个举措，让我备受激励和鞭策，我一定要将这个事情做好！

彭老还说中国梦也是强国梦，他更是慷慨激昂地说道：“一百七十多年来，我们的祖国之所以屡遭侵略而不败，我们的民族之所以历经磨难而不衰，我们的中华人民共和国之所以在挫折和灾难面前一步又一步地走向胜利，取得今天这样的辉煌，不正是那种强烈的中国情、中国魂、中国梦在支撑着我们的思维和行动吗？”

大家都被他的这番慷慨陈词所感染、震撼，现场爆发出激烈的掌声。

这时，彭老突然问道：“你们当中有谁能完整地把‘中国梦’背下来？”见全场默不做声，这时他大声地说道：“我能！”接着他铿锵有力地背诵了起来。

回首过去，全党同志必须牢记，落后就要挨打，发展才能自强。审视现在，全党同志必须牢记，道路决定命运，找到一条正确的道路多么不容易，我们必须坚定不移走下去。展望未来，全党同志必须牢记，要把蓝图变为现实，还有很长的路要走，需要我们付出长期艰苦的努力。

每个人都有理想和追求，都有自己的梦想。现在，大家都在讨论中国梦，我以为，实现中华民族伟大复兴，就是中华民族近代以来最伟大的梦想。这个梦想，凝聚了几代中国人的夙愿，体现了中华民族和中国人民的整体利益，是每一个中华儿女的共同期盼。历史告诉我们，每个人的前途命运都与国家和民族的前途命运紧密相连。国家好，民族好，大家才会好。实现中华民族伟大复兴是一项光荣而艰巨的事业，需要一代又一代中国人共同为之努力。

我坚信，到中国共产党成立100年时全面建成小康社会的目标一定能实现，到新中国成立100年时建成富强民主文明和谐的社会主义现代化国家的目标一定能实现，中华民族伟大复兴的梦想一定能实现。

关于“中国梦”，彭老背得一字不差。背完后，全体鼓掌。彭老说：“你们背不下来，我背下来了，你们向我学习什么？（台下不敢吭声）就学我这个老头，86岁还这么认真。世间怕就怕‘认真’二字，共产党最讲认真，人生最大的弱点就是原谅自己的懒惰，你们中的很多人都太懒了，所以无法成就一番事业。”

彭清一敢如此底气十足地讲这番话，因为他做到了。为了背诵“中国梦”，他走路念、做飞机念、上厕所念……“世上无难事，只怕有心人”，他说：“只要你做了，你就能做到——我86岁了，记忆力差，同龄人没有人能做到，但我做到了，而且我背下来了就不可以忘。”

世界上任何事情最怕“认真”二字，敢于挑战，认真负责，笃学不倦，持之以恒，这就是彭清一。

20世纪90年代，心理学家埃里克森和他的两个同事在柏林的顶级音乐学院做了一个实验，在老师的帮助下，他们把音乐学院中学习小提琴演奏的学生分为三组：第一组是学生中的明星人物，具有成为世界级小提琴演奏家的潜力；第二组学生只是被大家认为比较优秀；第三组学生的演奏水平被认为永远不可能达到专业水准，他们将来的目标只是成为学校的音乐老师。

接下来，所有学生都被问到同一个问题：从拿起小提琴到现在，总共练习了多少个小时？所有的学生，都开始回顾过去的时间，差不多都是从5岁的时候开始。开始的几年内，所有人的练习时间都差不多，一周两三个小时。到8岁左右，明星学生的练习时间开始多于其他学生：9岁每周6小时，12岁每周8小时，14岁每周16小时。结果是：到20岁的时候，第一组的学生的练习时间差不多达到了10000小时。第二组的学生的练习时间约为8000小时，而未来的音乐教师，他们的练习时间只有4000小时。随后，埃里克森又在业余演奏者和专业演奏家之间进行了比较，结果一模一样：到20岁左右，业余演奏者的练习时间约为2000小时，而专业演奏家的练习时间约为10000小时。

通过这个研究，我们看到卓越者并没有什么“与生俱来的天赋”，这个世界没有不劳而获者。

所以，成功其实很简单，就是把你想做的事情做好、做对、做透、做精。也许这个过程有点漫长，但只要你一直坚持下去，成功的独木桥上剩下的也许只有你。成功其实也不简单，它没有快捷方式可走，没有所谓的天上掉馅饼，有的只是从我们懂事那天开始，便要认认真真、勤勤恳恳地对待每一件事情，吃苦耐劳，并将这种精神坚持下去。就像彭清一说的那样：“人生最大的弱点就是原谅自己的懒惰。人生遇到困难不要害怕、退缩，一定不要忘记理想，充满奋斗精神才是勇往直前的动力，成功就在‘坚持’一下之中。如果年轻人经过的磨难太少，骄里娇气，如果我们的思想懒惰，没有学习和工作的精神，没有奉献的精神，就会失去人生价值。”

如今彭清一的这种精神已经让越来越多的人受到教育和启发，我相信会有更多的人被他的这种精神所感染，会追寻着他的步伐不辞辛劳、兢兢业业、勇往直前地奋斗自己的事业和人生。

活到老，学到老，改造到老！

树语良言

生命不息，学习不止，进步不止，我们人类在漫长的发展过程中积累了大量的知识财富和精神财富，即使是精通某一方面，也需要长时间的学习，所以，活到老，学到老，改造到老！

彭清一，国家一级舞蹈演员、政府特殊津贴享受者，与曲啸、李燕杰和刘吉被誉为“国共和国四大演讲家”，先后获得了“全国优秀青年思想教育工作者”“铸魂金杯奖”“演讲终身成就奖”，一头顶着“大师”级别的荣誉，膝下弟子也都在各行各业地做出了成就，但是他始终不敢以“大师”自居。在他看来“大师”要有大学问、大智慧、大胸怀，“大师”的称号不能乱用。他还时时警醒膝下子弟们“你们距离大师还很远”。他更是谨记周总理于1957年5月26日在中华职业教育社立社四十周年纪念会上讲话中提出的“活到老，学到老，改造到老”的不朽格言，时时刻刻怀着一颗谦逊、进取、领悟、改造的心，兢兢业业地对待自己的事业和人生。

是啊，古今中外，无论你是大家名流，还是普通平凡之辈，作为个体，学习、领悟、改造始终伴随着我们的生命，世界上一切优秀的民族和个人也无不是在这样的进程中不断取得进步。没有舞蹈基础的彭清一如果不是自己的勤学苦练，不是走到哪学到哪的钻研精神，不是挑战生理极限的勇气和坚持，中国的舞台上便不会多了一抹亮丽的身影；没有演讲经历的彭清一，如果不是他的丰富的人生阅历的积累、总结，不是他对演讲技巧的钻研，不是他向同行们的虚心学习，不是他对当今社会现象的反思和针砭，中国的讲台上便不会出现一位新的震撼人心的“铸魂师”。他的每一次学习、提升，又何尝不是对旧我的改造，新我的升级？

彭清一说：“几十年了，我每天早上都是5点半起床，我也想睡，但是我就想几十年了，只要滑坡下去，就完了。”学习容易改造自己就困难了，更难的是在改造的同时不断地学习让自己进步。

2010年8月9日，京西宾馆会场高朋满座，由翔坤集团冠名，时代爱华人才成长教育机构和品牌联盟（北京）咨询有限公司承办的“翔坤·2010品牌中国（大学校长）高峰论坛”隆重举行，论坛的主题为“品牌革命与大学复兴”，彭清一作为嘉宾参加了此次论坛。论坛上，彭清一说：

我用不着总结，但是见了校长我有话要说，教育的问题是国家大事，现在我们的教育有失误的地方，很多学校，如北大、清华办了很多的班，收费几万元钱，最后还要发证书，我们一个教授带12个学生，能带好吗？这种教学本身对人才培养有巨大的缺陷。他们想给老师提高收入，但是教育是大事，就是培养人才，胡锦涛说要培养德才兼备的干部，我想强调一下，首先要有德，一个缺德的干部怎么能做干部呢？作为一个优秀的校长、老师首先要懂得活到老，学到老，最后一句话好多年不讲了，改造到老。

是什么力量支持着我讲了几十年，到现在还充满着激情？我的老师讲过一句名言：“有的人活着但是已经死去了，有的人死去了但是他还活着。”昨天王勇在会上讲的话，我就不太赞赏，下面是最有钱的校长，我听了就不舒服。我下台之后就跟他说，以后不要这么说，我们都知道他有钱，但是不要把钱挂得太厉害，最后就穷得只有钱了，我们的价值观念错啦，拿钱忽悠是不对的。而要像我们艾丰老师，讲讲人的精神，讲讲责任感，讲讲我们的智慧，因为我们对国家的发展有责任。我们的品牌不够响，不够大，所以我们要革命。我们今天开始革命，我觉得这次提出的口号很响亮，提得非常有思想性，品牌要进行一场革命。

在这次的演讲中，通过自身的所见所思彭清一指出了“德”的重要性，也就

与河南白马寺方丈亲切交谈

是伟大思想的领导作用，每一个人，即使你是校长、书记，抑或名人，都应该时刻不忘思想的教育和改造。

根据哲学的基本原理，我们知道，正确的实践要有正确的意识为蓝图。那么我们应怎样正确地反映客观事物呢？答案就是学习，通过学习，我们不仅要获得知识，还要获得良好的品格、深刻的思想认识，在伟大思想的指导下，进而为社会做出贡献，为自身创造条件。

当然，除了自己在事业上的不断学习努力，每遇到的一个人，对彭清一来说莫不是一种改造、一种学习，都能使自己进步。

年幼的彭清一，虽然生活在贫苦农家，但也淘气捣蛋，对待读书写字难免心猿意马，这时他的母亲便时时刻刻耳提面命，督促他要读书练字，更是在生命最后时刻都不忘叮嘱他好好学习，这时尚且年幼的彭清一懂得了学习的重要性，领悟到了一个人为什么要奋斗，这是母亲对他的改造，也是他人生的第一次“改造”。之后流浪生活中，彭清一差点饿死，是一位老妈妈用一把黑豆救了他的性命；在人生最美好、最重要的时刻，他遇到王昆，遇到戴爱莲老师，是她们的知遇之恩让他叩开了艺术的大门；在“文化大革命”那段不堪的岁月中，是老师、同伴、朋友、亲人间的温情，给了他力量和坚持的勇气：初登上讲台，李燕杰的认可，千千万万热心听众的期盼和爱戴，给了他最大的鼓舞……人与人之间的温暖，不仅让他从他人身上学到了很多东西，更让他懂得了感恩和奉献，这是身边的人对他的“改造”。

说到这里，还有一个小插曲。

1960 年的一天，彭清一受董必武的邀请，第二天 11 点半到新侨饭店赴宴。当时正是中国三年自然灾害时期，一个演员每月只能分到 32 斤粮食，对于一个年富力强的青年来说，根本填不饱肚子，甚至每天都处在饥饿状态。能赶上这样一顿大餐，是多少人梦寐以求的机会，对彭清一来说也是如此。于是，当天晚上他没吃饭，第二天早上他没吃饭，专门为这顿大餐腾肚子。到了宴会厅，彭清一发现董必武身边居然坐着许广平女士。见到彭清一，许广平走到他身边说："小伙子，哪里的？"彭清一毕恭毕敬地回答："我中央歌舞团的，跳舞的。""哦，你们剧团的节目我看过。"这时，董必武亲切地招呼彭清一说："小彭同志你来了，见到你特高兴，身体还好吗？我知道你们很困难，听说吃不饱。"彭清一回答："有这个情况，但我们可以忍耐。"之后，董必武让彭清一就座，还亲切地对彭清一介绍今天的菜肴。菜肴上来了，其中有一道海参，当年的海参不像现在的做法，一般都切成条的，那是完整的一只端上来。彭清一没有吃过，也没有用过象牙筷子，第一次伸筷去夹时，夹了几下都没有夹起来，便放下筷子不敢夹了。一旁的许广平看到后，笑着对他说："知道你们很困难，来吃点海参，顶点事。记住我的话，机不可失，时不再来啊，吃吧！"听到这样暖人心的话，彭清一都快哭了。那时，也让他懂得了越是伟大的人越是平易近人不摆架子，越是伟大的人越是能从细小的地方体会他人的困难。这件事对他今后的人生影响也很大。

彭清一一直把党视为自己的第二个母亲，是党给了他最大的学习榜样，也是在党的教育下，他不断地改造自己。

彭清一当过亡国奴，在家乡沦陷的时候，每天要给日本鬼子鞠躬，学说日本话，过着屈辱痛苦的亡国奴生活，但他也领略了八路军战士宁死不屈的英雄气概；他曾经是流浪儿，看见过被冻死街头的流浪儿，干过最脏最累的活，目睹过旧社会的中国老百姓为了一口吃的何等地拼命……见证了旧中国的种种苦难和不堪，但也经历了八年抗战，新中国的成立，中国人民从此站起来了，中国新生了，自己也新生了，他感受到了党为国为民的伟大，从此坚定不移地永远跟着共产党走，让自己的余生为党为民出一份力，这是党对他的第一次"改造"。

上了大学，结缘了戴爱莲老师后，彭清一便以她为榜样，时时激励自己，在专业上更是认真地和老师学习，不敢有片刻的偷懒，而最让彭清一感动的是戴爱莲老师对党、对信仰的忠诚。这是他从身边的人身上感受到的党的号召和影响力。

1950 年，彭清一随慰问团奔赴祖国的大西南，在这段艰苦的岁月，他不仅学了一身精妙的民间民族舞蹈，更是通过各种小事和大事认识到了一个共产党的伟大和无私，他第一次写了入党申请书。

从事舞蹈艺术后，彭清一不止一次地代表国家出国演出，演出的同时，不仅是学习的大好机会，更是深刻认识党、认识祖国的一个良好契机。1953 年，他在波兰参观完德国纳粹屠杀犹太人的奥斯维辛集中营后，强烈感受到法西斯的残酷，更感觉到共产党的伟大。当天晚上，他就写了入党申请书。

1957 年，他被发展为预备党员，但是，第二年开始了“反右”运动，他入党转正的事被搁浅了。但是他没有气馁、没有抱怨，他觉得这是党对他的考验，自己还需要进步，他必须更加坚定和努力才行。

1960 年，彭清一因伤住院，在那里认识了张治中。一天，张治中把彭清一叫到自己的病房说：“中央来了电话，要我马上回中央开会。到了中央以后，我们再见面的机会就少了。跟你说句心里话，我对你很不理解。我在国民党干了 40 年，是国民党的将军，但我可以坦率地告诉你：在中国这块土地上，除了共产党，其他任何一个政党都是不能领导中国的。遗憾的是，你跟了共产党十年，到今天你还不是一个共产党员，这就是我不理解的问题。同志，没有时间了，你考虑一下我的话吧。再见！”说完，张治中就走了。其实，张治中哪里明白，对于彭清一而言，党的思想、党的教育已经深深地根植在他的心里，即便不是共产党员，他也会以一个共产党员的标准、觉悟来要求自己，这是自己的责任也是自己的使命。而张治中将军语重心长的话语，也让彭清一再一次坚定了对党的信念。

1965 年，彭清一再次被发展为预备党员，但是命运就是喜欢开玩笑，第二年便是“文化大革命”，他被造反派开除了党籍。他还是没有抱怨，而是当成了党对自己的再一次考验。虽然那段时间不能参加组织生活，但他始终没有忘记一个共产党员的义务，依然每月上交党费。不久之后，他又写了一份长达 27 页的入党申请书，开始了历经十几年的漫长等待和付出，直到 1983 年，他才被恢复党籍。自己终于被承认，终于回到了党的怀抱。

而这“三进三出”，也加深了彭清一对党的认识，为了党，为了自己人生的意义，他没有理由懈怠。

1990 年，文化部代部长贺敬之见到彭清一后说：“你就是大名鼎鼎的彭清一，在党和国家的困难时刻，你站起来讲话，做了不少工作。中宣部有个曲啸，文化部有个彭清一，顶住了‘蛇口风波’的压力，非常感谢你们做出的成绩。”那一年亚运会在北京举行，文化部原定其传递亚运火炬的任务由贺敬之部长亲自担任，但是他把这个荣誉让给了彭清一，他认为由彭清一传递火炬，当之无愧。

获此殊荣，彭清一激动万分。成为火炬手将以自己人生故事为圣火增辉，并以高举圣火的形象激励和鼓舞世界，这一切都将成为自己生命的伟大升华，这是多少人的梦想和荣耀。同时他也非常感动，感动贺敬之的无私，感动组织对自己的关怀和肯定。

那天，在天安门广场上，彭清一容光焕发，他代表文化部、全国文联和中国作协，高举着火炬，引领着身后66名男女青年，从南跑到北，把火炬传递给下一个单位，然后再由这个单位传递给江泽民主席点燃。在万众瞩目下，“呼”的一声，火炬被点着了。火焰映红了彭清一的脸，一股自豪感油然而升。这一刻的幸福、自豪他终生难忘。

1990年、1992年、1994年、1996年彭清一连续四次被评为中央国家机关暨文化部优秀共产党员，受到江泽民、李鹏、丁关根等党和国家领导人的亲切接见。他是文化部5000多名党员和中央国家机关党员中唯一的“四连冠”。这是他应得的荣誉，但是他不骄傲，他把这次的荣誉当成是自己今后努力奋斗的精神鼓舞。

如今，经历过各种磨难和考验的彭清一，自从事思想教育工作以来，一如当年在舞台上一样，热情、努力、投入，一丝不苟。而他的这种忠于党、忠于祖国、忠于人民、顽强拼搏、无私奉献的精神及觉悟，随着时间的发酵越来越深刻，对党精神的学习和领悟也越来越深刻。

当然“学到老、改造到老”，除了接受党的教育，虚心向身边的人学习为人处世，除了努力攻克自己的事业，多做出一点贡献外，更要与时俱进，与自己斗争，懂得谦虚和改进。

1988年“蛇口风波”的恶意歪曲，对彭清一造成了伤害，但是他却以宽容的心态对待青年人，更是反思了自己的演讲，他说：“时代的变化，也需要我们不断跟着时代前进，把握住时代的脉搏，使这一工作更贴近实际，更有实效。”

在书房留影

生命不息，学习不止，进步不止，我们人类在漫长的发展过程中积累了大量的知识财富和精神财富，即使是精通某一方面，也需要长时间的学习，所以，活到老学到老改造到老。

从自身来讲，学习也是对精神的充实，在学的过程中，我们会思考，在思考的过程中，人性会得到升华。在我们短暂的一生中，需要突显自己的价值。年轻时，学是为了理想，为了安定；中年时，学是为了补充，补充空洞的心灵；老年时，学则是一种意境，慢慢品味，自乐其中。

“活到老，学到老，改造到老”，平凡的一句话，做人的大意境！

结语

不做纯粹的演讲家，要成为行动的巨人

一个年轻人想要开店，向父亲征求意见，自己好做好准备。父亲却对他说："如果你不想多挣钱，现在就可以租个门面开店；如果你想多挣钱，就得先准备为这条街上的邻居做点什么。"

听了这样的话，年轻人很困惑："我能为邻居做点什么？"

父亲说："可以做的事情很多，比如扫一扫街上落叶，帮助他们抬一下东西，陪小孩子们玩一玩……"

年轻人听了很奇怪，不明白这些事情和自己开店有什么关系。但是他还是决定先按照父亲的建议去做。他开始不声不响地每天打扫街道、给孤寡老人读报、帮助邮差送信……

半年后，年轻人的商店挂牌营业了，让他吃惊的是，来的顾客非常多，有些人甚至舍近求远专门绕道来他店里买东西。他们说："我们都知道你是个好人，我们乐意来你的店里买东西。"

没有大张旗鼓的宣传，没有打折降价招徕顾客的伎俩，但是这位年轻人却赢得了大量的顾客，因为他用自己的行动潜移默化地影响了身边的人，获得了身边人的认可。

虽然彭清一不愿意被别人称为"大师"，但他的每一个行动都是真正的大师所为。他是不言之教的践行者，他不会告诉你什么是梦想，但他会用自己的血泪告诉你什么是对梦想的执着和追求；他不会告诉你什么是爱国，什么是爱党爱人民，但他会用自己的奋斗和牺牲告诉你什么是对国家、对党、对人民爱得深沉；他不会罗列框框条条告诉你什么是善什么是恶，但他会用自己的亲身经历告诉你什么

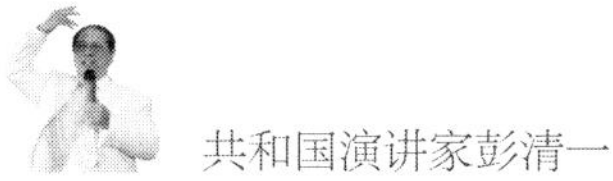

能做什么不能做；他没有华丽的辞藻和漂亮的说辞，但每一句朴实的话语后面都是一股精神的传递和震荡……他用自己的故事去感染人，去潜移默化地影响我们的心灵，激发我们对真善美的追求。我们从他身上感受到的是一个赤诚、睿智、激情的灵魂，为之震撼，更被鼓舞。也许真正的大师就是如此，也该如此！而彭老绝对是值得我们每一个人都尊敬的那个人！

是的，我用尊敬而不是崇拜，因为尊敬和崇拜是有区别的。被崇拜者往往拥有比被尊敬者更强大的才华、能力，更诱人的成就，但不一定心安理得。崇拜一个人，我们会去仰视他，时常这样的仰视还会让我们自卑；而尊敬是比崇拜更难付出也更宝贵的一种情感。你尊敬一个人，他可能不是特别优秀，但是他身上一定有某种东西特别打动人，值得我们去效仿，它介于平视和仰视之间，让我们没有距离感，也可以通过自身的努力消除距离。所以，像彭老这样的大师，不是拿来被人崇拜的，而是让人尊敬的。

当然，尊敬彭老，更应该效仿彭老，也许自己的力量微乎其微，但是这个社会需要的是一颗赤诚的心，一个通透的心灵，一个言行一致的高尚品格，而不是大放厥词、表里不一、大书特书心灵鸡汤的所谓大师。所以，像彭老那样做好自己，做好每一件善良美丽的事情，用自己的言行去感染身边的人，如果人人都能如此，我们的生活，我们的社会，必然也将更加的美丽、纯粹。

第六章
为人师表：恩师桃李满天下

《圣经》箴言书上有句话说：“强壮乃是少年人的荣耀，白发为老年人的尊荣。”在时光的流年里，彭清一从一个懵懂无知的少年走到了白发苍苍。然而回想自己的一生，他无怨无悔。

是的，他经历过沧桑，酝酿了自己的梦想和激情，如今已实现了自己人生的意义；他桃李满天下，此生最宝贵的经验、信念和精神后继有人；他行不言之教，道破人间的真谛，剥开一层又一层的社会现状，荡漾了多少失心的人；他积极献身公益事业，无私之心，感动、帮助了多少需要帮助的人；他有祖国这样的“大家”作为力量源泉，又有自己的“小家”可以休憩、依靠；他用自己的影响力和号召力，激发了更多人的社会责任感和使命感，如今，86岁的高龄，他依然和大家并肩作战……

人到老年，可以领悟到人生最实质最内在最主体的认同，可以把魅力的花朵和丰收的果实揉进生命的脉络，滋养人生，丰富人生，实现人生。也正是如此，彭清一这位和蔼的老人用他一生的智慧，最后的力量，让我们发现了良知，看到了真实，让我们绽放了美好。

公益是做力所能及的事

树语良言

公益从来不是高高在上的事情，对弱小的人发一次善心，慈善就在你殷殷的双手上；当你开始节约一滴水，公益就在你平常的生活里；当你身为一名志愿者，在炎炎烈日下执勤，公益就在你的微笑里……公益是做力所能及的事。

公益慈善，对我国来说是古老而又年轻的话题，在西方社会却早已深入人心，构成了平民百姓平凡生活中最基本的部分，上到第一夫人、福布斯前三甲，下到贫民窟营养不良的少年、街头的流浪汉，都是公益慈善的践行者。而我国的公益事业起步比较晚，但是随着中国经济发展水平的提高，观念的转变和信息化、全球化的变革，越来越多的个人，越来越多的企业，越来越多的企业家，不管是出钱还是出力，都纷纷投身到公益事业当中。

有着高度责任感和使命感的彭清一更是站在一个新的高度，以自己的影响力，为中国的公益事业摇旗呐喊，以自己的力量践行着每一个公益行动，四处奔走，到新疆，到湖南，到深圳，到内蒙古……尽自己所能，把爱心亲手奉献给那些需要的人们，把自己每一笔的资助和公益演讲堆在淳朴的良心上，垒砌起公益慈善的纪念墙。

“国家兴亡，匹夫有责。”2008 年 5 月 12 日汶川发生特大地震，得知这一消息，彭清一流下了悲痛的泪水。到处是残垣断瓦，到处是恐慌的人群，到处是让人无法直视的场面，面对这样的镜头，他不敢看，又忍不住去看，而每一次确定死亡人数的增加，每一次最新的新闻图片的发布，都让他的眼泪止不住地掉下来。此时“共产党员是块砖，哪里需要哪里搬”这句话又在他脑中回荡，于是，他不顾 78 岁的高龄，毅然伸出手臂要求献血，令采血的工作人员深受感动，但念及他的身体而婉言谢绝了。

献血不成，他又开始为灾区奔走呐喊，他要为灾区同胞捐款、捐物，为灾区的重建筹集资金。

5 月 28 日，彭清一的字画在上海以每幅平均 3 万元的价格义拍成功，款项随即捐往汶川灾区。

6 月 17 日彭清一应他第十五位弟子,《经理日报》驻内蒙古记者、内蒙古世华德慧公司总裁张维斌之邀，参加在内蒙古呼和浩特市举行的“大爱天下——企业家慈善论坛”活动。会上内蒙古国拍公司主持了彭清一字画义拍活动，彭清一那蕴涵着非凡品格、饱蘸着深情厚谊的字画“志存高远，大爱无疆”，被内蒙古鄂尔多斯市和平华瑞投资集团董事长石和平以 4 万元竞买。其他几幅字画也都被内蒙古杨军、孙丽华、王丽、白二青、刘玉英、辛建国等几位企业家争相竞买，共筹集款项 103720 元，全部交予内蒙古慈善总会，转送汶川灾区。

彭清一相信涓滴之水，终能汇成河流，捐赠不分形式，善举也不分先后，只要人人都献出一点爱，也一定能够汇成爱的暖流，流进灾区群众的心田。

是啊，这就是彭清一,一个永远那么无私、永远出现在党和人民最需要的时候

彭清一为筹集善款拍卖自己的作品

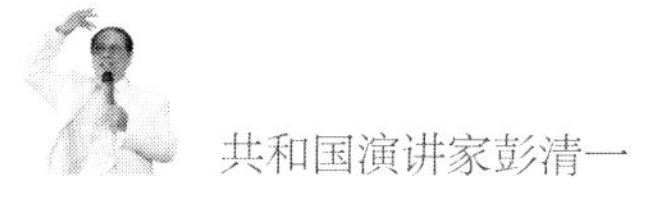

的人民艺术家和共和国演讲家。

人是世间最可贵的生物，然而想要成为超越生物学意义上的富有主体意识和精神的人，则必须修炼自己的品德和情操。如何修炼？彭清一用自己的行动告诉我们——积极投身公益事业。

2010 年 2 月 4 日，聚成全国公益演讲的首场在西安曲江国际会议中心隆重举办，来自政府、商会、企业等近一千人齐聚一堂，共同聆听了已经 80 岁高龄的彭清一题为《激情成就梦想，责任演绎辉煌》的大型公益演讲。

演讲中，彭清一围绕个人职业精神与国家梦想，紧跟当今国家发展现状，教导企业家们要自立、自强、爱岗敬业，教导他们要始终保持热情、激情，保持对工作的高度责任感，教导他们要懂得感恩和奉献。演讲结束，企业家们竞相分享着听完彭清一教授演讲后的感受，“振奋人心”“催人奋进”“震撼心灵”等一系列词语频繁出现，其中有人更是感触道：“平时我们忙于工作忙于应酬，很少有时间能感受到这般近距离的心灵触动。彭清一教授不仅教我们如何在工作和生活上保持激情、承担责任，更让我们的心灵和思想得到升华。”

作为聚成全国公益演讲的主讲嘉宾，2 月 6 日彭清一又现身郑州，开启聚成全国公益演讲的第二站……

为了公益事业，彭清一更是把自己的书法作品拍卖所得及从社会上募集而来的资金物品全部捐献了出去，看着他“财大气粗”慷慨解囊时，也许很多人认为他一定过着锦衣玉食香车豪宅的生活。确实，在很多人眼中，以彭清一的身份和收入，怎么也得坐个奔驰、开个宝马什么的。但是他说：“第一，我没有那个想法；第二，我也不具备那个条件；第三，用那些钱，我可以帮助他人。”其实，在这些慷慨馈赠的背后，是彭清一清贫生活的选择和坚持。

记得起初，彭清一一个月的工资才 800 元出头，除去 100 多元的话费、邮费、复印费、机场打的费及生活费，所剩无几。而他每天的午饭也只是一碗面和一瓶啤酒，如果这个月登门拜访的朋友多一些，他这点工资根本就不够，只能找夫人“支援”。自行车曾是他外出的“专车”，每次出门他先把自行车骑到中国美术馆，在那里换成民航班车去机场。一个小时后，他的夫人坐上公共汽车来到中国美术馆把自行车骑回去。说到自行车，采访时，彭老幽默地说道：“我就一辆自行车，除了铃不响哪儿都响，而且搁在楼下，北京的小偷多热情，但是十年了，小偷都不偷。”后来，由于身体原因，实在骑不了了，彭清一才把自行车换成了电动车。很多人看到大名鼎鼎的彭清一教授居然骑电动车，都好奇地问道：“彭教授，您还骑个电动车？”这时，彭清一总是笑着回答：“电动车挺方便，也不占地方，走起来方便，想停就停。”曾经他去南宁做报告，买的是硬座，从安阳回来时，坐的是硬卧上铺，对这些，他都一笑了之……

所有的这一切彭清一都无怨无悔，他说：“我没有背离共产党，没有背离一个农民的孩子，我还是那么纯朴的。”他觉得自己对得起自己的良知，对得起对党的信念，对得起自己所宣扬的精神和气节。

有一年春节，文化部领导来到彭清一家，亲切地对他说：“彭清一同志，多少年你默默无闻地在讲台上为党做了大量的工作，可是依然清贫……我们商量了一下，从部长基金里拿出5000元，你收下吧，哪怕是交个电话费、打个出租车呢。”

两袖清风、一身正气，彭清一自己尚且需要“组织”的资助，却能把自己书画作品所得全部捐献，这是何等博爱的情怀，何等的高风亮节！

也许看到这里有不少人会说：我没有彭清一的地位和能力，对待公益无能为力。真是如此吗？

每次出行，遇到帮助自己提行李的人彭清一都会毫不吝啬地给予100元的小费。对此彭清一总是抱着一种艺术家的想象：当他拿上这100元时，他可以跟他的未婚妻或者女朋友买一个荤菜、一个素菜，喝两瓶啤酒，小小地改善一下自己的生活。以自己的慈悲之心，带给他人快乐，在他看来没有什么比这个更令人高兴的了。

有一次，彭清一到昆明演讲，住在一个小旅馆里。小旅馆虽然提供热水，但是需要放40分钟的凉水才会出热水，一想到要浪费那么多的水，彭清一不忍心，便“不敢”洗澡，情愿忍受两天脏汗（彭清一每次演讲都会大汗淋漓）回家再洗。

……

看到了吧，公益从来不是高高在上的事情，对弱小的人发一次善心，慈善就在你殷殷的双手上；当你开始节约一滴水，公益就在你平常的生活里；当你身为一名志愿者，在炎炎烈日下执勤，公益就在你的微笑里；当你不富裕时，还

能捐出一套衣服，献出几本闲书时，你的品行远胜过那些一毛不拔的富翁；当你用血汗钱为村里铺上水泥路，你的心里会和迅驰无阻的车流一样顺畅；当你离开生活优裕的老家，只身到山寨小学支教，公益的丰碑就会刻上你平凡而不朽的名姓……

公益是做力所能及的事，也许我们的力量有限，也许说出来有点寒碜，但时时心存善念，点滴践行公益，把公益慈善融进我们滚烫的血液，像心跳那样从容地行善布爱，像呼吸一样自然而然地参与募捐，像衣食住行一样的习惯公益，我们这个世界就会变得和谐而美妙！

我相信在像彭清一这样的大师的带领和启发下，我们的思维在饱受经济大转型的冲击之后，必然会痛定思痛，或变得更加的理智、淡定、淡泊，行善授爱会重新占据我们的思想；权钱崇拜的毒瘴会被清除，每个人都将肩负起责任和义务；人们急功近利的心态会逐步消失，简约的幸福和简单的快乐会成为一种时尚……这一切都会让公益成为我们心灵和人生中一抹最亮丽的色彩。

彭清一助学基金

树语良言

“人的一生可能在一本书中间，也可能在一次演讲中间，一首歌曲中间，得到一种灵感的启示，影响自己一生！”从彭清一教授的身上，我知道，人生命的意义就在于付出，付出就是成长，付出就是快乐。

彭清一，贫苦人家出身，幼年艰难的求学经历，私塾老师对他的无私帮助，让他深深明白贫寒学子的窘迫和无奈。登上讲台后，但凡有学生给他写信说到自己的困难时，他便会毫不犹豫地回信鼓励，并赠送200元帮助他暂渡眼前的困难。而母亲临终前“好好读书”的教诲和自己的学习生涯，更是让他看到教育对一个人、对一个国家的重要性。

是啊，文化教育事业是一个国家的立国之本，中国人素来对资助文化教育事业的人和事迹称赞为“尊师重教，功泽三秦”，而通过资助“希望工程”，设立教师或教学奖励基金等各种赞助活动，可以很好地塑造民族大义和社会责任感。这类公益性活动不是肤浅的、稍纵即逝的，它对每一个人乃至整个社会的影响是深远的。

如今，随着时间的积累，人生的沉淀，有了一定社会地位和影响力的彭清一更加积极地投入到“希望工程”及教学奖励基金等各种赞助活动中。

2012年“红色演讲艺术之魂”大型公益演讲论坛在深圳大学举行。论坛以“激情与梦想”为主题，共和国四大演讲家李燕杰、彭清一，广东省社会学学会主席范英，深圳大学党委副书记陶一桃，以及约 60 名国内培训界知名的培训师等近 2000 人与会。

本次论坛共分三个篇章，分别为：“深圳大学彭清一助学金”启动仪式，同时深圳大学为李燕杰、彭清一颁发“深圳大学特约教授”聘书，为江南、金雪、翟杰等 26 位老师颁发“深圳大学学生就业校外指导老师”聘书；李燕杰、彭清一、江南、金雪、邹越五位老师围绕着“激情与梦想”展开的专题演讲；姜岚昕、李农合、程社明、洪战辉、王坤五位老师对本次论坛演讲感受进行分享。

论坛现场，爱心捐赠不断。李燕杰、彭清一、易发久等人纷纷为深圳大学图书馆捐赠图书，同时，在现场，通过拍卖彭清一捐献的字画物资的五十多万元，在深圳大学成立“彭清一助学基金”，用于深圳大学贫困学子的助学。

在“深圳大学彭清一助学基金”签约仪式中，彭清一一脸庄重，他明白签了字，就意味着自己有着义不容辞的责任和义务，而这只是刚刚开始；当从深圳大学党委副书记陶一桃教授手中接过“深圳大学特约教授”聘书时，他又一脸的灿烂，此时的他是自豪的，能以自己的努力，在“象牙塔”里荣获“一席之地”，感受中华传统文化教育的无穷魅力，传达“比阳光还要灿烂的道德光芒”，此生无憾；在面对培训界新秀的激情演讲中，他是欣慰的，他感到后继有人，他更是告诫培训界的老师应当用激情和梦想，用生命去演讲，让爱国，像一束阳光，照耀在每一个炎黄子孙的身上，温暖每一位华夏儿女的心田；在分享演讲感受，当听到他的弟子、2005 年“感动中国”十大人物洪战辉说“这是一次精神文明的大餐，也是一次道德教育的盛会。通过这次道德与心灵的洗礼，让更多的人知道怎样做一个有道德的人”时，他是告慰的，他相信，中国的大爱精神依然会在每一个人心中盛开。公益从来不是形式，从迈出第一步起，就是一辈子的行动，自从成立“深圳大学彭清一助学基金”，彭清一始终坚持为助学基金注入资金，从第一年的 55 万元，到第二年的 44 万元，到后来的 100 万元，有多少能耐尽多大力。

2013 年 4 月 19 日，由彭清一主讲，以“梦想承载希望 责任成就未来——中国梦·企业梦·校园梦”为主题，大学生、企业家、共和国演讲家同台说梦大型演讲会暨“安普瑞奖学金”“彭清一大爱梦想基金”成立仪式在湖南怀化学院举行。市委宣传部副部长傅国英出席演讲活动，怀化学院的领导、学生，以及怀化 100 多位优秀企业家等参加了此次活动。

活动中，彭清一以“激情成就梦想，责任续写辉煌”为主题进行演讲，慷慨激昂地和不同年龄阶段的学生和企业家共同分享了自己的梦想。此时 83 岁的他用自己的奋斗史，勉励同学们：“伟大的梦想只有在不懈的奋斗、不怕流汗流泪的付出中才能实现。”他的演讲感染了每个人，现场爆发出阵阵热烈掌声。

接着，还举行了“安普瑞奖学金”（10 万元）和“彭清一大爱梦想基金”揭牌仪式。彭清一将自己的八幅书法作品进行现场拍卖，他的爱徒、怀化学院教师洪战辉则客串拍卖师，最后一幅“天行健君子以自强不息”拍得了全场最高价 2.6 万元。最后，他无私地将自己作品的拍卖所得及现场募捐的一共 29 万元，全都投入到了“彭清一大爱梦想基金”。

2014 年 11 月 10 日，中国首所免费大学——北京华夏管理学院三周年感恩年会在北京市平谷区隆重举行，彭清一和李燕杰以及教育行业内的专家、社会爱心企业家、各主要媒体、社会知名人士等齐聚免费大学校园，共同交流和探讨免费大学教育公益化改革中的经验和未来发展方向。活动中，彭清一和大家进行了爱心分享，聆听了各届学生代表精彩的感恩演讲，与会嘉宾还共同见证了彭清一在免费大学设立的“清一书院”的启动仪式。

2015 年 1 月 31 日，“俊民中学苏来发教育基金会首次资金注入启动仪式暨共和国演讲家彭清一教授演讲”在安溪县湖头镇俊民中学举行，85 岁的演讲家彭清一携手俊民中学杰出“90 后”校友苏来发，共同为全体师生带来一场别开生面的演讲。

当天，年轻校友苏来发捐赠母校 20 万元，启动校园助学基金会。彭清一则拄着拐杖讲述自己的励志故事和人生感悟，赢得师生们的热烈掌声。演讲中，他还不时与学生们互动，对回答好的或大声回答的学生，老人家“激情献吻”或向学生“索吻”，学生们说：“他是一位超可爱的爷爷，他讲的故事令人振奋。”演讲结束，彭清一拿出自己的五幅书法作品现场拍卖，所得钱款全部捐给俊民中学助教助学。

除了自身的捐赠和奉献，彭清一更是以自身的人格魅力和影响力，深深地感染身边的人，让越来越多的人认识到公益的力量和意义。

2008 年，新疆公益演讲活动中，因为爱，彭清一和成杰这一老一小两位演讲家互相握手，共同交流，通过演讲和感召，他们为汶川募捐了近百万元的善款。

彭清一曾说过：人的一生可能在一本书中间，也可能在一次演讲中间，一首歌曲中间，得到一种灵感的启示，影响自己一生！这次的新疆之旅，使成杰内心深处一扇尘封已久的门打开了，特别是看到彭清一这位年近八旬的老人在灾难面前表现出的一份良知和责任，让他开始思索自己的人生：人的生命，究竟意义何在？他觉得付出就是成长，付出就是快乐，生命的意义在于付出。于是，从新疆回来之后，他为自己立下了一个目标：用毕生的时间和精力捐建101所希望小学。

新疆之行，是成杰人生的一个转折点，也是彭清一和他缘分的起点，2013年，成杰正式拜入彭清一门下，一老一少再次携手，谱写人间大爱！

2016年12月6日清晨，以彭清一教授和巨海集团共同冠名的“康定市巨海彭清一希望小学”举行了建成剪彩仪式。彭清一教授及其夫人浦春昭老师，巨海集团董事长、上海巨海成杰公益基金会创始人成杰先生携手来自全国各地的企业家冒雪驱车见证了这一重要的历史时刻。

社会公益事业是中国优良传统的延续，是构建社会主义和谐社会的内在要求。组织开展公益活动，体现了组织助人为乐的高贵品质和关心公益事业、勇于承担社会责任、为社会无私奉献的精神风貌。为此，彭清一除了出入校园，更是通过专长——演讲，用公益演讲、支持各界演讲比赛、助力公益培训等方式，出入各个企业和培训机构唤起企业和公众的良知，向社会呼唤梦想、信念的力量。

康定巨海彭清一希望小学剪彩仪式上合影

幼时求学艰难，有能力了便希望天下没有读不起书的孩子

实现中国梦，教育需先行！为了唤起每一位公民的社会责任，激发教育培训业正能量，彭清一联合937位公益导师，36家公益培训机构，381家公益爱心企业共同倡导组织成立的公益培训课程、公益培训资源和公益网站平台，力求把“中国梦·公益梦”落到实处，它的目标是每年筹集2亿元资金，整合教育培训资源为社会服务。截至2014年，联盟整合筹集的教育资源价值已达到5600多万元，已在全国举办167场公益培训，服务学员超过3万人，并逐步为全国工商协会、政府园区提供全年的公益培训。他们呼吁中国每个角落默默无闻做公益教育培训的单位和个人共同参与，一同推动教育培训公益元年的启动，一起为正能量感动！

坐而论道，其而践行，幼年时代家乡落后的教育曾给他留下一道心伤，孩子们那一道道渴求知识的目光深深地拨动了他的心弦，尽自己的绵薄之力，帮助“祖国的未来”健康成长，成了他义不容辞的责任和义务。彭清一，这个老一辈革命家、艺术家、演讲家，正用自己一颗无私的心，一个正直善良的灵魂，为中国新一代人保驾护航。

而我相信，在许许多多诸如彭清一这样无私奉献之人的努力下，他们的这些帮助和奉献，会成为照亮祖国学子们黑夜的灯塔，会成为撞开他们内心冰闸的春水，会成为温暖他们冬日内心的阳光；我更相信，在他们的引领和号召下，越来越多的爱心人士将会崛起，为我们的国家和社会注入更多的爱心力量。

伟大的友谊

树语良言

伟大的友谊源于彼此共同的追求，更是源于彼此之间及对社会对身边人的那一份真诚和那种不分彼此的博大胸怀。

古人说“士为知己者死，女为悦己者容”，人生得一知己足矣。而选择朋友第一要紧的是必须选择志向远大的人，第二要紧的则是要选择气味相投的。说到这一点，彭清一觉得自己是幸运的，自从走上讲台后，他有幸结识李燕杰、曲啸、刘吉等，视思想政治教育工作为生命，并为之终生奋斗的人。他重视他和他们之间的友情，把这种情谊当作自己的一笔精神财富。他认为世间最美好的东西，莫过于有几个头脑和心地都很正直，都一样勇于奋斗勇于追求的真正的朋友。20 世纪 80 年代，彭清一初登讲台不久，一边废寝忘食地钻研演讲艺术和技巧，一边奔赴各地激情演讲。

1986 年，他受邀到北京外国语学院做报告，他感人至深的演讲，引起了轰动。北京师范学院领导获知这一情况后，便邀请他也来校演讲。接到邀请，彭清一提出自己的心愿：希望能见一下李燕杰老师。但是校方给他的回复是：燕杰老师很忙，恐怕难以如愿。那天学院的演讲，彭清一发现在几百名大学生中，端坐着一位气度不凡、温文尔雅的长者，那位长者认真听讲认真记着笔记。他是何人，彭清一当然不知道，但是他还是被感动了，在大学里，拥有如此不凡气质的定然不会是一个普通人，也许会是位卓有成效的学者，一位学者能如此认真地听自己演讲，这是一种多么大的荣幸。

演讲十分成功，一百多名学生围着彭清一要他签名。这时，这位长者走上讲台，挡着同学们说："让彭清一老师缓口气吧，他满身伤残，讲了三个小时，同学们体谅一下吧。"大学生们随即散开了。之后，这位长者把彭清一扶上等候在外的车子，并真诚地对彭清一说："彭清一同志，您的演讲十分感人，也很精彩，谢谢您了。"彭清一忙说："谢谢您给我解围，请问您怎么称呼？""我是李燕杰。"长者淡淡地答道。踏破铁鞋无觅处，得来全不费工夫，李燕杰同志居然就在自己的面前，还认真地听完了自己的演讲，彭清一激动万分。

20多年前很多人不一定认识李连杰，但一定认识李燕杰，这个当年和张海迪一起成为中国人心目中的励志楷模的人已经做了四千多场演讲，拥有七百多个社会头衔，在20世纪80年代，如果你要寄信给李燕杰，直接在信封上写上"北京李燕杰收"就可以了。彭清一没想到正是这样的一位大师，居然在台下谦虚、认真倾听，默默成为了他的一名听众。

回到住处，彭清一连夜给李燕杰同志写了封信，从此他便和他结成了深厚的情谊，他们书信往来，交流心得交换看法。李燕杰不时地还会寄一些自己出版的书籍，以及有关演讲的各类报刊、资料来鼓励彭清一。彭清一曾写过这样的一封信：

李燕杰：

您好！

中华教育艺术研究会第八十期简报收到了，熟悉的笔记，纯朴的人格，使我一眼断定，那是您亲自书写的信封。它像一股暖流充溢于我的心田，及至看到内容时，才晓得那是江苏女才子郭青莲老师为鼓励我而写成的一篇文章。这篇东西在河南办班时你曾对我讲过，要在简报登载作为会员之间心灵的一次沟通，这正如您所喜爱的那句名言："我们之间是天空的星斗互相照亮，绝不像海滩的砂石那样互相冲撞。"当然，我读了这篇文章，心有愧意：因我距作者所评甚远，只能以此为鞭策激励自己的动力……

问候您的全家！

问候研究会办公室的诸位同志！

彭清一

1989年7月27日

李燕杰20世纪70年代便开始公开演讲，到了80年代早已成为家喻户晓的演讲大师，对彭清一这个初入讲台的“新人”来说，他是自己的老师和榜样。而李燕杰丝毫没有摆出“过来人”的架势，对彭清一非常的欣赏，始终以礼相待，以知音共处。他曾给彭清一写了这样一首诗：

送清一

淡淡海河水，
悠悠远客情。
离合理之常，
聚散安足惊？

相识相晤三五载，
山光水色相与共。
疾风知劲草，
风波显精诚。

豪情壮，志趣同，
即使骤雨伴斜风，
一自幽风生易水，
千秋百日贯长虹。

慨然持长剑，
济世岂邀名？
崎岖征程千万里，
耿耿丹心无限情。

舞台又讲台，
振臂一呼山河动；

彭清一、李燕杰、刘吉（中间三位）在第五届学习型中国-世纪成功论坛演讲后一起上台讲话

彭清一与李燕杰、刘吉在今日中国论坛合影（四大演讲家只剩三人了）

天涯与海角，
指点江山四座惊。

情深难忘通宵语，
诤言尚在，义气重。
今朝为客河西春风里，
明日无尽关山万里行。

淡淡海河水，
悠悠远客情。
谁言知音少，
道合有良朋。

回顾与李燕杰的相识、交往，以及自己在演讲事业上的成长，彭清一坦言，有一半的功劳要归于李燕杰。正是李燕杰对他的欣赏和肯定，坚定了他的演讲信心、信念；正是李燕杰无私的帮助，让他更深层次地领略到了演讲的艺术和魅力；李燕杰更是他的“伯乐”，他以最敏锐的眼光看到了彭清一身上蕴藏的巨大能量和魅力，1999 年他曾经在一次高校演讲时说过这样一句话：“2000 年中国的大学将是彭清一的天下。”果然，2000 年后各大学校纷纷邀请彭清一前去演讲。

如今，共同的事业追求早已将李燕杰和彭清一紧紧地联系在了一起，此后，不管是举办思想教育艺术高级讲习班还是在全国各地的巡回演讲中，都互相切磋、互相支持、互相鼓励，两人还会同台演讲，共同传递社会正能量。

2013 年 6 月 20 日，共和国演讲家李燕杰、彭清一思想道德报告会暨“道德的力量”全媒体专刊、专栏启动仪式在大庆歌剧院举行。李燕杰、彭清一分别以《德才学识与真善美》《大庆精神助推中国梦》为题做了精彩演讲。演讲中，他们共同追溯了大庆精神、铁人精神的诞生历程，肯定了大庆为共和国的成长做出的巨大贡献，更是鼓励大家要传承大庆精神、铁人精神，用激情和热情把大庆建设得更美丽，用正能量激发斗志，助推中国梦的实现。

2013年生日会上刘吉教授为彭清一送上自己的墨宝

彭清一与刘吉是在1987年中国科学技术大学演讲时相识的。

刘吉比彭清一小几岁，但是在20世纪80年代，就以“言约旨远、思想深邃、锋芒犀利、幽默智慧”的对话闻名遐迩，被称为“刘吉工作法”。他的“对话”哲理影响深远，被誉为青年思想教育艺术家“对话”大师。

活动中，刘吉和彭清一一见如故，相识恨晚。刘吉这位身材高大，思维敏捷，敢于创先，曾在地方和部队，企业和学校工作过的教育家、演讲家给彭清一留下了深刻的印象。而刘吉对彭清一的评价则是：忠心耿耿，光明磊落。

1988年5月12日，彭清一与刘吉、曲啸、范曾、李燕杰、景克宁、庄青、周荫昌、郑焕明、李永田、姚有志、诸有琼等，三十余名教育艺术专家教授汇聚北京师范学院研究讨论“中华教育艺术研究会”的成立。基于这个契机，彭清一结识了曲啸。

曲啸，1932年生于辽宁省金县（今大连市金州区）。1953年入东北师范大学教育系学习。1957年毕业前夕被打成“右派”，被分配到辽宁新民县师范学校任教。1958 年被劳动教养。1961 年被摘掉“右”帽子，解除教养后到嫩江草原牧马。1965 年到辽宁盘锦县新安农场小学任教。1968 年被打成“现行反革命”，被判处有期徒刑 20 年，在狱中专心研究犯罪心理。1979 年被宣布无罪释放并恢复政治名誉。1981 年到营口教育学院任教，1982 年被评为教授，任营口教育学院副院长。1982 年加入中国共产党。1985 年调往北京，任中共中央宣传部局级调研员。1985 年被中华全国总工会授予“五一劳动奖章”“全国优秀教育工作者”称号。他的一些经历与 1982 年公映的电影《牧马人》中的男主人公许灵均相似，于是被称为“当代牧马人”，而他一生曲折的经历更赋予“当代牧马人”以丰富的内涵，成为了不向命运屈服的象征。他的这些经历让彭清一唏嘘感慨，又深受教育。

由于只比彭清一小一岁，加上为人耿直、真诚、坦荡，曲啸便和彭清一这样直性子的人颇是谈得来，私下他们以兄弟相称，交往密切。每次在外地演讲结束吃饭时，曲啸总是满脸堆笑地对彭清一说：“彭兄，请上座。”好几次彭清一和曲啸都是在 12 月 31 日傍晚赶回北京。有一次，再过 6 个小时，新年的钟声就要敲响了，坐在汽车上的他们一合计，各自从路边摊上买了一些驴肉，算是置办“年货”了。

由于积劳成疾，1991 年，曲啸在江苏省南通市演讲时，晕倒在演讲台上，从此半身不遂，失去说话能力。在他养病期间，彭清一每年都要去看望他几次。每次见面这两个兄弟都会紧紧相拥而泣。彭清一很欣赏曲啸的一句话：一息尚存当报国。彭清一觉得他做到了，于国、于民、于己，此生无愧。

彭清一与李燕杰、刘吉、曲啸都是中国青年思想教育中心研究报告员、全国优秀青年思想教育工作者，被新闻界并称为“演讲四杰”，是共和国四大演讲家。身为同行，怀抱着同样一颗为国为民的赤子之心，他们没有互相攻击、嫉妒，有的只是彼此携手，共同在人间谱写真理的精神和行动，他们之间的友谊是共产党人本色的体现，是中国优秀民族精神的闪烁，是人性光辉的彰显。

可惜，2003 年 8 月 6 日 17 时 52 分，曲啸去世，永远地告别了讲台。世人为之痛惜，彭清一他们为之悲恸，但是他们更是以此自勉，不顾高龄体衰，互相扶持，依然奋战在讲台上，为演讲事业贡献自己的一份力量，为更多的人带去心灵的补给和启迪。

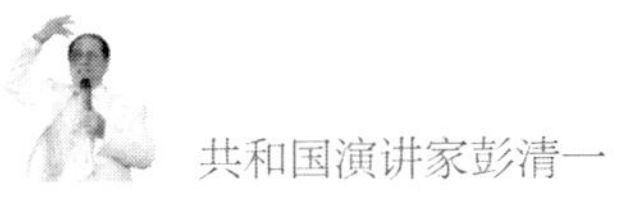

中华教育艺术研究会成立时，订立了“四项原则”：在政治上与党中央保持一致，在组织上不搞小圈子，在生活上清廉纯正，在工作上尽职尽责。研究会的成立，受到党中央的高度重视和肯定，中央政治局常委李瑞环同志曾题词：“忠于马克思主义，献身于中国人民，为人民思想解放而奋斗。”如今，彭清一和中华教育艺术研究会的同人们，始终坚持精诚团结、不畏艰辛，著书立说，传播真理。为了弘扬演讲艺术，让越来越多的人认识到讲演的魅力和意义，彭清一、李燕杰、刘吉及其他同人们，更是总结自己的演讲经验，出入演讲比赛现场，支持培训公益机构，让演讲的艺术在中国大地开花结果。

在 2012 全国大学生演讲大赛期间，彭清一和李燕杰、刘吉同时出席大赛并同台演讲，成为演讲界一大盛事。他们热情洋溢的演讲，使参加比赛的大学生们深受鼓舞、启发。

2013 年由李燕杰教授发起的世界华人演讲家大同盟正式成立。李燕杰担任大同盟首任主席，中国演讲协会是大同盟的团体常务理事。而彭清一和李燕杰为中国演讲协会名誉会长，刘吉为会长。大家又一起为中国的演讲教育艺术事业并肩作战，为弘扬时代正气，传递正能量，宣传真善美，共圆中国梦而努力。

2014 年 5 月 2 日，中国梦天地正气大型公益演讲启动仪式暨李燕杰演讲艺术研讨会隆重举行。来自全国各地的专家、学者和演讲组织者、教学者、实践者等 200 多人参加了此次活动。李燕杰教授在会上为中国演讲界六大演讲家的评选活动揭晓，亲自宣布六大演讲家获选名单：颜永平、侯希平、翟杰、李志勤、蔡顺华、邹越；彭清一和李燕杰、刘吉在会上，一起为即将出征的赴美国公益演讲的演讲家们颁发证书、授牌、合影留念，三人还各自发表了热情洋溢的演讲。

2014“中国·高邑·千秋杯”“中国梦·我的梦”全国大学生演讲大赛暨首届全国中学生演讲大赛 5 月 16—18 日在河北省高邑隆重举行。来自清华大学、中国人民大学、中国科技大学、复旦大学、上海交通大学等全国 25 个省、自治区、直辖市 71 所知名高校和 17 所重点中学总计 263 名参赛选手和领队参加了比赛。为了这次大赛，彭清一和李燕杰、刘吉等当代演讲大师齐聚高邑，共话中国演讲大计。

……

人生在世，不管什么阶段都需要朋友。少年时的朋友，是阳光，是雨露，滋润着我们年轻的心田，让我们幸福地成长；青年时的朋友，是火种，是助力器，让我们振奋，勇往拼搏，奠基人生的根基；壮年时的朋友，是冲锋的号角，是燃烧不尽的能量，给我们无穷的能量，使我们懂得用汗水和智慧铸就事业的辉煌；老年时的朋友，是老酒，是古玩，让我们越品越有味道，可以带着喜悦的心情，欣赏夕阳无限好。

对彭清一来讲，能够在壮年时，相识这些志同道合的朋友，在老年时，依然和这些朋友奋战在讲台上，自己的后半生始终和这些朋友为伴，他不孤独，他不是孤军奋战，他越活越有力量。就像一句话说的那样：人是群居动物，团结是人类进步的最大原因，只有团结合作，才能把事情做得更好。

然而，这个道理谁都明白，可现实生活中，同事间的倾轧，邻里间的妒忌、诽谤，同学间的攀比、势力……很多年轻人早已丢失了一颗“朋友之心”，不过是活在自己渺小的世界里，苦苦挣扎、自怨自艾。

人生得一知己足矣，走出去，突破自我，和有着同样思想觉悟，有着同样信念和理想的朋友在一起，朝着自己的奋斗目标不断前进，这将会是人生一大幸事。彭清一和那些演讲大家的友谊，给了我们最好的友谊表率，他们的经历告诉我们，伟大的友谊源于彼此共同的追求，更是源于彼此之间及对社会、对身边人的那一份真诚和那种不分彼此的博大胸怀。

彭清一说：“真者，精诚之至也，不精不诚，不能动人。”真诚是打开人与人心灵的钥匙，是团结他人和凝聚力量的前提条件。我们应该像彭老他们那样，与每个同行的人保持友善的态度，多些宽容，少些嫉妒，充满爱心，绝无悔意，这样才会在志同道合的路上走得更顺、更好、更远，为祖国、为人民真正贡献出自己的一份力量。

华桂山论坛

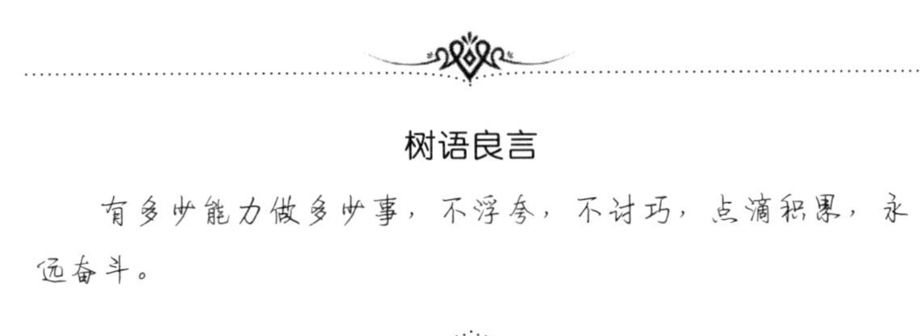

无论哪个社会，总会有不堪、堕落或腐败的存在，于是，便有了更多的有识之士站出来“斗争”：许多有良知的老一辈革命家、艺术家，诚如彭清一，奔走于全国讲台，呼唤正义和良知；许多有胆识的法律界人士站出来，为弱势人群提供法律援助；大批勇敢的媒体人站出来揭露社会的种种不公，宣扬人间的真善美；很多成功人士，无私地和他人分享自己的成功经验，更是站在公益的舞台上，回报社会……越来越多的有识之士开始以自己的力量为国家、为社会、为人民，尽心尽责地贡献一份力量。可以说，每一个社会进步都需要有识之士去奋力争取、贡献。而华桂山论坛，就是在这样一些有着爱心、有着社会责任感和使命感的有识之士的倡议下成立的。

华桂中学，依傍巴水河上游，是浠水县北部最偏远的一所农村寄宿制公办初级中学，与罗田县城仅一河相隔。这里是一个求知明理、育人成才的好地方，从这里也走出了一批又一批的优秀人才。如今功成名就的老校友们，正在以自己的力量回报母校，回报社会。

2013 年清明节，浠水县团陂镇华桂中学 85 届毕业生回母校，成立“华桂中学 85 届同学会”，设立“华桂山奖励助学基金”，会长龚懿捐赠 3 万元，副会长徐

在华桂山中学合影

用才捐赠2万元作为启动资金。同时策划成立“华桂山论坛”，以凝聚华桂籍有识之士的力量，出力或者作为嘉宾演讲支持华桂中学的教育。

经过多次电话和网络磋商，首届“华桂山论坛”于2014年8月4日在罗田天堂寨开讲。2014年10月14日在华桂中学举行了第二届“华桂山论坛”。2015年4月3日，第三届“华桂山论坛”在华桂中学举行，我和师父彭清一分别收到邀请，成为这届论坛的演讲嘉宾。能够跟师父一起参加华桂山论坛，我感到非常荣幸，也很激动，特意前往北京接上师父一起到浠水县华桂中学。

早就听闻华桂山人杰地灵，钟灵毓秀，人文底蕴深厚，尊师重教，华桂中学的学子们爱校惜时，好学上进，朝气蓬勃。步入华桂中学，校园内风景秀丽，绿树成荫，徜徉其间，如沐春风，精神不禁为之一震，能够为这里的学子们带来一份精神的力量，能为中国的教育贡献自己的一片爱心，我和师父都非常激动欣慰。

参加论坛的除了我和师父彭老，还有华桂中学往届校友，华桂中学85届、86届老师，以及华桂中学的全体师生。浠水县教育局领导、团陂镇政府领导、团陂镇中心学校的校长们参加了此次论坛，黄冈日报、黄冈电视台、浠水县委宣传部干部和浠水电视台等各大媒体的记者纷纷为本次论坛做了宣传报道。

当天上午8时，升国旗、奏国歌，能以如此特殊和伟大的方式来拉开此次“华桂山论坛”的帷幕，我感慨良多：十年树木，百年树人，教育是兴国之本。如果一个国家空有经济的发达，而没有教育的发达，那这个国家是悲哀的、是没有潜力的，所以“穷什么也不能穷了教育”。“华桂山论坛”是自觉地把自己的初衷和公益心，与“教育兴国”紧紧地联系在一起，能站在如此的一个高度来对待教育，我很敬佩。

升旗仪式结束后，主持人徐用才和与会嘉宾介绍了彭老、吴甄倪和我，85届优秀毕业生陈文勋女士宣读了“华桂山论坛”愿景：

“华桂山论坛”愿景

愿景：把世界带进华桂，让华桂走向世界。

目标：

1. 影响和支持10人成为影响世界和平与发展的政治家、思想家、哲学家、经济学家、科学家或军事家。

2. 影响和支持10人获“诺贝尔奖”。

3. 影响和支持10人成为影响世界的中国文化的国学大师、文学家、教育家、诗人。

4. 影响和支持10人成为书法家、音乐家、画家、艺术家。

5. 影响和支持10人成为研究影响历史进程的古今中外伟人的专家。

6. 影响和支持50~100人成为全国知名的优秀校长。

7. 影响和支持100~200人成为中小学各科全国最优秀的老师。

8. 影响和支持华桂每一个家庭考取一个大学生。

9. 影响和支持10名企业家进入“世界500强”。

使命：醒悟宇宙智慧，追逐中国梦想；传承华桂精神，创造世界影响。

华桂精神：自强不息，修己达人。

时间：千年华桂，百年梦想，定期与不定期。

方式：集中与分散相结合。

主讲嘉宾：

1. 华桂中学历届优秀校友及其优秀子女；

2. 曾在华桂中学任教的优秀老师；培训界优秀导师；

3. 国内外有影响的教育专家，国学、文学、艺术界等名流；

4. 国内外经济、金融界等名流；

5. 国内外政界名流、军界名流、商界名流。

这个目标包括历届华桂校友本人及其子女。

也许他们的目标在很多人看来有点“言过其实”，他们的力量也“微不足道”，但是只要有了这种精神和目标，一代不行两代，两代不行三代，子子孙孙永不穷尽，终有实现的那一天。是的，我很敬佩他们，有多少能力做多少事，不浮夸，不讨巧，点滴积累，永远奋斗。

如今，随着论坛的举办，校友们的努力，华桂的声音，通过论坛、期刊、互联网，传遍祖国各地，已经颇具影响力。

宣读完愿景，华桂中学85届优秀毕业生、深圳天利来科技有限公司董事长龚懿做了题为《自强不息，修己达人》的演讲，他讲述了自己从一个贫困学生通过苦学取得优异成绩，师范毕业后从教、从政到只身去深圳打拼二十年终于事业有成的经历。徐用才解读了华桂精神，他还代表华桂中学校友，把所有的教师请上主席台，让所有的校友面对老师三鞠躬，行“谢师大礼”。我和彭老坐在台下始终认真地听着、看着，更是被他们这种精神深深感动，我们也相信，作为华桂人民优秀的儿女，华桂中学优秀的毕业生，他们的经历和作为一定会极大地激励和鼓舞华桂中学的师生们。而在徐才用带领大家“行谢师大礼”时，我忍不住望向了彭老——人生中的恩师，在心里我也默默地向他“三鞠躬”。

之后，吴再琴宣读了成立华桂中学校友会的倡议书。倡议所有华桂中学的校友参加校友会，并依据个人经济能力自愿进行捐助，所捐款项用于华桂中学助教、奖励和扶持华桂中学品学兼优的学生，为论坛活动提供经费，以及资助遭遇重大困难的华桂中学校友。在她的倡议下，大家慷慨解囊，一千，两千，三千，五千，一万，三万，五万，十万，此次捐款共计42万余元。能够资助10个孩子上学，并为该校捐赠100册自己的新书，我感到非常荣幸。

郭树良与受捐助的孩子们合影

捐赠结束，吴甄倪和我各自发表了演讲。吴甄倪告诉华桂中学孩子们：不管你的出身多么不值一提，永远要积极进取，要学会感恩。而我则是通过自己的亲身经历，告诉这里的孩子们要不断地挑战自己、挑战极限，你们还年轻，你们的未来充满了无限的可能。我希望我的经历能为他们的成长注入一丝坚毅的力量。

最激动人心的时刻，还是下午的第一场，彭老准时上台演讲。虽然已85岁高龄，但他思维清晰，表达顺畅，热情洋溢，风采依旧，更是充满激情地与观众互动。他告诉孩子们：人生要有理想，要能坚持，要能吃苦，要学会感恩，要有社会主义核心价值观。他的演讲永远那么富有魅力，他的激情永远那么富有感染力，在场的每一个人都被深深地感染，而台下的我即使已经听了千百遍，依然如第一次听时那般地震撼，依然从他身上感受到了汹涌澎湃的精神力量。可以说，他的到来就是论坛最好的“宣传名片”，是华桂人最大的“精神捐助”。

然而，毕竟是85岁的高龄，长时间的演讲非常耗费体力和心力，我心疼师父，担心他的身体状况，虽然我知道他还没有讲够，他还有很多的人生智慧要和华桂中学的师生分享，但不顾年迈，穿越万水千山来到华桂免费做演讲，还向华桂山论坛捐赠自己的多幅书法作品，他的一片赤诚，这种无私的人间大爱，我相信华桂中学的师生定然已经感受到了，也必然会激励他们今后的人生。于是，一个半小时后，我建议主持人徐用才终止彭老的演讲，徐用才听取了我的建议。

之后，县教育局领导发表了讲话，向我们这些演讲嘉宾颁发了荣誉聘书，并对此次活动进行了总结。这次论坛的反响非常好。华桂中学学生代表朱小雪说：“听了这么多前辈校友的精彩演讲，受到很大的鼓舞。相信多年后，我们也会像他们一样，勇敢追求人生目标，努力回报母校、回报社会。”

“雏既壮而能飞兮，乃衔食而反哺。”沐浴师恩，当思报答，就像从华桂中学走出来的老校友那样，以论坛和助学金来报答母校，像视党为第二个母亲的彭清一那样，以终身的奉献报答党和祖国。而我们，不论是彭清一的弟子，还是受过他帮助的人，抑或有幸聆听了他的教诲心灵受到洗涤的人，对他的最好的报答就是不放弃理想和梦想，孜孜不倦地奋斗，本着一颗善良和真诚的心回馈社会。我也相信不管舞台大小，只要人人都有一颗奉献的心，这世界就会更加的美好。

植树育人师生林

树语良言

环保不是国家的事，我们每一个人都有责任为环保事业贡献自己的一份力量。

一个人的一生，从幼到老，从无知到有识，需要结识很多人，经历很多事，扮演许多不同的角色，相信你和我一样，不会忘记自己生命中出现的一些人，他们以自己的经历和经验教我们描绘人生的蓝图；他们曾经用自己的学识和力量把我们引进一个全新的领域，让我们认识到全新的自己，得以展现全部实力；他们曾经批评过我们，表扬过我们，激励过我们，是我们成长岁月里最可信赖的朋友；他们做过我们迷茫时的灯，通向理想彼岸的舵手；他们给过我们慈母般的爱和严父般的教导……是的，他们就是我们的老师。

我也是出身于贫苦家庭，我小时候受的苦，也许和彭老比起来不算什么，但正是那些苦难让我明白了人要有远大的志向，要勇于选择，这样才能改变自己的命运。我很幸运，在人生需要选择的紧要关头，遇到了金丝猴老板赵启三，是他给了我一个证明自己的舞台，使我先后荣获“中国营销创新奖”“中国杰出营销人金鼎奖”“中国十佳营销策划人”“中国十大营销策划专家”等荣誉，而遇到了彭清一教授是我人生的又一大幸运，他是我演讲的启蒙老师，是助力我事业发展的精神力量，是我人生中的恩师。

跨入新世纪后，彭清一早就家喻户晓，声名在外，不少人想要拜入他的门下，更是有不少人打着“彭清一”弟子的旗号在社会上做个人宣传，这让他非常气愤。他说：“做人要诚实守信，我的每一个弟子不仅要演讲优秀，还要在做人的心态方面经过长时间的考核，我才能决定是否收为弟子。现在的弟子中，有的人我考核了六年，才收为弟子。演讲是宣传我们党和社会主义事业的重要工具，我要对社会负责任，不可能什么人想拜我为师都会收为弟子。”

是的，对待弟子彭清一一向非常严格，而他的弟子也都是社会的佼佼者，比如，江南、金雪、赵勇、翟杰……他们个个都是人才，是社会的精英，都在自己的事业中打拼出了一片天地。而我有幸于2010年正式拜彭老为师，成为他的第十七位入室弟子，这是我一生莫大的荣幸。

我与彭老相识时，正赶上我的销售遇到瓶颈。在当大区经理的过程中，我连续几年销售额保持第一，但是后面很难突破了。怎么办？我只能不断地去学习，于是，有幸聆听到了彭清一老师的演讲。

当时，彭老已经70岁高龄，但是他一上台我就震惊了：展现在我面前的是一位非常真诚坦率的大师，他历经苦难饱经沧桑，却比我们更有激情和风采，他的信念比我们更坚定，他对理想、梦想的追求比我们更执着，我被他的精神及演讲的艺术和美感所折服。从此，他的每一堂课，我都追着听。

听得多了，彭清一老师也慢慢地留意到了我。有一年春节我又去聆听彭老的演讲，在休息过程中，他突然对我说道：“树良，你得学会演讲，演讲这个东西你一旦学会后，会对你帮助很大。”

虽然我已经从彭老身上感受到了演讲的魅力和艺术，看到了演讲所承载的灵魂的使命和责任，领会到了其中巨大的能量和影响，心里也希望自己能够掌握这门艺术，但是我认为演讲是艺术，也只有出色的演讲家才能将其演绎为艺术，便说道：“老师啊，您经历了这么多，去过三十多个国家，总统和总理都接见您，我们国家从毛主席到周总理，到邓小平，到江泽民，都接见过您，您这么伟大，有这么多经历，您怎么讲都可以。而我只是一个卖糖果的，能讲什么？”

彭老却不以为然地说：“你卖糖果卖得这么好，乔·吉拉德不也就是个汽车销售员吗？他卖汽车获得了吉尼斯世界纪录，你就是‘中国的乔·吉拉德’，大胆地上台讲吧！演讲不光对你的销售有帮助，同时你也会成为中国最棒的演讲家。你尽管上台演讲！不管你讲得好坏，你要敢于上台讲，你把他们都讲倒了，你自己就站起来了！”

听了彭老的这番话，我决定试一试，挑战一下自己。没想到那一次的演讲，听众们都听得非常认真，纷纷为我鼓掌，中途还有很多人站起来为我欢呼。那一刻我无比荣耀，比在公司取得销售业绩第一名还高兴。在演讲快结束时，我还向大家介绍了“金丝猴”，结果一下子就卖出了几十万元。

尝到了甜头，我决定拜彭清一为师。我对他说：“我喜欢演讲，但不知道怎么去讲，我只是一个卖糖果的，也没有太多的经历和素材。不知道我可不可以跟您一起学习？”

“好啊，我很愿意收下你这个学生。”彭清一当场就爽快地答应了。

有了高人指点，加上自己的不断努力，随着时间的推移，我的演讲技术也开始渐入佳境。

彭清一曾对我说过：“演讲的最高境界就是三个字：真，善，美！也就是说，你讲的东西一定要是真实的，要是你亲身经历的，这样你才能感动你的听众。‘善’，你是付出的，你是培育的，也能感动听众。那么‘美’呢，就是肢体语言和讲话的声音，抑扬顿挫，讲得多了，你就会了，你就大胆地上台去讲吧！”他更是鼓励我说：“是人才未必有口才，像陈景润那样的人，像霍金那样的人，他是人才，是专家，但是他讲不出东西。但是，有口才，一定是人才！”

而通过后面的实践，我也开始慢慢领悟到，登上讲台，就是一对多的销售，比如，我和大家分享自己的销售经验，不管他们现场买不买“金丝猴”产品，但是过后一定会有意识地去关注“金丝猴”，无形当中就是一种品牌宣传。通过这种方式我还可以把糖果卖到酒店、饭店、飞机上、火车里……无形当中就增加了销售渠道，所以我每年都是第一名。当然，让我收获更大的是，当我与大家分享我的心得、经验，大家能够从我身上找到他们想要的东西，会被我所鼓舞，演讲对我来说已经不仅仅是为了销售，而是成为了一种乐趣，一种责任，一种使命。

可以说，能够拜彭老为师，有幸成为他的弟子，是我一生中最为自豪的事情。后来，彭老在他的多次演讲中，常常让我和他同台演讲，更让我感到无比荣幸。是啊，是他为我的人生添上了浓墨重彩的一笔，是他让我平凡的生命有了更多光

我在彭老生日会上汇报“绿叶对根的情意”活动的策划过程

彩，感恩彭老，感谢我生命中的恩师！

阳春三月，有一个日子对彭老及其弟子来说是非常重要的，这一天，也就是3月5日，除了是众所周知的“学习雷锋纪念日”，也是彭老的生日。近十几年来，每年的这一天，彭老的弟子会在不同城市为恩师庆生，我也希望能够为恩师举办一次别开生面的更有意义的生日会。

我知道彭老一生有着难以割舍的“树”情结，母亲去世后，他曾在母亲的坟边植了一棵树；对于自己后事的安排，他则希望自己的女儿也能为自己植一棵树。母亲坟边的那棵树，是他对母亲心存思念和感恩，而他自己坟前的那棵树，将会是他对世人最后的留念和付出，而我也一直想通过“树的形式”来表达我对恩师的尊敬、感激，以及对他奉献精神的敬仰和继承，加上植树造林，是功在当代利在千秋的事，是非常有意义的活动。而且彭老在2011年参加过浙江商职院举办的“亿棵树——公益植树”活动，反响也非常好。于是，2013年，在彭老83岁生日之际，我发起了“亿棵树——绿叶对根的情意”大型公益植树活动。

此次活动为期两天，地点选在了有着“上海的香格里拉”之称的人间仙境水博园浦江书院，彭老偕夫人蒲昭春女士，著名思想教育艺术家、共和国演讲家、原文化部副部长刘吉，以及彭老师门弟子乃至全国各地的各界嘉宾130余人出席了活动。

“迟日江山丽，春风花草香”，3月4日一大早，我和吴甄妮搀扶着彭老，小心翼翼地来到浦江书院二楼会场。彭老的精神非常好，一身正装，配一条红色领带，显得喜庆又不失庄重，头上的一顶黑色鸭舌帽，显得年轻俏皮又不失威望和儒雅，脸上始终洋溢着愉快的神情，从他身上完全感受不到八十岁老人的那种疲态和病容。此时，扶着彭老如同扶着走进人们心灵的春日暖阳，融化现代人心中寒冰的一股暖流，我心中万分激动。

来到会议室，大家早已坐定，安静地等候在那里。彭老的到来，仿佛一阵清风，吹活了一潭春水，大家纷纷起身报以热烈的掌声。会议室是经过精心布置的，主席座于面对会议室正门之座，其他与会者在其两侧就座，在主席座对面是发言台，背景则是此次活动的宣传牌，没有华美的装饰，朴实却敬意十足，大家仿佛众星捧月般，团结在彭老周围，爱戴他、守护他、追随他。

待彭老在主席座坐定，他的大弟子江南上台致辞，拉开了这次活动的序幕。之后浦江书院院长王新华向各位嘉宾致欢迎词，我致辞向与会嘉宾汇报了“亿棵树，绿叶对根的情意”组委会筹办和策划这次活动的过程，并向这次活动的承办单位表示感谢。在大家的发言中，我看到彭老始终面带微笑，认真倾听，时不时还会点头表示赞许。

致辞结束，为了给各位嘉宾接风洗尘、静心，我们邀请了浦江书院高阳老师表演传统香艺表演——《戒定真香》。高阳老师一身华丽的汉服，既古典又高雅，随着悠扬宁静的音乐响起，伴着她优美庄重的动作及缭绕的香烟，彭老和大家一样凝神静坐，抚平心境，开启了一场心灵之旅。通过这个仪式，也表达了我们对彭老的诚敬与感应。

静心完，彭老向浦江书院王新华院长赠送墨宝“绿叶对根的情谊”，遒劲有力的几个大字，是他对这次活动的肯定，是他对植树造林造福人类的公益心的彰显，是他对世人不忘祖国、不忘党恩、不弃理想、不弃人性之美之善的告诫和期盼。浦江书院王新华院长则向彭老赠书法“寿”字，祝愿他福如东海寿比南山。在这个“寿”字中，凝聚的是我们对彭老的感恩、尊敬及愿他老人家一路安好的美好祝福。

中国，乃文明古国，礼仪之邦，尊师重道是传统之美德，讲究尊师礼节，注重拜师礼仪，通常只有通过拜师入门，才能被视为老师真正的学生，拜过师的学生一般称为“入室弟子”，没有拜师但得到老师认可的学生称为“记名弟子”，而其他的则只能是学生了。所以，不论是老师，还是学生，都把拜师仪式看作是一件非常隆重和严肃的事情。当然，拜师讲求的是一个缘分，老师在正式收徒前，一般要对学生进行严格的选拔和较长时间的考察，以决定是否择其为徒。叶俊铭、刘彬祝、吴甄妮、成杰已经从学彭老一段时间，颇受彭老的欣赏和肯定，便借着这个机会想要真正地拜入彭老名下，成为入室弟子。于是活动的第二环节便是这四位新弟子的拜师仪式。

在大家的前呼后拥中，彭老来到浦江书院一楼举行拜师仪式，一楼的孔子像早已摆好香案。拜师仪式开始，彭老带领弟子们向孔子像上香，行完鞠躬礼，在孔子铜像前端坐，叶俊铭、刘彬祝、吴甄妮、成杰四位弟子齐跪于彭老面前行跪拜礼，然后分别将事先准备好的拜师帖虔诚地举过头顶，双手向彭老呈上，并向彭老行三叩首大礼，宣读拜师帖，之后，四人分别为彭老递上事先准备好的“改口茶”，以示从今以后改称“师父”。彭老则分别对四人赠送书法加勉。四个弟子单独和彭老合影，然后全体合影。最后，他们以老师的名义请在场的全体人员参加宴会。

拜师宴后，彭门弟子们手捧蜡烛，来到浦江书院二楼国学讲堂，在一个用蜡烛摆出来的心形图案两边坐下，在温馨的烛光下，在感恩的音乐中，上演了一段温暖人心的烛光晚会——“烛光里的恩师情”，近 30 位弟子分别对恩师彭清一教授表达了自己深深的感激之情。 而 3 月 4 日的活动也随着彭老在烛光晚会上的最后感言落下帷幕。

这一天的活动古色古香，我们怀着绿叶对根的感情，来表达我们对彭老的感恩和爱戴。是的，他就是这伟大的树根，为我们这些世间的千千万万片树叶孜孜不倦地输送着精神能量，让我们能够撑起一片碧绿的天，和他美化人们的心灵的一方净土，共圆“中国梦”。

3 月 5 日下午，彭老和其夫人蒲昭春女士、著名思想教育艺术家刘吉部长、30 位弟子及八十多位嘉宾一同在韩湘水博园的植树现场进行植树活动。

活动现场，彭老的弟子翟杰在人群前陈述活动意义与主题后，植树开始，大家热情洋溢，干劲十足，大家两人一对、三人一组，现场一派热火朝天的劳动场面。彭老精神焕发，积极地和弟子们挖坑、培土、施肥、浇水，整个植树环节，丝毫没有一丝的倦容，大家从他这位八十多岁的老人身上再次感受到了活力和激情。

彭清一与刘吉部长和其他嘉宾一起参与植树

挥锨落锄，彭老十分娴熟，谈起植树要领，也很有心得："种树关键要注意'一垫二提三埋四踩'。先在坑内垫一些松土，树苗栽好后提一提，梳理树根……"他还向相关工作人员详细了解了树种的生长习性、生长周期、修剪方法和栽后管理等情况。他认为，我们不仅仅要种树，更要考虑它能不能活，怎么才能让它成活。植树造林属于百年大计，不能流于形式，我们栽下一棵树苗，就是种下一片绿色的希望！

当时，有一位弟子在植树的过程中，没注意把树种歪了，彭老看到后，立马叫住了他，并和他一起把树挖出来重种。一边种他还一边说："中国有句古话'十年树木，百年树人'，这植树就如同育人一样，第一步需要先打好根基，根基正了才能长得高、长得直，你还要倾注心血，用心培育，从栽下它开始，你就有责任和义务帮助它茁壮成长，让它长成参天大树！"

听到这样的话，我的心猛然一动，种下一棵树，就是种下自己的希望，就是要对这棵树担负起责任，要精心呵护它茁壮成长。植树如育人，对待我们这些弟子，他何尝不是如此——谆谆教诲，严格要求，精心培育，既像慈母般地关爱我们，也像严父般地要求我们，对我们寄予深切的厚望。而植树造林、教化育人，同属于百年大计，栽植一棵，成活一棵，栽植一片，成林一片；教育一人，成才一人，教育众人，成才众人。我想唯有如此才能真正实现祖国繁荣富强的"中国梦"。

待彭清一亲手为自己所种的树挂上"彭清一"这个牌子时，他满足地笑了，有生之年，他在这个世上也有了自己的一棵树，这棵树会随着千千万万棵树一起成长，长成参天大树，长成大地的一片骄傲。而这里也成了"彭清一师生林"。而我们更是从这片"师生林"中再次聆听了彭老的深刻教诲。望着春日暖阳下，每人种下的一棵棵海棠树，我想，明年春天再来，定当是一片花海，人面花色相映

“亿棵树——绿叶对根的情意”大型公益植树活动合影

红。我更是相信我们和恩师的情谊，会像“彭清一师生林”的祝贺牌上写的那样“枝繁叶茂师生恩义地久天长”，通过我们的努力，通过每一个有着责任感和使命感的人的觉醒，我们的社会也一定会天朗气清德才兼备清明长存。

植树结束，下午四点，一场以“绿叶对根的情意”为题的演讲活动在浦江书院二楼国学讲座举行。彭老做了激情洋溢的演讲，充分肯定了这次活动的意义。

望着彭老讲台上英姿飒爽的身影，听着他掷地有声饱含激情的演讲，我不禁想到，他是用舌头在耕耘，用汗水来浇灌，他是这个世上最辛勤的园丁，他盼望着世人的心田能开出真善美之花。讲台就是他人生的舞台，他对我们的教诲不是无数的三四个小时的演讲所能饱含的，他对我们的影响将会是一生之久。他不希求回报，而我们对他最好的回报就是心中的纪念和感恩，铭记谆谆教导，正直地生活。

演讲结束，大家为彭老举行了寿宴，四方亲友济济一堂，觥筹交错，大家围着彭老，用手中的一杯茶、一杯酒，聊表自己对他的爱戴和祝福。

入夜的浦江书院，美丽的彩灯一串连着一串，以浓黑的夜幕为背景，勾画出一幢幢古式建筑的轮廓，书院小溪平静的水面倒映着岸上斑斓的彩灯——水天相映，共同营造着这温馨又静谧的夜。彭老和大家从寿宴中走出来，在这悄然盛开的夜色中，参加充满传统韵味的放莲花灯活动。只见彭老和大家一起，认真地将自己手中的莲花灯放到水中，望着自己的花灯虔诚祈福……

浦江书院的喧哗于晚上十点多随着嘉宾们的一一离开而结束，浦江书院的工作人员手提灯笼送走一位又一位宾客。这时，2013年“亿棵树——绿叶对根的情意”大型公益植树活动圆满结束。

活动虽然结束了，但我的心情却久久不能平静，能为自己的恩师尽一份心，我很满足；能以这样一种别开生面的方式，来庆祝恩师的生日，表达我们对他的感恩、感激之情，我很幸福；能用“树”的形式，来体现我们对恩师精神的继承和弘扬，我很自豪。

目前，由我发起的“亿棵树”公益植树活动已经在全国开展了数十次，除了这一次的“彭清一师生林”，还开展了“亿棵树—甜蜜事业林”“浦江书院—母亲节感恩林”“浦江书院—亲子林”等活动，也已经取得了一些成果，虽然离我十年植一亿棵树的梦想还很远，但正是这一次次的植树活动，坚定了我的信心和决心，更让我获得了彭清一老师的认可和鼓励。

我始终没有忘记彭清一老师说的关于植树育人的那段话，我要把植树和育人相结合，通过育人，把植树活动发扬光大，通过植树，呼唤更多的社会公益心。但是植树是需要花费大量时间和金钱的，在组织植树活动的过程中，我发现，有的人虽然参与了，但却不是发自内心地想这样做，而是碍于面子，或者其他什么原因，口头上承认这个活动好，行动上却不积极。这让我开始思考，是否有一种更好的方法能够让更多的人更开心地参与进来，并更快地植更多的树呢？

其实，环保不是国家的事，我们每一个人都有责任为环保事业贡献自己的一份力量。于是，我的“亿棵树百万年薪特训营”微信平台在2015年12月应运而生。我想通过这个平台，培养更多的中层收入者，帮助更多的人实现百万年薪的梦想，当他们的梦想达成时，再拿出自己收入的一小部分作为“亿棵树公益基金”，然后大家一起去植树。我相信，自己多年从事销售的经验、技巧和方法，一定能够帮助更多的年轻人实现梦想，我同时也相信，植一亿棵树的梦想绝不是神话，很快就会变为现实。

我想这是对恩师彭清一精神最好的继承和实践。我更相信，通过我们每一个人的付出，我们的环境会越来越好！

爱是一种艺术

树语良言

“爱是一种艺术，一种必须怀着奉献的精神和谦卑的态度来培养和练习的艺术：爱既需要知识，也需要努力。”真正的爱，其出发点必然是付出和分享，而非出自于自我的满足或弥补自我的不足的自私心理。

如果说婚姻的美丽，在于用最隆重的方式承诺爱情，那么金婚的震撼，则在于用半个世纪的岁月实践承诺。

在彭清一的人生里，遇到过几位对他影响非常大的女性：给他高中文凭，让他拥有不一样人生的彭本一；为他开启艺术之门的王昆女士，把他引向舞蹈艺术的戴爱莲老师；为了让他更早康复宁愿自己和孩子挨饿的舞伴姚雅男。没有她们的支持、关心和帮助，就没有今天的彭清一。最让他激动不已的是在自己落难时，遇到了美丽高雅的浦春昭女士，他的心弦被拨动了。

1965年天安门前与爱人合影

得知浦春昭对自己的情意时，彭清一欣喜万分但也有着隐隐的担忧和为难。浦春昭的父亲是著名电影表演艺术家浦克，他是电影《英雄儿女》中那个话语不多的“朝鲜老大爷”，是电影《地下尖兵》中机智敏锐的地下党干部陶干，是《甲午风云》中威严刚毅的北洋水师提督丁汝昌……在灿若星河的中国电影演员中占有重要的地位；浦春昭的母亲夏佩杰也是一名有名的电影演员，演过《党的女儿》里的二姐、《卢生恋歌》中的妈妈等角色。而自己不过一个无家可归的流浪儿，文化程度不高，还比浦春昭大10岁，配得上这样一个出生在艺术家庭的大家闺秀吗？然而浦春昭用自己的坚定和爱意打消了他的疑虑，加上当时崇尚自由恋爱、婚姻自主，于是两人瞒着浦克、夏佩杰二老，于1966年11月10日结婚了。

回想起当时结婚的情景，彭清一说：“我们全部的家产只有200多元，分给我们一个小屋子，不过才12平方米，还见不到阳光，一张床，一个火炉，两个箱子，结婚那天只有一男一女参加婚礼，就这样结婚了。”如此的简单，他觉得有点愧对浦春昭，更是愧对自己的岳父浦克，一穷二白，就这样“偷偷”娶了他们的女儿。好在二老比较开明，也不嫌弃自己的女婿，知道后，并没有责怪他们，反而在今后的生活中多次向他们伸出援手。

20世纪70年代初，彭清一和浦春昭的两个女儿已经出生，尚且年幼，彭清一要去河北某部队下放劳动，浦春昭要去张家口某基地进行劳动，无奈之下只得把两个女儿托付给街道的阿姨照顾。那时，彭清一每个月的工资是98元，除去保姆费80元、伙食费12元、党费0.5元、茶叶2元、卫生用具1.5元，仅剩2元钱，很难支撑这个家。这时，岳父岳母伸出了援助之手，每月寄给孩子40元，后来增加到50元，逢年过节还会多寄一些。

当时初登讲台不久，浦克老听了彭清一在北京最高人民检察院所做的报告后，鼓励他说：“掌声说明你的演讲很成功，很吸引人，你选择这条路是对的。”这给了彭清一莫大的鼓励。

彭清一岳父浦克与两个外孙女（小时候）合影

对于浦克一家，彭清一内心是充满感激的，他们的女儿浦春昭给了他一个真正属于自己的家，让他在几十年的风雨奋斗中，体味到了来自“小家”的温暖和爱，

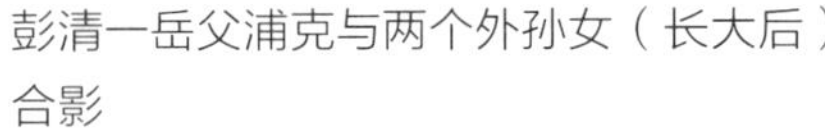
彭清一岳父浦克与两个外孙女（长大后）合影

彭清一与岳父岳母、爱人及两个女儿合影

而浦克和夏佩杰二老竟然能够如此地理解他、帮助他、支持他，也让彭清一非常感动和感激，在二老晚年时也尽自己最大的努力去照顾他们。

1986 年，岳母夏佩杰中风偏瘫，彭清一便和爱人商量，为了方便治病，把老人接来北京。待岳母到京，他们把带有阳台的最大的房间让她住，并经常蹬着板车，带着她去医院就诊。遇到星期天，彭清一还会骑着三轮车带着岳母去逛逛天安门，或者逛逛北海公园。每次外出时，都是彭清一背着岳母上下楼，扶着老人练习走路。邻居都夸奖彭清一是个“孝子”。而岳母夏佩杰则说：“咱家里有两个好人，一个是老浦（浦克），一个是彭清一。”而彭清一知道，为了自己和妻子艺术事业的成功，为了自己四口之家生活得好些，岳父岳母付出了不少心血和汗水，在老人晚年时尽心服侍，是他这个晚辈应尽的义务和责任。

在采访彭老时，当谈起他的妻子浦春昭时，彭老更是一脸的骄傲。

妻子浦春昭，毕业于舞蹈学校（北京舞蹈学院的前身），毕业后，到中央歌舞团工作，后到东方歌舞团当舞蹈演员，最后又回到中央歌舞团，是二级舞蹈演员。科班出身的她，曾在《飞天》《长白春来早》《红绸舞》等舞蹈中担任过重要角色。她和彭清一经常切磋舞蹈艺术的理论和实践问题，互相促进，共同进步。她还是我国第一个中老年时装表演队的艺术指导兼教练。可以说，是对艺术事业的痴恋及对人生社会的感悟，始终把他们俩的心紧紧地拴在一起。

然而，浦春昭自从嫁给彭清一后，并没能过上几天好日子。结婚后仅一个月，彭清一就被打成“右派”。这样如此艰难的岁月，浦春昭对彭清一始终不离不弃，

彭清一与岳父浦克、爱人浦春昭合影

照顾他、体贴他、支持他，“文化大革命”结束后，又和彭清一一起打扫排练室，带领大家练功，重新走上舞台。当彭清一无奈告别舞台走向讲台时，浦春昭更是默默支持，同时也非常担忧彭清一的身体，时常会劝他“推掉一些”，但是她更是理解彭清一，并没有十分的“为难”，很多时候不过是默默地为他打点行装，带着一颗忐忑的心在家等着他回来。

对待金钱，彭清一永远一副“超然”的态度，为了让彭清一心无旁骛地从事自己心爱的事业，浦春昭自觉地挑起了家里的经济重担。20 世纪 90 年代，浦春昭和别人合伙办了一个舞蹈学校，刚开始非常困难，为了扩大生源，她每天早上五点多就出门，栉风沐雨，整整一年都是如此。但很快，因为她的专业和付出，她教的学生在舞蹈比赛中取得了比其他专业舞蹈学校更好的成绩，她才不用那么辛苦地外出招生。有了一定的影响，舞蹈学校办得越来越好，那时候，一到月底，浦春昭就把一万元的工资拿回家，一万元，这在 90 年代是相当不容易的。也是在浦春昭的努力和精打细算下，他们的生活有了保障，在北京有了自己的房子……

精神饱满是一种状态，更是一种习惯

三十年来，演讲了四千多场，平均每两天就是一场演讲，家成了彭清一的“旅馆”。但他却在这不尽的忙碌中感受到无上的快乐，感受到最大的满足和幸福，也感受到了妻子对他的理解、支持和爱。而他对妻子的事业和追求也是完全的理解和支持，只要有时间，他都会前去给妻子的服装表演助威，或做一些准备工作。本着对妻子的爱和感激，他更是不止一次地在讲台上提到妻子。

有一次，在演讲时彭清一再一次深情地提到了与自己休戚与共、肝胆相照的妻子浦春昭，讲他们夫妻之间的悲欢离合，讲妻子操持家务的艰辛。台下听讲的同学们递上一张纸条：“请问彭清一教授，你是用什么样的本领把这样漂亮、伟大的妻子团结在身边几十年不动摇的？”彭清一回答说：“第一，一个真正的男子汉要热爱自己的祖国；第二，一个真正的男子汉要热爱中国共产党；第三，一个真正的男子汉在事业上要有一种拼搏奋斗、勇于进取的精神。如果一个人能够这样做，哪个女孩子会不喜欢他呢？”他的回答获得了热烈的掌声。一名女大学生激动之余，还给浦春昭寄来一张明信片：

送给我最尊敬的浦春昭老师：

虽然我不认识您，但我在彭老师的谈话中爱上了您，您是我们女同胞的骄傲。我愿所有的女性都是真善美的化身。在遥远的南国，一个山城小姑娘将永远为您祝福！

您不曾相识的小姑娘

1987 年 12 月 21 日

每次外出演讲，彭清一都会向自己的妻子“报告”演讲情况，他也曾在一封信中深情地写道：“我所取得的这些成就，没有你的支持和理解，是根本无法实现的，我从心里感到你的远见和伟大。”

2016年彭清一与爱人浦春昭一起参加全球社会企业家生态论坛上合影

在采访中发生的一个小细节，也让我深深感受到了彭老对妻子浦春昭的尊重。

由于本书需要用到彭老的一些老照片，而他的照片没有电子版可以拷贝，有的则被镶在相框里摆在了客厅。我本想拿回去扫描的，但是彭老怕妻子回来发现照片不见了，或别人把东西弄乱了会不高兴，让我赶快拿到楼下的快印店扫描。于是，我迅速地摘下相框，彭老打开并取出照片，扫描完我俩一起麻利地将照片“复原”，可最后还是有一张照片跟相框对应不上，不得已只好草草收场。这时彭老说了一句话，使我不得不更对这样一位成功而伟大的老人肃然起敬。他说：“都说‘家和万事兴’，如果老婆不高兴了，还怎么和，怎么兴？”从他小心翼翼的动作和简单的话语中，我知道，他不是怕师母，而是深深地敬重。我想，一个人能够如此敬重爱护自己人生的另一半，这才是真正的英雄本色吧，一个家庭夫妻之间有着如此的理解和爱意才会永远和睦幸福吧！

如今，风风雨雨五十年，彭清一和浦春昭这五十年的婚姻一路走来，也许没有太多的浪漫与惊喜，没有现代人的玫瑰飘香和红酒烛光，有的只是一种无言的默契，一种无私的爱和奉献。在这五十年里，他们走过贫穷，走过混乱的年代，走过改革开放，也一路走到了小康日子，走进令人羡慕的金色晚秋，诠释着“执子之手，与子偕老”的真正内涵与感动，年轮在他俩的脸上留下了深深的印迹，也回馈了他们一个温馨而美满的晚年。

2016 年，当彭清一和妻子迎来自己的金婚之际，也迎来了岳父浦克的 100 岁诞辰，这一年对他们来说也必然是不平凡的一年。

3 月 22 日，庆祝中国电影诞生 110 周年、纪念人民艺术家浦克诞辰 100 周年、从影 50 周年纪念会在上海召开。翟杰，作为曾经采访过浦克的一位中国记者，他一直珍藏着当年采访浦克前辈的老照片，回忆起 24 年前采访的情景，至今仍记忆犹新，历历在目。此次活动由他担任总策划并和江南、金雪一起担任活动主持人。

本次活动根据浦克的人生历程分成了五个篇章：成名松花江上、演艺获得新生、永葆艺术长春、奋进老当益壮、从影五十辉煌，满怀深情地回顾了浦克艰难曲折、奉献进取的一生，肯定了他在电影事业上的艺术贡献和艺术地位。现场的每一个人纷纷被他的经历和

翟杰当年采访浦克先生的真实记录

精神所感动。

整个活动彭清一心潮澎湃，难掩激动之情。对他而言，浦克是永远值得自己学习和尊敬的前辈，他的精神永远激励着自己。浦克更是自己的亲人，是自己的“父亲”，是他培育了浦春昭这么优秀的女儿，让他这个流浪儿有了自己的家；是他在自己危难之时，“慷慨解囊”帮忙照顾自己两个年幼的女儿；是他在自己刚刚登上讲台不久，给了自己莫大的肯定和鼓励……对浦克彭清一像对待父亲那样地爱戴，虽已成年，但是从他的身上彭清一还是感受到父爱如山，弥补了他一生的遗憾。

浦克从影 50 周年，彭清一和浦春昭也携手走过了风风雨雨的 50 周年，在这样历史性的“巧合”中，伴随着一曲《金婚的生活充满阳光》，大家在欢快而幸福的音乐中手舞足蹈起来，接着全体彭门弟子满怀深情地献上了一首诗，来表达他们对师父彭清一、师母浦春昭这一对革命夫妻 50 年美妙金婚的深深祝福：

五十金婚颂

——献给彭清一、浦春昭金婚的歌

那是五十年前，11 月 19 日的那一天，
金色的朝阳挂在天边，一对新人面带笑颜；
这是他们五年相爱的收获，
这是他们十年美好的期盼，
盼了十年，终于盼来了这一天！
等了十年，终于等来了这一天！
爱了十年，爱，今天终于来到了眼前！
永远不能忘啊，五十年前 11 月 19 日的那一天。
永远纪念她呀，五十年前 11 月 19 日的那一天。

五十年的岁月，漫长又短暂，
五十年的生活，艰辛又浪漫。
让我们回首五十年那金色的岁月，

寻找共和国辉煌的亮点；
让我们回忆五十度那金色的春秋，
透视共和国家园的美满。
五十年金色的岁月，留下了舞台上金色的瞬间。
五十年金色的春秋，回荡着讲台上金色的呐喊。
五十年金色的帷幕，张开了共和国金色的风帆。
五十年金色的舞台，吟诵着共和国金色的诗篇。
五十年金色的舞步，擂响了共和国金色的鼓点。
五十年金色的舞姿，装点着共和国金色的斑斓。
五十年金色的旋律，萦绕在共和国金色的山川。
五十年金色的旋转，描绘出共和国金色的明天。

曾记否？苏联游击队手中乌亮的钢枪！
怎能忘？维也纳金色大厅的富丽堂皇！
曾记否？巴黎歌剧院浪漫的金发碧眼！
怎能忘？巴西里约热内卢的热舞奔放！
曾记否？古巴哈瓦那美丽动人的姑娘！
怎能忘？柬埔寨王宫的西哈努克亲王！

曾记否？黄土高原漫天飞舞的红绸！
怎能忘？青藏高原金蛇狂舞的锅庄！
曾记否？大雪纷飞山洞中的白毛女！
怎能忘？小刀会刀光剑影威震四方！
曾记否？钓鱼台花鼓灯映照幸福水！
怎能忘？东方红响彻在人民大会堂！

五十年，一步一段佳话，步步走出金色年华；
五十年，一曲一朵金花，曲曲献给炎黄华夏；

五十年，一言一行练达，言行歌颂伟大祖国；

五十年，一举一动潇洒，举动无悔人民国家；

这就是我们的师父彭清一教授半个世纪的回顾！

这就是我们的师母浦春昭老师五十周年的生涯！

五十周年金婚，五十个年华；五十周年风霜雨雪伴随他；

五十周年金婚，汇成一句话：

爱我师父！爱我师母！

爱我中华！爱我中华！爱——我——中——华！

“半世纪牵手，养儿育女柴米油盐，苦也恩爱乐也恩爱，磕磕绊绊终不悔；五十年同心，事业家庭酸甜苦辣，苦也甜蜜笑也甜蜜，风风雨雨总相随！”这副对联，贴切地写出了像彭清一和浦春昭这样的夫妻携手一生、相濡以沫共同走过漫漫五十年的深厚感情。

整整的半个世纪，彭清一和浦春昭彼此坚守，忠贞不渝，也许这对于很多浪漫、轻率的年轻人来说是个很漫长的神话。是啊，现今的年轻人大都忘记了什么是真正的爱情，也并不懂什么是真正的婚姻，在谈恋爱时要看工作要看家庭个人条件，条件不好就拒绝。所以在现代人的眼中，婚姻是必须有物质条件的，情感

50年过去不变的是那洋溢在脸上幸福的笑容

是次要的，哪怕没有爱情也可在婚后慢慢培养。但是，德国哲学家和精神分析学家埃里希·弗洛姆曾说过："爱是一种艺术，一种必须带着怀着奉献的精神和谦卑的态度来培养和练习的艺术：爱既需要知识，也需要努力。"是的，真正的爱，其出发点必然是付出和分享，而非出自于自我的满足或弥补自我的不足的自私的心理，在"给"与"得"的权衡中，会爱的人明白"给"是最大的力量，通过"给"才能表现出自我的富裕和活力，体验到自身生命力的升华带来的欢乐，而"给"的方式就是"分享"，和自己爱的人分享自己的兴趣、知识、悲伤、快乐……

像彭清一这样真正伟大的敢于奉献的人向来是既爱"大家"又爱"小家"，从来都是"铁血柔情"。只是因为自身的地位、责任、使命和觉悟必须把牺牲奉献放在第一位，在面临选择时必须首先把国家和党的利益高举过头顶，也正因此，他对自己的小家的爱也才更浓烈和浪漫，他可以利用自己业余的每一个时间支持妻子的事业，他尊重妻子的每一个习惯，他和妻子分享每一次的演讲心得……而他的妻子浦春昭，理解他、包容他，尽量不"麻烦"他，让他有更多的时间和精力去从事自己的事业，从事社会公益活动，自己独自撑起家庭这片天空，可以说，是她以自己的"牺牲"成就了现在的彭清一。而他们也向我们展示了实现爱这门艺术的四个关键：关心、责任、尊重和理解。

关心，就是关心对方，关心对方的身体、情感、心理；责任，就是对自己对这份关心所投入的时间、精力；尊重，就是爱对方，并接受对方本来的面目，让对方可以以自己的方式去存在、改变和发展；理解，就是了解对方是一个独立的个体，拥有着自己的小世界和小问题，要包容、理解、安慰、支持对方。

弗洛伊德说："就人生存于世这一问题，爱，是唯一合理且令人满意的答案。"

如果每个人都能像彭清一的家庭这样做到这四点，那么我们的社会一定是和谐快乐的。

活动最后，举行了拜师仪式，八位准弟子登台向彭老行拜师礼。到目前为止，彭老的弟子已经60位了，他不仅爱他的家庭，他的妻子儿女，他还爱他的弟子，爱他的祖国和生活在这片土地上的朴实而上进的人们。他要让这份爱与责任薪火相传，永续不灭。

结语

每个人都可以做命运的赢家

面对彭清一的成功，有些人可能会说，他虽然出身不好，但他赶上的机遇好，在祖国最需要人才的时候，他凭着一张假文凭“混”进了大学，上了大学后又遇到“贵人”戴爱莲老师，被提拔到舞蹈队，成为舞蹈演员，恰好赶上国家“文化先行，外交殿后”的外交政策，得以出访三十多个国家……

是的，纵观他的一生确实好像“机遇”不断，机遇、运气在我们一生追求成功的道路上当然需要一点，但是，为人，一生下来，上天就先天地给了他或优势或劣势的起步环境，彭清一很不幸，九岁丧父，十岁丧母，八年流浪，无依无靠，加入芭蕾舞蹈队甚至身体条件都不过关……他的一生占尽了劣势。然时针常走、山河常转，不管境况如何的艰苦，生存如何的困难，彭清一总是最积极努力的那一位，他用求生的本能向命运做着最顽强的反抗，他用坚强的意志书写着他奋斗的点滴，在生死面前他总是选择生，在进退面前他从未想过退，更重要的是，一旦做出选择他就不会轻言放弃，哪怕需要流血、牺牲。正是秉持着这份信念和努力，外界所有的困难在他这个伟丈夫面前纷纷不攻自破。

他知道，命运不是在出生的那一刻决定的，也不是家庭境况能够左右的。真正能够掌控命运的不是别人，而是自己。为什么有的人一生都在命运的旋涡里苦苦挣扎，却始终没能走出来？不是因为命运不可以改变，是他不相信自己可以改变命运。其实，一个人所能给自己的最大机遇就是对命运的挑战！每个人都可以做命运的赢家，能不能赢关键在于你自己。

拿破仑年轻的时候，一次到郊外打猎，突然听见有人喊救命，他快步走到河边一看，见一男子正在水中挣扎。这河水并不宽，拿破仑端起猎枪，对准落水者大声喊道："你若不自己游上来，我就把你打死在水里！"那人见求救无用，反而添了一层危险，便只好奋力自救，终于游上岸来。

其实，许多时候我们不是到了不可救药的地步，而是自己先把自己打败，自己认为自己不行了。每个人都是自己人生的主角，命运完全可以由自己去改变。

当然，我们身边总有一些"幸运儿"，凭借着自身的优越条件，总能"一步到位"，但我们身边更是不乏这样的一些人：被打败了，爬起来，再被击倒，再爬起来，直到最后，真的爬不动了，然而回过头一看，发现自己已经超越了很多很多人。而我们往往很"不幸"，不能被命运选入"幸运儿"的行列，想要成功则只能成为不断被打败又不断爬起来的人。

另外，你肯定也有过这样的心路历程：在没有做一件事情的时候，觉得这件事情很难，当开始努力的时候发现还是有突破口的，当你努力到一定程度时发现这件事并没有想象中的难，当你拼尽最后的努力时发现自己居然做成了。

所以，不管现在的境况如何，都要爱惜自己，重视自己，修炼自己，用坚定的信念、顽强的意志，把自己修炼成"金刚不坏之身"，面对人生中的各种困难自然也就能够"兵来将挡，水来土掩"，最终成就自己的梦想。